U0923298

全国行政执法人员培训示范教材
QUANGUO XINGZHENG ZHIFA RENYUAN
PEIXUN SHIFAN JIAOCAI

行政许可制度教程

全国行政执法人员培训示范教材编辑委员会 / 编

湛中乐　主　编
徐　靖　副主编

中国法制出版社
CHINA LEGAL PUBLISHING HOUSE

全国行政执法人员培训示范教材
编辑委员会

总　序

为深入学习贯彻习近平法治思想，认真贯彻党中央关于全面推进依法治国、加快法治政府建设的重大决策部署，全面落实《法治政府建设实施纲要（2021—2025年）》，严格履行司法部“指导行政执法队伍规范化、制度化建设，指导开展行政执法人员培训工作”的职责，全面提高行政执法人员素质，建设德才兼备的高素质行政执法队伍，大力推进严格规范公正文明执法，经司法部部领导批准，司法部行政执法协调监督局、中国法制出版社会同国家有关部委法制机构和地方司法行政部门成立全国行政执法人员培训示范教材编辑委员会，负责全国行政执法人员培训示范教材编写工作。

全国行政执法人员培训示范教材编写工作实行编审分离的原则，各编写组负责示范教材各分册教程的具体编写工作。全国行政执法人员培训首批示范教材包括一个基础教程和六个具体制度教程，即《行政执法基础教程》《行政处罚制度教程》《行政许可制度教程》《行政强制制度教程》《行政救济制度教程》《行政征收征用制度教程》《行政执法监督制度教程》。

本套教材适应全国行政执法人员培训标准化体系建设的需要，着眼于全面提高行政执法人员素质，具有权威性、基础性、示范性、实用性的鲜明特点。在体例、内容和形式上都力求符合行政执法人员培训工作的要求，紧紧围绕行政执法实际问题指导行政执法实践，体现为执法服务，适应不同层级、不同行业、不同岗位行政执法人员培训工作的多样化需求。本套示范教材的出版将有力促进行政执法人员培训工作的制度化、规范化、常态化，推动形成行政执法人员培训教材体系，全面提高行政执法人员素质，为推进国家治理体系和治理能力现代化提供有力的执法人才支撑。

教材在编写过程中，得到各有关单位的关心和支持，教材编写组各位主编、副主编、作者对教材的编写倾注了大量的心血，在完成时间紧、编写任务重、质量要求高的情况下，比较圆满地完成了本套教材的编写任务，在此表示衷心感谢。因编写时间有限，错漏之处在所难免，恳请广大读者不吝指正。

司法部行政执法协调监督局

2022年9月

前 言
PREFACE

行政许可是政府干预市场运行、调控经济活动的重要手段之一，是通过颁发许可证或执照等形式，依法赋予特定的行政相对人从事某种活动或实施某种行为的权利或资格的行政行为。行政许可的制度化、规范化和法治化水平，在很大程度上决定着我国依法行政乃至法治政府建设的水平。

受计划经济的长期影响，资源流动和配置主要依靠政府，即便改革开放初期，“政府一切都要管”的观念依旧未得到根本性的转变，未能认识到“使市场在社会主义国家宏观调控下对资源配置起基础性作用”这一经济发展规律的重要性。在二十世纪八九十年代设定的行政许可中，存在行政许可种类繁多、程序紊乱、设定标准不明、收费不合理、效率低下、滋生地方保护主义和权力寻租、监督监管机制缺位等问题，严重阻碍了社会主义市场经济的发展，增加了不必要的交易成本；在一定历史时期中，行政许可仅被用来进行单方面的“干预”或“调控”，忽视了过度许可所带来的“高成本”等副作用。过度许可的“副作用”不仅影响我国的经济发展和法治政府的建设，更影响我国加入世界贸易组织，提升国际竞争力。从参与国际贸易角度来看，部分行政许可的设定属于妨碍商品和服务跨国自由流通的非关税壁垒措施的范畴，因此世界贸易组织要求各成员国对此进行限制甚至取消。为了发展对外贸易、促进社会主义市场经济健康发展，1994年我国通过《对外贸易法》，缩小了进出口许可制度的适用范围，并通过《中国加入世贸组织议定书》明确限定了许可程序，以使行政许可公开化、透明化和简易化。当然，这些“入世”前的准备工作还远远不够，我们的政府必须真正确立起“公共服务”这样一种现代行政观念，并在行政活动中贯彻“公平、公开、效率”原则，以充分履行《中国加入工作组报告书》中的相关承诺。就具体制度的要求而言，一个十分重要的方面就是积极推动行政许可制度改革和行政许可立法。

基于上述两个方面考虑，行政许可制度改革势在必行。在行政许可制度改革初期，党中央明确提出“减少对经济事务的行政性审批”和“改革行政审批制度，规范行政审批行为”的方针，并发布三批次的取消、改变和下放行政审批项目；与此同时，国务院办公厅下发《关于成立国务院行政审批制度改革工作领导小组的通知》，成立国务院行政审批制度改革工作领导小组，全面启动行政审批制度改革。随着行政许可制度改革的逐步深入，继续深化行政审批的取消、下放及调整，积极探索相对集中行政许可权的实施与试点。通过构建权力清单制度、清除非行政许可审批和规范行政许可行为等措施连续取消、下放和调整八个批次的行政审批项目。深度结合政府职能转变、“互联网+政务服务”和市场准入负面清单制度进一步推动行政许可制度的改革。

总的来看，行政许可制度改革取得了诸多成效：一是许可审批事项的数量大幅缩减，需要政府许可的事项数量大幅减少，确需政府保留的行政许可事项也得到了严格控制，早先“大行其道”的非行政许可审批事项也得到了全面清理。二是行政许可审批服务的质量显著提高，高效便民原则得以贯彻落实，有效解决了“重复提交材料、转嫁责任证明、办事时间长”等痼疾。三是行政许可审批的标准化、规范化程度大幅提升，全面实行行政许可事项清单管理，并通过设立行政审批局相对集中许可权，以标准化的行政模式推动行政许可审批服务朝着纵深方向发展。

当然，如火如荼的制度改革是一方面，与制度改革并行的立法又是一方面。早在1996年，全国人大常委会法工委便着手行政许可立法调研和起草工作，形成《行政许可法（征求意见稿）》。1998年，第九届全国人民代表大会常务委员会正式将行政许可法列入立法规划，并确定由国务院提出法律草案。原国务院法制办以《行政许可法（征求意见稿）》为基础，结合行政审批制度改革实际情况，从2000年年初开始行政许可法的起草、调研和论证工作，并于2001年7月完成《行政许可法（初稿）》。在吸收各部门、各地方和专家学者的意见后，原国务院法制办在该立法初稿基础上又起草了《行政许可法（草案）》，经2002年6月19日国务院第60次常务会议讨论通过；2002年8月，第九届全国人民代表大会常务委员会第二十九次会议对《行政许可法（草案）》进行了第一次审议；整合并研究首次审议意见后，全国人大法律委员会于2002年12月形成“草案二次审议稿”，该审议稿由第九届全国人民代表大会常务委员会第三十一次会议审议。2003年6月，全国人大法律委员会形成“草案三次审议稿”，并提交第十届全国人民代表大会常务委员会第三次会议审议；对第三次审议的意见进行研究后，全国人大法律委员会于2003年8月形成“草案四次审议稿”；2003年8月27日，第十届全国人民代表大会常务委员会第四次会议审议通过《行政许可法》，并决定该法于2004年7月1日起实施。

《行政许可法》的出台意味着我国依法行政原则有了进一步扩充和发展。首先，《行政许可法》承袭并延续了《行政处罚法》的立法精神和立法路线，在具体规定中充分体现了依法行政原则中的法律优先和法律保留：第十二条、第十四条、第十五条、第十六条关于行政许可设定权的规定体现了法律优先原则；第二十二条、第二十三条规定行政主体必须在法定职权或法律专门授权的前提下实施行政许可即体现了法律保留原则。其次，《行政许可法》向有限政府的观念积极靠拢。政府应当“有所为、有所不为”，特别是改革开放后我国建立了社会主义市场经济体制，要求政府建立和保障市场经济的竞争机制，履行优先的市场经济管理职能；凡是公民、法人或其他组织能够自主决定解决的，或通过市场竞争机制能够有效调节的，以及通过行业组织、中介机构能够自律管理的，或行政机关采用事后监督等其他行政管理方式能够解决的事项，可以不设许可。再次，《行政许可法》积极响应高效、服务政府的建设要求，确立了便民高效原则、电子政务模式、行政许可信息共享、相对集中行政许可权制度、“窗口式”服务制度和统一、联合、集中办理制度等。最后，信赖保护原则被第一次写进法律。《行政许可法》第八条规定依法取得的行政许可受法律保护，禁止行政机关擅自改变业已生效的行政许可，确需变更、撤回且造成损失的，应当补偿；第六十九条规定对于实质性违法许可且许可持有人无过错的，许可持有人的信赖利益也受保护。

毫无疑问，《行政许可法》的贡献是巨大的，它不仅推动了政府职能转变，还使得行政许可实施程序规范化得到了大幅提升。但该法自实施以来，产生了一些问题，也遭遇了不少挑战。有些问题的解决并非一蹴而就，需要做长远打算，而有些问题则可以通过法律修改予以解决。2019年，全国人大常委会修改了《行政许可法》第五条、第三十一条和第七十二条，新增设定和实施行政许可的非歧视原则，细化行政机关的保密义务，强化申请人知识产权保护，行政机关法律责任条款进一步完善。

本书编写目的在于帮助行政执法人员准确、系统地理解《行政许可法》的立法背景、立法精神和具体内容，严格落实行政许可各项重要制度，依法实施行政许可。本书在准确把握我国行政许可制度发展历程的基础上，阐述了行政许可基本原理，点明了行政许可执法中的重点和难点。本书与学术理论著作和高校教材有所区别，在内容和形式上都力求符合行政执法培训工作要求，具有权威性、系统性、基础性和实用性等特点。

各章撰写分工如下：

前　言　湛中乐（北京大学法学院教授、博士生导师）、徐靖（中南大学法学院教授、博士生导师）

第一章　湛中乐（北京大学法学院教授、博士生导师）、黄宇骁（上海交通大学法学院助理教授、硕士生导师）

第二章　康骁（广东外语外贸大学法学院讲师）

第三章　胡斌（中国政法大学法学院讲师）

第四章　尹婷（北京交通大学法学院讲师）

第五章　袁文峰（惠州学院政法学院教授）、高俊杰（深圳大学法学院副教授、硕士生导师）

第六章　赵玄（国家教育行政学院党建与思政教研部助理研究员）

第七章　王春蕾（中国政法大学法治政府研究院讲师、硕士生导师）

第八章　李烁（湖北省武汉市委组织部干部）

第九章　徐靖（中南大学法学院教授、博士生导师）、王春蕾（中国政法大学法治政府研究院讲师、硕士生导师）

在本书编写过程中，司法部和地方政府实务部门领导和专家提出了宝贵意见，在此一并表示谢忱。

全书由湛中乐、徐靖负责统稿、定稿。

囿于编写者撰写时间和学识能力有限，瑕疵或纰漏在所难免；恳请学界同人和广大读者批评指正。

本书编者

目录

CONTENTS

第一章　行政许可的基本原理

本章知识要点

□ 行政许可的概念
□ 行政许可的特征
□ 行政许可的分类
□ 行政许可的功能
□ 行政许可的基本原则

第一节　行政许可的概念

行政许可是政府对经济和社会事务进行事前控制的重要方式，与行政相对人的人身和财产权利以及公共利益紧密相连。我国经历了从计划经济到市场经济的转型，政府不断放松管制，引导市场在资源配置中起决定性作用，促使行政许可制度不断完善。近年来，随着政府职能的不断转变和完善，行政许可越发成为法治政府建设的重要环节。自2004年《行政许可法》实施以来，我国行政许可的法治化水平不断提升，对行政许可理论和制度层面的研究也不断深入，本节将结合《行政许可法》的规定和近年相关理论研究成果阐述行政许可的概念和特征，并对行政许可与行政审批、行政确认、行政登记进行辨析。

认识并理解行政许可的概念不仅可以从理论层面加深对行政许可本身的认知，还可以将行政许可与相似概念加以区分，为相关的理论研究、制度建设、法律执行提供帮助。本部分将从学理和制度两个层面对行政许可的概念进行界定，从不同角度选取具有代表性的理论对行政许可的概念进行介绍，并结合《行政许可法》的规定，对行政许可的法定概念进行阐述。

一、什么是行政许可

《行政许可法》第二条规定："本法所称行政许可，是指行政机关根据公民、法人或者其他组织的申请，经依法审查，准予其从事特定活动的行为。"具体而言，对行政许可的概念可作如下理解。

（一）行政许可需要行政相对人的申请

无论是行政许可的理论定义还是法定含义，都强调行政许可需要行政相对人的申请才能启动相关程序；申言之，行政相对人的申请是启动整个许可程序的"按钮"，行政机关不会主动发起许可程序。以机动车驾驶证申领为例，想要获取机动车驾驶证，需要申领人自行按照法定途径向公安交警部门提交相关材料，公安交警部门工作人员不会主动在驾校门口询问驾校学员是否要申请驾驶证，申领驾驶证程序的开启与否取决于公民个人意愿，这与行政处罚有明显不同，行政处罚案件调查的程序由行政主体启动。

（二）行政许可是行政主体进行行政管理的方式

行政许可的管理性主要体现在：行政许可是行政机关为管理某种秩序、依法单方作出的行为。虽然行政许可的启动依赖行政相对人申请，但行政许可决定的作出过程是行政机关单方面的行为过程。不具有管理性的行为即便以"许可""准许""审批"等名义作出也不属于行政许可，如商品条码注册、不动产产权登记、机动车登记、婚姻登记、领养登记、抵押登记等，本质上是确定某种民事权利或者身份关系的行为，不属于行政许可。

（三）行政许可是行政主体对外作出的行政行为

行政许可的外部性是指行政许可对行政机关以外的行政相对人权利义务产生实际影响。不对行政机关以外的行政相对人权利义务产生影响的内部审批不属于行政许可。《行政许可法》第三条第二款规定："有关行政机关对其他机关或者对其直接管理的事业单位的人事、财务、外事等事项的审批，不适用本法。"根据该规定，行政许可是行政机关针对行政相对人的一种管理行为，是管理经济和社会事务的外部行政行为。至于行政机关对其他行政机关（包括中国共产党的机关、国家其他机关、人民团体等）或者对本机关直接管理的事业单位（如教育行政部门直接管理的学校、体育行政部门直接管理的专项体育运行协会、卫生健康行政部门直接管理的医院等）的人事、财务、外事等事项的审批，属于内部管理行为，不属于行政许可。

（四）行政许可应当通过法定形式予以体现

行政机关作出准予或者不准予行政许可的决定，应当通过法定程序送达行政相对人，且应当有正式的文书或者通知，内容上应当说明准予许可或者不准予许可，并附加相关理由，这是行政许可法定形式的体现。近年来，随着电子政务的发展和政府职能转变的深入推进，为提高行政许可和公共服务的办事效率，减轻当事人办理相关事项的负担，行政主体越来越多地以电子送达或者移动互联网信息通知的形式告知当事人许可办理结果。除此之外，需要颁发许可证件的，如营业执照、食品经营许可证，还应当向行政相对人颁发许可证件且加盖公章，许可证件也是行政许可的法定体现形式。在实际许可活动中，主管部门往往会制定统一的许可证样式，以提升行政许可的规范性。跟前述许可决定告知方式的革新一样，近年来，行政主体越来越多地发放电子证照，以提高行政许可和公共服务的效率，打造“人民满意的服务型政府”。

（五）行政许可准许申请人从事特定活动

行政许可对行政相对人而言，所引发的后果是获取某项权利，可以在法律一般禁止的前提下，准予从事某项特定活动，如开采煤矿资源、驾驶出租汽车等。换言之，行政许可不同于行政处罚、行政强制或者行政征收等损益行政行为，不是对行政相对人科以某项义务或者剥夺某项权利，而是赋予其从事其他人不能从事某种活动的权利，或者解除对其从事某种活动的禁止。

二、行政许可与相关概念的区分

虽然学理上和法律上对行政许可都有较为清晰的界定，但无论是在理论上还是在实践中，都有部分概念容易与行政许可相混淆，甚至在具体行政执法过程中也存在混同，这对行政相对人的权利保护、行政机关依法履职以及司法裁判的公正造成了不利影响。因此，有必要对相关概念进行识别和区分，以确保行政许可法律制度在行政执法中得到有效落实。

（一）行政许可与行政审批

行政许可与行政审批的关系比较复杂，在实践中也经常混用，行政审批也往往成为行政机关规避行政许可的途径，对二者加以区分具有重要的现实意义。行政审批和行政许可都有“准许”“批准”从事相关活动的含义，但是二者依然存在区别：（1）二者包含的行为内容存在区别。行政审批既可以排除不作为义务，也可以免除作为义务，如批准减免费用；而行政许可主要涉及排除不作为义务，如为了保护环境、节约资源，法律禁止无证开采石油，对于一般主体而言，就有不开采石油的不作为义务。（2）二者的法律意义存在区别。行政许可是行政申请的最终结果，一个行政许可的取得，通常需要经过若干审批手续和程序，在这个过程中，行政审批是内部的过程行为，行政许可则是外部的、对当事人权利义务产生实际影响的法律行为。（3）二者在表现形式上存在区别。行政许可的表现形式是行政机关发放的许可证书或者不予许可的决定文书及相关通知，是要式行政行为；行政审批则通常通过行政机关内部的公文或者公函来体现。

（二）行政许可与行政确认

行政确认是指行政机关依法对行政相对人的权利义务、法律地位或者某种事实状态进行甄别，得出肯定或者否定的结论并对外公告的行政行为；通常表现为宣告某项事实状态或者法律关系是否存在，如婚姻登记、不动产产权登记。行政确认在部分情形下表现为行政许可过程中的一个环节，先确认行政许可所需的某种情况是否存在，再据此作出相应的许可决定。二者的主要区别表现为：（1）行政许可存在的前提是法律的一般禁止，行政确认是对某种事实是否存在的宣告，不以法律一般禁止为前提。换言之，应许可的事项非经许可不得从事，否则构成违法；应当确认的事项，在经过确认之前，法律关系或者主体身份处于不确定的状态，但是不一定违法。（2）行政许可的效力往往是“向后的”，即经许可之后方可从事某种活动或具备某种资格资质；而行政确认是对现实状态或者法律关系的确定，被确定的身份、能力、权利义务关系或者事实一般都是既存的，具有溯及性。（3）在行政诉讼中，行政确认一般不因申请行为的无效而无效或者被撤销，但是行政许可会因申请行为的无效而无效或者被撤销，这是二者在行政诉讼裁判中的区别。

（三）行政许可与行政登记

在部分情形下，行政登记可以包含在行政许可中，如《行政许可法》中规定的“企业或者其他组织的设立等，需要确定主体资格的事项”，通常被称为“登记”。但并不是所有的行政登记都可以包含在行政许可之中，二者存在一定的区别：（1）在行政许可中，特别是在有数量管控的竞争性许可中（如特许经营权拍卖），行政机关有权在符合条件的主体中进行裁量性选择；行政登记虽然也通过行政机关颁发某种凭证体现，但行政机关在此种情况下没有裁量权，只要符合法定条件，就必须予以登记。（2）行政许可存在的目的是对公民、法人或者其他组织的行为加以控制，作用的对象是一般禁止性行为；而行政登记则指向应当由行政机关进行书面记载并出具凭证的事实，往往以一定的事实作为调整对象（如税务登记、身份登记等），目的是通过登记来宣告某种状态并建立相关的秩序。（3）行政许可的结果是行政相对人取得或未取得相应的资格、资质或者权利；行政登记不一定产生这样的结果，登记在多数情况下并不能使行政相对人获得某种权利，而只是要求其履行某种义务。

第二节　行政许可的特征

行政许可的特征揭示了行政许可与其他行政行为的区别，对行政许可的特征进行了解和研究，可以进一步深化对行政许可内涵与本质的理解，从而对行政许可形成更加立体化的感知，推动行政许可制度的规范执行和完善。

一、事前性

从管理或者规制角度出发，行政许可是一种事前管理或者规制

的手段。经济学一般将市场监管分为事前监管、事中监管和事后监管，行政许可是事前监管的代表性方式。行政许可往往涉及从事某种活动的资格、资质，如营业执照是市场准入的体现，只有获取了营业执照才可以从事市场经营活动，即获取营业执照在进行市场经营活动之前，是政府为了维护市场有序竞争而在相关主体参与竞争之前进行的管理或者规制。无论是特种设备的核准还是职业资格的认可，均是一种前提条件，越过相关的许可步骤进行相关活动均属违法。因此，行政许可是一种事前性质的监管行为，行政许可的模式是“行政相对人提出申请—行政机关准入或（不予准入）—行政相对人市场准入”[①]。

二、赋权性或解禁性

从行政相对人角度出发，行政许可具有**赋权性或者解禁性**。**行政许可的存在前提是法律规范的一般禁止，对是否准予行政许可的决定过程，就是对是否可以解除一般禁止依法作出判断的过程**，其目的是对符合条件和具备资格的特定对象解禁，[②]赋予其某种权利，准予其从事某种特定活动。这里所说的一般禁止，是一种“有限禁止”或者“相对禁止”，不经过个案的审核、认可、核准、登记等行政行为，公民、法人或者其他组织不得从事相关活动。申言之，对于行政相对人而言，行政许可的内容其实是法律一般禁止的事项，为了经济社会发展的需要，对符合特定条件的相对人予以解禁，准许其从事该行为，享有特定的权利和资格、资质。

对公民、法人和其他组织而言，行政许可使其获得的不只是某

---

① 席涛：《市场监管的理论基础、内在逻辑和整体思路》，载《政法论坛》2021年第4期。

② 姜明安主编：《行政法与行政诉讼法》（第七版），北京大学出版社、高等教育出版社2019年版，第219页。

种利益，还包括基于其自主权做出选择的权利。[①]因此，从权利的角度来说，行政许可意味着一种可能意义上的“选择”权利或者期待利益，需要通过行政许可来加以确认、保护和实现。例如，为维护公共安全，法律禁止持枪，但是对于有特殊需要的相对人（如射击队员），法律允许其在获得持枪许可后持枪训练；再如，驾驶机动车原本是人人均可从事的活动，但为维护道路交通安全，法律规定了特定的考核条件和管理制度，只有满足相应条件的相对人方可申领驾驶证，解除法律对于驾驶机动车的限制，获得机动车驾驶资格。这种“赋权性”也是《行政许可法》的立法基石之一。《行政许可法》第一条规定该法的立法目的之一即“保护公民、法人和其他组织的合法权益”，行政许可在实践中的常用表述也是“合法权益”。“合法权益”并不只是强调行政许可与“利益”相关的内容，其“权利”方面的内容同样重要。[②]

三、申请性

行政行为以其启动是否需要行政相对人事先申请为标准，划分为依职权行为和依申请行为。依职权行为是行政主体直接依据法律、法规的规定，不需要行政相对人事先申请即可实施的行政行为，如行政处罚、行政强制、行政征收；依申请行为是行政主体需要行政相对人的申请方可启动行政程序的行为，行政许可就是典型的依申请行为。依申请行为的目的，一方面在于避免公共利益上的风险，抑制对公共利益造成负面影响的可能性（如不可再生矿产资源的开发利用）；另一方面在于保障公民的生命健康（如食品的生产、流通、销售）。

---

① 王奇才：《“放管服”改革中的行政许可：功能定位与制度衔接》，载《福建师范大学学报（哲学社会科学版）》2022年第2期。

② 王奇才：《“放管服”改革中的行政许可：功能定位与制度衔接》，载《福建师范大学学报（哲学社会科学版）》2022年第2期。

行政许可的申请性主要体现在需要行政相对人的申请才可以启动行政程序。例如，机动车驾驶证申领、特许经营权取得、特种设备上市、会计从业资格取得、企业营业执照取得等，都需要行政相对人按照规定提交相应的申请材料。随着政府职能转变的深入和政务服务的标准化建设，行政相对人在提交申请的时候也获得了越来越多的便利，许可部门的网站一般都会提供办事流程、材料清单等办事指南，方便行政相对人申请行政许可。

四、审查性

行政许可虽然是依申请行政行为，但是**行政相对人的申请只是启动行政许可程序的前提条件，是否受理、是否准予许可都需要行政主体依据其法定条件进行判断，即行政许可的审查性。**

行政相对人在提出申请后，行政主体首先应当审查其申请是否符合法定条件，如果申请不符合法定条件，行政主体可以不予受理。近年来，随着政府职能转变的深入推进和优化营商环境建设的需要，行政许可的“容缺受理”在不同程度上开展。在特定条件下，如果申请人的申请材料存在一定瑕疵，行政主体可以先行受理许可申请，但是这种“容缺受理”并没有排除行政主体在受理阶段的审查义务，只是对于个别材料的缺失可以予以容忍。例如，《深圳市政务服务容缺办理管理办法》第四条第一款规定：“本办法所称容缺办理，是指对符合信用条件的申请人，在各级行政服务大厅线下申办政务服务业务时，具备申请该项业务的主要材料和条件，但是非主审要件暂有欠缺或存在瑕疵，经申请人自愿申请，并且书面承诺在规定时限内补齐补正相关非主审要件，收件窗口先予收件或审批部门先予受理的政务服务活动。”

受理之后，在作出行政许可决定的过程中，行政机关依然需要履行审查职责。《行政许可法》第三十四条规定：“行政机关应当对申请人提交的申请材料进行审查。申请人提交的申请材料齐全、符合法定形式，行政机关能够当场作出决定的，应当当场作出书面的行政许可决定。根据法定条件和程序，需要对申请材料的实质内容进行核实的，行政机关应当指派两名以上工作人员进行核查。”

五、授益性

以具体行政行为的内容是否对行政相对人有利为标准，行政行为可分为授益行政行为和负担行政行为。授益行政行为是指行政主体为行政相对人设定权益或者免除义务的行政行为；负担行政行为是指行政主体为行政相对人设定义务或者限制、剥夺其权益的行政行为。

行政许可具有明显的授益性，是在法律一般禁止的情况下，准许符合条件的行政相对人从事某项活动或者获得某种资格、资质的行政行为，经营类许可、职业资格许可是授益行政行为的典型代表。以道路旅客运输经营为例，在未经许可的情况下，任何人不得从事营利性的道路旅客运输活动；但对于已获得道路旅客运输经营许可的相对人而言，其已具备经营资格，可以从事营利性的道路旅客运输活动，以此获取经济收益。

六、要式性

以行政行为是否必须具备法定形式为标准，可以将行政行为分为要式行政行为和非要式行政行为。要式行政行为必须具备一定的外在形式，如文书、证件、特定意义的符号、口头语言和实际动作。[①]文书、证件和特定意义的符号有利于准确、直观展现行政主体的意思表示，体现行政行为的法律意义和严肃性，是要式行政行为的常见方式。

根据《行政许可法》第三十八条、第三十九条的规定，行政许可决定必须通过书面形式表达，对于特定的行政许可，行政机关作

① 姜明安主编：《行政法与行政诉讼法》（第七版），北京大学出版社、高等教育出版社2019年版，第192页。

出准予行政许可的决定，需要颁发行政许可证件的，应当向申请人颁发加盖本行政机关印章的行政许可证件，如许可证、执照、资格证、资质证、其他合格证书或者行政机关的批准文件、证明文件。行政机关实施检验、检测、检疫的，可以在检验、检测、检疫合格的设备、设施、产品、物品上加贴标签或者加盖检验、检测、检疫印章。据此，行政许可具有要式性，许可机关准予或者不准予许可的决定均需通过书面文件进行表达；在特定领域，还应当向行政相对人颁发许可证件或者用标签、印章等予以表达。近年来，有关许可决定送达形式的革新或者证照的电子化改革，是行政许可要式性的新体现方式，并没有从根本上颠覆行政许可要式性的特征。

对于特定的许可证件，获得许可证的行政相对人还有义务将其展示在特定位置，以证明已经具备相应的资格资质。例如，《市场主体登记管理条例》第三十六条规定："市场主体应当将营业执照置于住所或者主要经营场所的醒目位置。从事电子商务经营的市场主体应当在其首页显著位置持续公示营业执照信息或者相关链接标识。"

第三节 行政许可的分类

在起草《行政许可法》时，对行政许可的称谓作了统计，共有许可、审批、审核、批准、认可、同意、登记、确认、备案等70余种，涉及经济、社会的方方面面。不同的行政许可，涉及不同部门、不同行政管理事项，其性质、功能及程序方面差别很大，如不加以区别、归类，则很难达到规范、监督行政许可行为的目的。[①]《行政许可法》按照行政许可的性质、功能和适用事项，将行政许可划分为普通许可、特许、认可、核准、登记。除了法律规定的分类外，

① 陈海萍主编：《行政许可法新论》，中国政法大学出版社2007年版，第35页。

还可以按照行政许可的内容、享有程度、是否附义务、是否可转让等标准进行分类。本节将结合《行政许可法》相关规定，对不同类型的行政许可进行介绍。

一、《行政许可法》中的分类

《行政许可法》第十二条列举了可以设定行政许可的事项，这五类事项是按照行政许可的性质、功能和适用事项标准对行政许可进行的分类。据此，行政许可包括普通许可、特许、认可、核准、登记五类。

（一）普通许可

普通许可是指行政机关准予符合法定条件的公民、法人或者其他组织从事特定活动的行为，是运用最为广泛的一种行政许可。普通许可申请人向行政机关提出申请，行政机关经审查认为其符合法定条件，该申请人就能够获得从事某项活动的权利或者资格，对申请人并无其他特殊的限制。[①]根据《行政许可法》第十二条第一项的规定，普通许可的适用事项包括直接涉及国家安全、公共安全、经济宏观调控、生态环境保护以及直接关系人身健康、生命财产安全等特定活动，需要按照法定条件予以批准的事项。从适用事项上看，普通许可的功能在于防止危险、保障安全。

涉及国家安全的事项是指“有碍国家安全可能”的事项，包括涉及国家主权和领土完整、国体与政体安全以及国家统治机能安全的活动。[②]例如，《领海及毗连区法》第十一条第一款规定：“任何国际组织、外国的组织或者个人，在中华人民共和国领海内进行科学研究、海洋作业等活动，须经中华人民共和国政府或者其有关主

① 应松年主编：《当代中国行政法》，人民出版社2018年版，第1077页。

② 姜明安主编：《行政许可法条文精释与案例解析》，人民法院出版社2003年版，第38页。

管部门批准，遵守中华人民共和国法律、法规。”

涉及公共安全的事项是指关系到不特定多数人人身、财产以及公共财产安全、社会安宁的事项。[①]如危险化学品经营许可即属于直接涉及公共安全的许可事项。

涉及经济宏观调控的事项是指国家为了从总体上调控国民经济运行，实现经济稳定增长，在财政、金融、税收、海关和外贸等经济领域设定的以控制市场准入、调整投资结构或产业结构为目的的行政许可事项。如利用财政资金或者由政府担保的外国政府、国际组织贷款的投资项目和涉及产业布局、需要实施宏观调控的投资项目以及进出口管制、金融保险证券等基于高度社会信用的行业的市场准入和法定经营活动。[②]

涉及生态环境保护的事项是指为了保护生态环境，对可能给生态环境造成不良影响的市场主体活动设定许可加以控制的事项，如《环境保护法》《大气污染防治法》《水污染防治法》《固体废物污染环境防治法》《海洋环境保护法》等法律中规定的环境影响报告书、危险废物经营许可等。

直接关系人身健康、生命财产安全的特定活动主要是指与人身健康、生命财产安全直接相关的产品、物品的生产与销售活动，如食品、药品的生产和经营许可，烟花爆竹经营许可等。

（二）特许

特许是基于经济、社会或行政上的特殊情况需要，将原本属于国家或行政主体的某项权利（力）赋予私人的行政行为。[③]根据《行政许可法》第十二条第二项的规定，特许主要适用于有限自然资源的开发

---

① 江必新编著：《行政许可法理论与实务》，中国青年出版社2004年版，第66—67页。

② 江必新编著：《行政许可法理论与实务》，中国青年出版社2004年版，第67页。

③ 姜明安主编：《行政法与行政诉讼法》（第七版），北京大学出版社、高等教育出版社2019年版，第222页。

利用、公共资源的配置、直接关系公共利益的特定行业的市场准入等事项。如国有土地使用许可、采矿许可、取水许可、海域使用权许可、无线电频率使用许可、电信业务经营许可和公用事业的市场准入许可等。这些领域具有高度的公共利益关联性，公民、法人或者其他组织在这些领域开展活动需要受到限制，并不能享有完全的自由。《行政许可法》为此类事项设定了特许，意味着行政相对人开展此类活动需要经过行政机关特别许可，并在实施过程中受行政机关监督。特许与普通许可在功能和特征上存在明显差别，普通许可的功能主要是防止危险和保障安全，而特许的功能则在于对稀缺资源进行分配。

特许相较于普通许可具有以下四个特征：一是数量上具有一定的限制。由于特许赋予被许可人对于自然资源或公共资源的享有和使用权利往往具有排他性，因此特许一般有数量上的限制。二是特许取得方式的特殊性。由于特许适用的对象是有限的自然资源和公共资源，资源的有限性和稀缺性决定了需要通过招标、拍卖等竞争性方式来实现对资源的有效配置。三是被许可人所取得的特许权可以依法转让和继承。允许特许权转让和继承，有利于缓解资源有限性和需求广泛性之间的矛盾。通过促进特许权的流转，可以提高有限资源的利用效率。四是行政机关在实施特许的过程中具有一定的裁量权。赋予行政机关自由裁量权是为了让行政机关能够根据经济、社会发展的实际情况对特许事项进行适时调控。但为了防止行政机关恣意行使裁量权，在特许事项上的裁量空间越来越多地被客观化的标准填补，行政机关的自由裁量空间逐渐缩小。

（三）认可

认可是指行政机关对申请人是否具备特定技能的认定。[①]根据

① 姜明安主编：《行政法与行政诉讼法》（第七版），北京大学出版社、高等教育出版社2019年版，第223页。

《行政许可法》第十二条第三项的规定，认可主要适用于提供公众服务并且直接关系公共利益的职业、行业，需要确定具备特殊信誉、特殊条件或者特殊技能等资格、资质的事项。认可的对象是“人”，也就是主体，包括自然人和法人。认可就是赋予公民、法人或者其他组织从事特定行业、职业的资格、资质，如律师资格许可、注册会计师资格许可、建筑企业资质等。设定认可旨在设置某一职业或行业的基本从业条件、技能或信誉。认可一般需要申请人通过考试或考核的程序获得。

针对公民设定的认可，一般需要组织国家考试，行政机关根据考试结果和其他法定条件作出是否准予认可的决定；而针对法人和其他组织的认可，一般需要通过行政机关对申请人的人员构成、经营能力、技能条件等反映资格或资质的情况进行考核，根据考核结果决定是否对其资格或资质予以认可。

（四）核准

核准是指由行政机关对某些事项是否达到特定技术标准、经济技术规范的判断、确定。根据《行政许可法》第十二条第四项的规定，核准主要适用于直接关系公共安全、人身健康、生命财产安全的重要设施的设计、建造、安装和使用，直接关系人身健康、生命财产安全的特定产品、物品的检验、检测、检疫事项，如大型游乐设施安装运营许可、进口动植物检验检疫等。与许可的对象是“人”不同，核准的对象是“物”，也就是客体，这些“物”直接关系到公共安全、人身健康、生命财产安全。因此，从适用事项上看，核准与普通许可具有相同的防止社会危险、保障安全的功能。从核准程序看，行政机关需要依照技术标准或技术规范进行专业性的检验、检测、检疫，并根据检验、检测、检疫的结果作出是否核准的决定。

（五）登记

登记是指行政机关确立企业或者其他组织的特定主体资格的行为。根据《行政许可法》第十二条第五项的规定，登记是指行政机关确立企业或者其他组织特定主体资格，使其获得合法从事相关活动的资格能力，如工商企业注册登记、社团登记、事业单位登记等。登记的功能在于确认申请人某种法律资格，赋予其从事某种特定行为的权利。①行政机关在登记过程中，对申请人提交的申请材料一般只进行形式审查。只要申请人提交的申请材料齐全且符合法定形式，行政机关就应当当场予以登记。特殊情况下，行政机关确需对申请材料实质内容进行核实的，应当依法进行核查。

二、关于行政许可的其他分类

除《行政许可法》关于行政许可的分类外，学理上还按照行政许可的内容、享有程度、是否附义务、是否可转让等标准对行政许可进行不同的分类，也有规范性文件按照行政许可事项的主管部门进行分类。

（一）行为许可、权利许可和资格许可

按照内容标准，可将行政许可分为行为许可、权利许可和资格许可。②行为许可是指行政机关允许符合条件的申请人开展某种活动的许可，如营业许可。权利许可是指行政机关赋予符合条件的申请人某项权利的许可，如商标许可。资格许可是认定行政相对人具有某种资格的许可，如法律职业资格许可。

---

① 周佑勇主编：《行政许可法理论与实务》，武汉大学出版社2004年版，第28页。

② 应松年主编：《当代中国行政法》，人民出版社2018年版，第1076页。

（二）排他性许可和非排他性许可

按照享有程度，可将行政许可分为排他性许可和非排他性许可。①排他性许可又称为独占许可，是指某个人或者组织获得该许可后，其他任何个人或者组织均不得再申请获得的行政许可。排他性许可设置了满额限制，符合条件的申请人数量达到法律限制的数量后，就不再准予其他申请人获得该项许可，如专利许可、商标许可、烟草专卖许可、有限的自然资源使用权许可等均是排他性行政许可。非排他性许可的权利主体不受数量限制，只要申请人符合行政许可要求的条件，就可以申请获得许可，因此非排他性许可又称为共存许可。

（三）权利性许可和附义务许可

按照是否附义务的标准，可将行政许可分为权利性许可和附义务许可。②权利性许可是指行政相对人在获得该行政许可后，可以自由决定是否行使该行政许可赋予的权利或资格的行政许可类型，如驾驶证、工商企业营业执照等。申请人获得权利性许可后，不用承担作为义务，也可以放弃行使权利且不用承担法律责任。与之相反的是附义务许可，申请人获得附义务许可后应承担在法定期限内实施该许可事项的义务，如不履行，将承担丧失被许可权利的法律责任和不利后果。商标许可是较为典型的附义务许可，如根据《商标法》第四十九条第二款的规定，注册商标没有正当理由连续三年不使用的，任何单位或者个人可以向商标局申请撤销该注册商标。

---

① 应松年主编：《行政许可法教程》，法律出版社2012年版，第36页。

② 姜明安主编：《行政法与行政诉讼法》（第七版），北京大学出版社、高等教育出版社2019年版，第221页。

（四）可转让的许可和不可转让的许可

按照是否可转让的标准，可将行政许可分为可转让的许可和不可转让的许可。[①]由于行政许可申请人获得行政许可需要符合特定资格或法定条件，因此原则上绝大多数行政许可是不可转让的，如普通许可、认可、核准、登记这几类行政许可均不得转让。但针对一些由申请人支付一定的价款并以公开、公平竞争方式取得的行政许可，法律允许转让[②]，如以出让方式取得的土地使用许可、矿产资源的采矿许可以及海域使用许可等有偿取得的行政许可。

第四节　行政许可的功能

行政许可作为行政管理手段和治理工具，承载着不同维度的目标和功能。**行政法上一般认为行政许可具有控制危险、配置资源以及证明或提供某种信誉和信息三个重要功能。**[③]本节将结合《行政许可法》相关规定及关于行政许可功能形成的认识，对行政许可在控制危险、配置资源、证明或提供信誉和信息三个方面的功能进行介绍。

一、控制危险

控制危险是行政许可最主要、最基本的功能。[④]行政许可被认为是行政机关依法管理政治、经济、文化等社会事务的事前控制手段。

---

① 应松年主编：《行政许可法教程》，法律出版社2012年版，第36页。

② 法律出版社法规中心编：《中华人民共和国行政许可法注释本》，法律出版社2017年版，第9页。

③ 汪永清主编：《中华人民共和国行政许可法教程》，中国法制出版社2003年版，第6页。

④ 汪永清主编：《中华人民共和国行政许可法教程》，中国法制出版社2003年版，第6页。

作为一种可运用于行政管理多个领域的事前控制手段，行政许可在控制危险上发挥了重要功能并得以广泛应用，如行政许可在经济领域发挥出的防范经济风险的功能。如果公民、法人或者其他组织实施的行为具有潜在的危险，这种潜在的危险表现为对公共安全、社会或他人的生命财产安全造成损害，则行政机关必须对这类行为加以限制。行政机关通过行政许可这种事前控制手段，能够尽可能地保障每个个体在行使权利时，有效地避免对他人权利造成侵害，从而达到消除潜在危险的效果。[①]行政许可通过推定某些特定事项可能发生的问题以及解决问题需要具备的条件来提前设防，进而从源头上消解可能发生的危险。行政许可主要适用于通过事后补救难以消除危险影响，或是以事后监管方式将会付出更高成本的事项。在这些事项上，行政许可凸显出了其控制危险、保障安全的功能。但需要注意的是，设定行政许可需要基于对适用事项危险性的充分论证，因此设定行政许可的事项范围也应根据危险性有无进行增减。[②]

二、配置资源

市场经济体制下，市场虽在资源配置中起基础性作用，但市场并不是万能的，由于自然垄断、信息不对称等原因，市场在资源配置中也会失灵，难以保证资源的有效配置。如在公共资源配置和有限自然资源开发利用权利分配上，完全依靠市场完成资源配置会导致资源分配不公和垄断的现象。因此，针对部分资源的配置不能单纯依靠市场机制自发调节，行政许可的介入将补齐市场失灵的短板。行政许可制度下，行政机关会在资源配置过程中权衡各方利益，有利于促进资源配置的公平、公正，并且能够有效节约成本。为了提高行政许可配置有限资源的效率，还应不断优化行政许可方法，使

① 刘莘主编：《中国行政法学新理念》，中国方正出版社1997年版，第271—272页。
② 杨解君、汪自成：《行政许可法的原则解读》，载《南京社会科学》2004年第1期。

其公开、公正、公平，防止出现权力寻租。

三、证明或提供信誉和信息

行政许可在经济、社会活动中，还能够起到向公众提供被许可人信息或是证明被许可人信誉的功能。在经济和社会活动中，公众具有获取特定主体或商品有关信息及信誉的需求，而由于存在信息不对称、信息壁垒或信息获取成本过高等原因，公众在一些情况下难以获取有效信息或了解特定主体的信誉情况。行政机关以行政许可的方式能够完成向社会公众提供信息或证明信誉的功能。如行政机关通过登记企业或其他组织的设立等需要确定主体资格的事项，向公众提供企业或者其他组织已经具备相关主体资格的信息；或通过认可向社会公众提供公民、法人或其他组织具有从事特定行业或职业的资格、资质信息。行政许可除了具有向公众提供被许可人特定信誉、信息的功能外，基于其权威性与公信力，还承担着向社会公众证明被许可人具有从事特定活动的能力和条件或具备从事特定职业、行业的特殊信誉、条件或技能的功能。

第五节　行政许可的基本原则

行政许可的核心是“一般禁止的解除”，是行政机关赋予行政相对人从事特定活动的授益性行政行为，因此行政许可的设定和实施与公民权利密切相关。若行政许可设定或实施不当，将对公民、法人或其他组织的合法权益造成直接侵害。确立能够反映行政许可法价值内核的行政许可基本原则，用来指导行政许可的设定和实施，有利于引导行政许可正确依法运行，保障行政相对人的合法权益。[①]

① 杨解君主编：《行政许可研究》，人民出版社2001年版，第111页。

《行政许可法》第四条至第十条规定了行政许可的七项基本原则：许可法定原则；公开、公平、公正原则；便民和效率原则；救济原则；信赖保护原则；一般不得转让原则；监督检查原则。本节将结合《行政许可法》的相关规定，对行政许可的基本原则进行介绍。

一、许可法定原则

《行政许可法》第四条规定："设定和实施行政许可，应当依照法定的权限、范围、条件和程序。"据此，行政许可需要遵循许可法定原则。许可法定原则是行政法基本原则之合法原则的具体体现。许可法定原则要求行政许可的设定主体及其权限、行政许可的事项范围、行政许可的实施机关及其权限、行政许可的条件和标准、行政许可的程序等均必须遵守法律规定。[①]

（一）行政许可设定法定

行政许可设定法定是指行政许可设定主体及其权限、设定行政许可的事项范围、设定行政许可的条件以及程序均应严格依照法律规定。

为了避免因行政许可设定过于随意造成行政机关滥用职权，损害公民权利的后果，**行政许可设定主体及其权限需要严格依照法律规定。**《行政许可法》第十四条、第十五条、第十七条规定了行政许可的设定主体及其权限。法律可以设定行政许可；尚未制定法律的，行政法规可以设定行政许可；必要时，国务院可以采用发布决定的方式设定行政许可；尚未制定法律、行政法规的，地方性法规可以设定行政许可；尚未制定法律、行政法规和地方性法规的，因行政管理的需要，确需立即实施行政许可的，省级人民政府规章可以设定临时性的行政许可；除上述规定外，其他规范性文件一律不得设

---

① 应松年主编：《行政许可法教程》，法律出版社2012年版，第71页。

定行政许可。除《行政许可法》规定有行政许可设定权的机关外，其他没有行政许可设定权的机关、组织或者有设定权的行政机关的内部机构均不能设定行政许可，违反上述规定超越权限设定的行政许可无效。

除行政许可设定主体及权限法定外，设定行政许可的事项范围也应遵循法定原则。并不是所有事项都应设定行政许可，《行政许可法》第十二条规定了设定行政许可的事项。第十三条规定了在第十二条所列事项中可以不设行政许可的四类情形：一是公民、法人或者其他组织能够自主决定的；二是市场竞争机制能够有效调节的；三是行业组织或者中介机构能够自律管理的；四是行政机关采用事后监督等其他行政管理方式能够解决的。《行政许可法》第十五条规定了地方性法规和省级政府规章禁止设定的行政许可：应当由国家统一确定的公民、法人或者其他组织的资格、资质的行政许可；企业或者其他组织的设立登记及其前置性行政许可；限制外地的生产、经营、服务、商品进入本地的行政许可。

设定行政许可还必须满足法律规定的条件。在一些非经常性行政许可的设定上，设定机关必须在满足一定条件的情况下才可以设定相应的行政许可。如国务院以决定形式对某一事项设定的行政许可，必须满足该事项尚未制定法律、必要时等条件。省级政府可以以规章形式设定的行政许可，也需要满足尚未制定法律、行政法规和地方性法规以及因行政管理需要确须立即实施行政许可等条件。

设定行政许可还应遵循法定程序。根据《行政许可法》第十九条、第二十条的规定，设定行政许可需要遵循以下程序：起草法律、法规、规章草案，对拟设定行政许可的，起草单位应通过听证会、论证会等形式听取意见，并向制定机关说明设定该行政许可的必要性、对经济和社会可能产生的影响以及听取和采纳意见的情况。而在行政许可设定后，设定机关还应定期对其设定的行政许可进行评价，对已设定的行政许可中可以通过《行政许可法》第十三条规定的方式解决的，应当及时予以修改或者废止。在行政许可设定前最重要的程序是听取意见。由于行政许可的设定对公民权利和自由产生直接影响，因此，为了提高行政许可设定的科学性和民主性，应当广开言路，听取各方意见，兼顾多方利益。行政许可设定后，基于社会经济不断发展变化，已设定的行政许可可能出现与新形势不相适应的情况，还需要通过评价程序对行政许可设定的必要性进行衡量。基于对已设定行政许可的科学性和合理性分析，对行政许可的设定进行调整和修正。行政许可的设定除应遵循《行政许可法》规定的程序外，还应遵循《立法法》《行政法规制定程序条例》《规章制定程序条例》中关于立法程序的规定。

（二）行政许可实施法定

行政许可实施法定是指行政许可实施主体及其权限、行政许可实施条件以及程序均应合法。行政许可实施法定是为了最大限度地保障公共利益与个人权利，避免行政许可在实施过程中造成侵害。[①]

根据《行政许可法》第二十二条、第二十三条、第二十四条的规定，行政许可的实施机关包括具有行政许可权的行政机关、法律法规授权的组织以及受委托的行政机关。根据《行政许可法》第二十二条的规定，行政许可由具有行政许可权的行政机关在其法定职权范围内实施。需要注意的是，并不是所有的行政机关都当然具有行政许可权，行政机关必须依法取得实施行政许可权的明确授权。根据《行政许可法》第二十三条的规定，法律、法规授权的具有管理公共事务职能的组织，在法定授权范围内，以自己的名义实施行政许可。根据《行政许可法》第二十四条第一款的规定，行政机关在其法定职权范围内，依照法律、法规、规章的规定，可以委托其他行政机关实施行政许可。

① 应松年主编：《行政许可法教程》，法律出版社2012年版，第74页。

作为申请人取得行政许可必须达到的最低要求，行政机关作出是否准予许可的标准和根据，以及行政许可的条件是否法定，直接影响行政许可决定是否公正。根据《行政许可法》第十八条的规定，设定行政许可应当明确规定行政许可的条件。通过法律、法规或规章的形式明确行政许可的实施条件，并且行政机关严格依照法定条件实施，能够避免因行政许可条件不确定造成的行政机关滥用职权、恣意行政、侵害行政相对人权利的现象。不论是申请人申请行政许可还是行政机关审查行政许可申请，均应严格遵照有关法律规定的行政许可条件。

实施行政许可还需遵循法定程序，遵照法定程序是行政许可实体内容正确的保证。《行政许可法》对行政许可的实施程序作了详细规定。法律对行政许可申请、受理、审查、决定、听证程序以及行政许可的期限、变更、延续等特别程序均作了明确规定。行政许可程序法定能够保证行政机关依法正确实施行政许可权，保障申请人合法权益，提高行政许可实施效率。

二、公开、公平、公正原则

根据《行政许可法》第五条的规定，设定和实施行政许可，应当遵循公开、公平、公正的原则。有关行政许可的规定应当公布；未经公布的，不得作为实施行政许可的依据。行政许可的实施和结果，除涉及国家秘密、商业秘密或者个人隐私的外，应当公开。未经申请人同意，行政机关及其工作人员、参与专家评审等的人员不得披露申请人提交的商业秘密、未披露信息或者保密商务信息，法律另有规定或者涉及国家安全、重大社会公共利益的除外；行政机关依法公开申请人前述信息的，允许申请人在合理期限内提出异议。符合法定条件、标准的，申请人有依法取得行政许可的平等权利，行政机关不得歧视任何人。

（一）公开原则

行政许可公开原则是指行政许可的设定公开、实施公开和结果公开。

设定公开有两个方面的要求：一是要求设定行政许可的过程，即制定法律、法规和政府规章的立法程序应当公开。如行政许可设定前听取意见，设定后进行评估，以及法案通过后及时公布等。二是行政许可的依据要公开。根据《行政许可法》第五条第二款的规定，有关行政许可的规定都应当公布，未经公布的，不得作为实施行政许可的依据。

实施公开的要求有三个方面：一是行政许可实施主体公开，让申请人获取实施主体信息。二是行政许可实施条件公开。行政许可实施主体据以作出是否予以许可决定的标准应当明确、规范且公开。行政许可条件公开化和透明化有利于保障申请人的知情权，避免因行政许可条件模糊而进行暗箱操作，从而确保行政许可决定的公正性和合法性。三是实施程序公开。行政许可的申请、受理、审查除涉及国家秘密、商业秘密和个人隐私外，都应公开。实施程序公开便于申请人了解申请程序，并对其进行监督。

结果公开是指行政许可决定应当公开。除涉及国家秘密、商业秘密和个人隐私的行政许可外，行政机关在作出准予许可或不予许可的决定后均应公开。

（二）公平原则

行政许可公平原则是指在行政许可设定和实施过程中，所有行政许可申请人的法律地位平等，平等地提出申请和接受行政机关审查，合法权益受到平等保护。[①]公平原则包含设定公平和实施公平

① 陈海萍主编：《行政许可法新论》，中国政法大学出版社2007年版，第25页。

两个方面的内容。行政许可在设定上应当无差别地赋予申请人在申请和获得行政许可上的同等权利，如在地方性许可中设定地方保护许可就不被《行政许可法》所允许。根据《行政许可法》第十五条第二款的规定，禁止设定限制外地生产、经营、服务和商品进入本地的许可。行政机关在实施行政许可的过程中应当一视同仁。根据《行政许可法》第五条第三款的规定，符合法定条件、标准的，申请人有依法取得行政许可的平等权利，行政机关不得歧视任何人。

（三）公正原则

公正原则是指在行政许可的设定和实施上，法律应当在行政机关和行政相对人之间实现实质平等。公正原则包含设定公正和实施公正两个方面。

设定公正要求法律在设定行政许可时应当公正地分配行政机关和行政相对人的权利和义务；法律为行政机关设定了更多义务，而为相较处于弱势地位的行政相对人设置了更多保障其权利的规定，如为行政机关设定的说明、解释义务和为行政相对人设定的听证权利等。

实施公正包括程序公正和实体公正。与“公正”相对应的是“偏私”，为了避免偏私，法律规定了行政许可的回避制度、说明理由制度、听证制度等。实体公正体现在结果公正上，即相同情况同等对待、合理考虑相关因素以及遵循比例原则等。①

三、便民和效率原则

根据《行政许可法》第六条的规定，**实施行政许可，应当遵循便民的原则，提高办事效率，提供优质服务**。行政许可的便民和效率原则旨在解决行政许可程序烦琐、效率低下的问题。

---

① 应松年主编：《行政许可法教程》，法律出版社2012年版，第88页。

便民原则要求行政许可在许可机关、实施条件和程序上尽可能地为申请人提供便利，方便公民、法人或者其他组织申请和获得行政许可。《行政许可法》有关规定贯彻了便民原则，如合理设置许可主体和划分许可职能，确立集中行使行政许可权、统一办理、联合办理、集中办理制度（第二十五条、第二十六条）；实现行政许可条件的统一化与规范化，提供格式文本，允许以多种方式提出申请，可以委托代理人代为申请等（第二十九条）；在实施程序上，简化了许可程序，要求行政机关履行一次性告知义务，确立当场决定程序等（第三十二条、第三十四条）。

效率原则要求行政许可机关在实施行政许可的各个环节严格遵守法定期限，及时受理、审查和作出决定，不拖延履行。集中行使行政许可权、统一办理制度、电子政务制度、当场决定程序均有利于缩短行政许可时间，不仅是便民原则的体现，也是效率原则的体现。为了进一步贯彻效率原则，提高行政许可效率，《行政许可法》为行政许可的各个环节设置了严格的期限，敦促行政机关在实施行政许可过程中严格遵守法定期限，尽快作出行政许可决定。

四、救济原则

公民、法人或者其他组织认为行政机关实施行政许可对其合法权益造成侵害时，应具有获得救济的渠道。《行政许可法》第七条规定："公民、法人或者其他组织对行政机关实施行政许可，享有陈述权、申辩权；有权依法申请行政复议或者提起行政诉讼；其合法权益因行政机关违法实施行政许可受到损害的，有权依法要求赔偿。"这条规定被认为是行政许可的救济原则。**行政许可实施过程中，公民、法人或者其他组织可以通过陈述和申辩、申请行政复议和提起行政诉讼以及要求行政赔偿获得救济。**

陈述权是指公民、法人或者其他组织对于行政许可决定所认定的事实和适用的法律是否正确和适当表达自己观点的权利。申辩权是申述理由、加以辩解的权利。在实施行政许可的各个环节（如提出申请、申请的受理和审查、决定的作出、监督检查等）都应保护公民、法人或者其他组织的陈述权和申辩权。公民、法人或者其他组织通过行使陈述权和申辩权，使行政机关更加了解情况，帮助其作出正确的许可决定。公民、法人或者其他组织对行政机关作出的行政决定不服时，还可以通过申请行政复议或提出行政诉讼获得救济。同时，公民、法人或者其他组织认为行政机关违法实施行政许可使其合法权益受到损害时，有依法取得国家赔偿的权利。

五、信赖保护原则

《行政许可法》第八条规定："公民、法人或者其他组织依法取得的行政许可受法律保护，行政机关不得擅自改变已经生效的行政许可。行政许可所依据的法律、法规、规章修改或者废止，或者准予行政许可所依据的客观情况发生重大变化的，为了公共利益的需要，行政机关可以依法变更或者撤回已经生效的行政许可。由此给公民、法人或者其他组织造成财产损失的，行政机关应当依法给予补偿。"这条规定确立了行政许可的信赖保护原则。

信赖保护原则是行政法上的基本原则，是指行政决定一旦作出，就被推定为合法有效。法律要求相对人对此予以信任和依赖。相对人基于对行政决定的信任和依赖而产生的利益，也要受到保护。禁止行政机关以任何借口任意改变既有行政决定，即便自我纠正错误，也要受到一定限制。只有在一定条件下，为了维护公共利益，行政机关才可以依法撤回或者改变生效的行政许可，但需要有严格的限制和条件。[①]

行政许可的信赖保护原则是指当被许可人对行政机关作出的行政

① 法律出版社法规中心编：《中华人民共和国行政许可法注释本》，法律出版社2017年版，第8页。

许可行为形成值得保护的信赖时，行政机关不得随意撤销该行为，否则必须合理补偿被许可人信赖该行为有效存续而获得的利益。在行政许可中引入信赖保护原则，维护行政相对人合法权利，督促行政机关依法行政，树立诚信政府、责任政府形象，有利于提升行政机关及其工作人员树立诚信意识，加强行政相对人对法律的信仰。

行政许可的信赖保护原则需要满足三个适用条件：一是存在信赖基础，即行政许可已生效且行政相对人已知晓。二是被许可人基于对行政许可的信赖已开展相应活动，采取相应行为，且行为不可逆。三是正当信赖。被许可人对已获得的行政许可具有善意的、无过失的信赖，且行政许可的变更和撤回不具可预测性。对于行政许可所依据的法律、法规、规章修改或者废止，以及准予行政许可所依据的客观情况发生重大变化这两种不可预测的情形，出于公共利益的考量，行政机关可以依法变更和撤回行政许可。这里需要对被许可人的信赖利益和需要保护的公共利益进行权衡。对于依法变更和撤回行政许可的，应当给予被许可人相应补偿。但给予补偿需要满足两个条件：一是对公民、法人或者其他组织的财产造成损失，这种损失是客观存在、确定的而不是想象或不确定的，且这种损失只包括财产损失，不包括精神损失。二是财产损失与撤回或者变更行政许可有直接、必然的因果联系。

六、一般不得转让原则

根据《行政许可法》第九条的规定，依法取得的行政许可，除法律、法规规定依照法定条件和程序可以转让的外，不得转让。除特许外，其余四种行政许可的性质都是准予特定的人从事符合法定条件的活动，主体和对象不可分离，具有人身属性，因此一般不得转让。如认可中对申请人资格、资质的认定是由该申请人具备的信誉、条件或技能等决定的；核准的重要设备设施或物品是由其质量符合技术标准和规范决定的；登记中对企业或其他组织设立需要具备的特定主体资格的确定也是由该申请人具备的经营能力、资质、技术水平等自身情况决定的。这些条件、技能、信誉等决定性因素与被许可人的不可分割性决定了行政许可的不可转让性。

但也存在例外情形，法律、法规规定部分行政许可依照法定条件和程序可以转让。例如，若某些行政许可是由申请人支付一定的价款，通过公开、公平竞争方式获取的，便可以转让。这类行政许可主要是有限自然资源开发利用和公共资源配置领域的特许事项，如以出让方式取得的土地使用许可、采矿许可、海域使用许可等。允许这类有偿取得的行政许可转让，旨在优化资源配置。

七、监督检查原则

为了解决行政许可存在的重许可、轻监管问题，《行政许可法》第十条规定："县级以上人民政府应当建立健全对行政机关实施行政许可的监督制度，加强对行政机关实施行政许可的监督检查。行政机关应当对公民、法人或者其他组织从事行政许可事项的活动实施有效监督。"根据该条规定，行政许可的监督检查原则包含两个方面内容：**一是行政机关内部对行政机关实施行政许可的监督；二是行政机关对行政相对人从事行政许可事项的监督。**

行政许可权作为一项重要的行政权力，县级以上人民政府应当以法律关于行政许可各实施环节的规定为依据，加强对行政机关实施行政许可的监督检查。对行政机关实施行政许可的监督检查应该贯穿行政许可始终，从受理、审查到决定作出后的公开，均应贯彻监督检查原则。如监督检查行政机关是否严格依照法律规定的行政许可标准和条件作出行政许可决定，是否依法公开行政许可的内容、条件、程序、时限以及结果等。

实施行政许可的行政机关在作出准予许可决定后，应对被许可人从事行政许可事项的活动进行监督。行政许可机关的监督工作从其准予许可时开始。行政许可机关需要对被许可人是否遵照法律规定开展许可事项、是否存在违法行为、是否符合或丧失行政许可条件等情况进行监督。除了对被许可人的监督，对于未获得行政许可情况下从事许可事项活动的违法行为，行政机关也应当予以监督。为保障行政机关依法履行监督职责，落实监督原则的要求，《行政许可法》确定了“谁许可、谁监督”的原则，并且设专章规定了行政机关对公民、法人或者其他组织从事行政许可事项的活动进行监督的制度，详细规定了监督方式和监督措施。

典型案例

曾某某诉中国证券监督管理委员会不履行行政许可职责案①

案情简介：

2021年3月28日，曾某某通过中国邮政向中国证券监督管理委员会（以下简称中国证监会）寄送了一份邮件，内仅含一页名为《证券公司设立申请》的纸张。该页纸全部内容为：“致中国证监会：证券公司设立申请。一、申请报告及申请表（详见备注，下同）。二、所有拟任股东就申报事项已经履行完备法定程序的证明文件，包括相关上级部门或者监管部门批准程序的证明文件（如适用）。三、所有拟任股东签署的相关合同或协议。四、证券公司股权结构图以及股东间关联关系、一致行动人关系说明。五、拟设证券公司及拟任股权管理事务负责人承诺书，相关主体对可能出现的违反规定或承诺行为事先约定处理措施的文件。六、公司章程草案。章程草案应当经所有拟任股东加盖公章，并由其法定代表人或者授权代表签字。七、拟设证券公司的名称预核准通知书。八、内部管理制度，内部机构设

① 《北京金融法院成立一周年十大典型案例》，载北京金融法院网，https://bjfc.bjcourt.gov.cn/cac/1648002325433.html，最后访问时间：2022年12月1日。

置及职能、营业场所和技术系统、组织管理架构、业务范围和业务发展规划等情况说明。九、拟任董事长、总经理、合规负责人简历及符合任职条件的说明。十、中国境内律师事务所出具的法律意见书。十一、拟任股东及持有证券公司5%以上股权的实际控制人符合相应资格条件的证明文件。十二、中国证监会规定的其他文件。备注：申请人认为上述材料（尤其是第十二项）可在收到贵会补正通知的30个工作日内提交材料予以补正，特此说明。申请人：曾某某；2021年3月28日。”2021年3月31日，“证监会政务服务平台”向曾某某发送短信，内容为：“您提交的关于曾某某的证券公司设立审批的申请材料，已被接收，请在证监会政务服务平台中获取电子版接收凭证，受理单位将在5个工作日内就是否受理该行政许可申请或出具补正材料发至证监会政务服务平台中，请关注系统和短信通知。若由证监局接收的，请尽快到受理单位领取接收凭证（请取件人携带相关方介绍信原件及本人身份证复印件领取）。”2021年4月6日，中国证监会电话答复曾某某，主要内容为：曾某某所提《证券公司设立申请》仅为申请材料目录，不构成法律意义上的行政许可申请，中国证监会不予接受。请曾某某根据中国证监会网站公示的“证券公司设立审批”行政许可事项服务指南的要求准备好相关材料后再向中国证监会提交。曾某某在电话中表示希望收到中国证监会的接收凭证或者补正通知后再去找相关的人员、设备、股东等。同年4月7日，中国证监会通过中国邮政挂号信退回曾某某所提《证券公司设立申请》。曾某某收到退回材料后不服，向中国证监会申请行政复议，后曾某某撤回复议申请，4月14日中国证监会作出终止行政复议决定。后曾某某于2021年6月29日向北京金融法院提起行政诉讼。北京金融法院于2022年1月10日作出一审裁定，裁定驳回曾某某的起诉。曾某某不服一审裁定，提起上诉。北京市高级人民法院于2022年3月11日作出驳回上诉，维持一审的终审裁定。

法院认为：行政相对人要求行政机关履行行政许可法定职责的

前提是已经向行政机关提出了符合法律规定基本要求的行政许可申请。行政相对人在明知申请材料明显不符合法律基本要求的情况下，仍提出行政许可申请，属于滥用行政许可申请的权利。如果认可该种提出行政许可申请的方式，必将影响行政许可受理机关正常的工作秩序，最终影响其他正常提出行政许可申请人的合法权益。故对于不符合法律规定要求的行政许可申请，行政机关予以退回并无不当，行政相对人据此提起的行政诉讼缺乏事实依据，依法应当裁定驳回起诉。

案例评析：

近年来，随着政府职能转变的深化，行政机关进一步降低了行政许可的门槛，降低了市场主体的运行成本，促进了市场主体的活力和创新能力。行政许可具有申请性和审查性，即行政许可基于行政相对人的申请而启动，行政相对人在提出申请后，行政机关应审查该申请是否符合法定条件，如果申请不符合法定条件，行政机关可以不予受理。只有在特定条件下，申请人的申请材料存在瑕疵的，行政机关才可以先行受理许可申请，但是这种“容缺受理”并不等于排除了行政机关在受理阶段的审查义务，“容缺”也仅是对个别非主审要件暂有欠缺或存在瑕疵的容忍。本案中，行政相对人提交的申请材料明显不符合法定条件，不构成法律意义上的行政许可申请。但行政相对人在明知其申请不具备法律所要求的基本条件的情况下仍提出行政许可申请，属于滥用行政许可申请权。行政机关可以认定该申请不构成法律意义上的有效的行政许可申请，并予以退回。本案通过对《行政许可法》的解释，明确了对不符合行政许可申请基本条件的处理规则，对于滥用行政许可权利的行政相对人依法裁定驳回其起诉，维护了行政许可受理机关的正常工作秩序，对规范证券市场许可程序、保护其他行政许可申请人的合法权益、促进证券市场健康有序发展具有积极意义。

某石油公司诉某县国土资源局撤销行政许可案[1]

案情简介：

2013年，原告某石油公司加油站经有关部门审核同意实施油气回收改造工程，在改造过程中，原告将加油站原罩棚拆除。2013年9月，原告未经城乡规划主管部门批准，擅自重建罩棚。2014年1月，某县住建局认定原告重建罩棚违反了《城乡规划法》第四十条的规定，并对其作出行政处罚。2016年11月，原告向某县住建局提出书面请示，请求对其罩棚实施改建，并提交《建筑工程规划许可证申请书》。2017年6月2日，某县住建局向原告发放了《城市临时建设许可证》，对罩棚维修改建的规格及范围作了明确规定，原告迅即筹备维修改建。2017年6月9日，某县住建局对原告作出《撤销行政许可决定书》，以原告申请加油站罩棚维修改建时隐瞒真实情况为由，根据《行政许可法》第七十条第四项的规定，决定撤销行政许可。原告不服，以某县住建局为被告提起行政诉讼，因某县住建局规划及规划监管等职能整体划转到某县国土资源局，所以将被告变更为某县国土资源局。

法院认为：某县住建局依原告申请作出行政许可后，又于7日后作出撤销行政许可决定，对此，《行政许可法》虽然没有规定撤销行政许可的具体程序，但该法第一章总则第五条、第七条规定了设定和实施行政许可所应遵守的原则、程序和利害关系人享有的法定程序权利。没有设定行政机关撤销行政许可所要遵循的具体程序性义务，并不意味着其就可以不遵循程序，程序合法的底线在于正当程序原则，行政机关在此情况下应当遵循这一法律原则。根据这一法律原则的要求，行政机关在作出影响当事人权益的行政行为时，应当履行事先告知、说明根据和理由、听取相对人的

[1] 《中华人民共和国最高人民法院公报》2021年第11期。

陈述和申辩、事后为相对人提供相应的救济途径等正当法律程序义务。本案中，某县住建局在对原告作出撤销行政许可决定时，对原告已积极着手筹备建设的罩棚维修改建工程造成非常不利影响，其作出该行政行为时应当遵循公开、公平、公正的原则，应当允许行政相对人即本案原告就其在申请加油站罩棚维修改建时是否隐瞒真实情况进行陈述和申辩，即应遵循正当程序。且某县住建局仅根据第三人举报，结合调查的情况作出撤销行政许可决定，并未听取原告的陈述和申辩，违反公开、公平、公正的正当程序原则，不具有合法性，依法应予撤销。

案例评析：

行政机关撤销已经生效的行政许可，应当遵守《行政许可法》规定的基本原则及程序，保障行政相对人的知情、陈述和申辩等权利。根据《行政许可法》第五条第一款的规定，设定和实施行政许可，应当遵循公开、公平、公正的原则。撤销行政许可也应遵循公开、公平、公正的原则。第一，根据公开原则，行政机关作出撤销行政许可决定应事先告知行政相对人，说明理由和依据。本案中，被诉行政机关撤销行政许可对行政相对人产生非常不利的影响，行政机关并未事先告知行政相对人更未说明理由和依据，有违公开原则。第二，公正原则体现在设定公正和实施公正两个方面。法律在设定行政许可时为了公正地分配行政机关和行政相对人的权利义务，为行政机关设定了更多义务，而为相较处于弱势地位的行政相对人设定了更多保障其权利的规定。例如，为行政机关设定的说明理由义务和为行政相对人设定的陈述、申辩权利等。而行政相对人陈述、申辩权利是实施程序公正的重要体现。本案中，被诉行政机关未履行说明理由义务且未尊重行政相对人陈述权、申辩权，因此作出的撤销行政行为有违公正原则。

思考题

1.行政许可与行政审批、行政确认、行政登记有什么区别?

2.行政许可的赋权性应如何理解?

3.《行政许可法》关于行政许可的分类有哪些?相互之间有何区别?

4.行政许可控制危险和配置资源的功能是如何体现的?

5.请结合相关案例谈谈对《行政许可法》中信赖保护原则的理解。

第二章 《行政许可法》的立法背景与立法过程

本章知识要点

□《行政许可法》的立法背景
□《行政许可法》的制定过程
□《行政许可法》的修改

第一节 《行政许可法》的立法背景

法因时因事而生。对《行政许可法》的立法背景进行考察，有助于把握它的时代精神，更好地理解行政许可制度。

一、建立和完善社会主义市场经济体制

改革开放前，我国实行高度集中的计划经济体制，政府作为经济活动的组织者，对经济活动进行全面干预和控制。政府干预和控制经济活动的一个重要手段就是行政许可或行政审批。在计划经济体制下，行政许可是资源配置的主要手段。这种高度集中的计划经济体制在我国历史上发挥过积极作用，但它也存在资源配置效率不高的弊端。

改革开放后，我国逐渐探索建立新的经济体制。党的十四大报告明确提出“我国经济体制改革的目标是建立社会主义市场经济体制”，社会主义市场经济体制反对行政过度干预经济，主张“使市场在社会主义国家宏观调控下对资源配置起基础性作用”。从计划经济体制到社会主义市场经济体制，就是让资源配置的手段从行政转变为市场。社会主义市场经济体制不反对行政对市场的干预，但主张行政在市场失灵时再介入。“我们强调充分看到市场的优点，并不是说市场是全面的、万能的。市场也有其自身的明显弱点和局限性。”[①]总之，行政相对于市场而言处于辅助地位。因此，建立社会主义市场经济体制，必须科学界定政府与市场的关系。

二、适应世界贸易组织的规则

我国在1986年7月申请恢复关贸总协定成员国席位，1995年1月1日世界贸易组织成立后，又申请加入世界贸易组织。加入世界贸易组织意味着要遵守其规则，而当时我国的行政许可制度并不符合世界贸易组织规则要求。世界贸易组织的基本精神之一是允许商品和服务在各国之间自由流通，因此，必须限制或取消各种妨碍商品、服务跨国自由流通的非关税壁垒措施，非关税壁垒措施的一个重要体现就是行政许可。

在加入世界贸易组织之前，我国长期利用进口许可制度保护国内产业。国务院在1984年颁布《进口货物许可制度暂行条例》，实行进口货物许可制度：除非国家另有规定，进口货物都必须事先领取进口货物许可证。1991年，国家进出口管理委员会制定了《关于出口许可制度的暂行办法》，对出口实行行政许可制度。为配合“入世”谈判的顺利推进，我国在1994年制定了《对外贸易法》，并不

---

① 江泽民：《关于在我国建立社会主义市场经济体制》，载《江泽民文选》（第一卷），人民出版社2006年版，第201页。

断缩小进出口许可制度的适用范围。

根据《中国加入工作组报告书》,"1999年，在1657亿美元的进口总额中，实行许可证管理的进口占8.45%，金额为140亿美元……1992年，中国出口产品中需申领出口许可证的商品有143类，占中国出口总值的48.3%。1999年，实行出口许可证管理的商品减少到58类、73种，出口值为185亿美元，只占出口总值的9.5%"。

2001年11月10日,《中国加入世贸组织议定书》在多哈签订，标志着中国加入世界贸易组织，成为其成员国。根据《中国加入世贸组织议定书》第七条的规定，进出口禁止和限制以及影响进出口的许可程序要求只能由国家主管机关或由国家主管机关授权的地方各级主管机关实行和执行。不得实施或执行不属国家主管机关或由国家主管机关授权的地方各级主管机关实行的措施。

此外,《中国加入工作组报告书》载明:"这些成员仍对中国现行服务体制缺乏透明度表示关注，特别是在获得、延长、换发、拒绝和终止许可证和在中国市场提供服务所需其他批准以及对此类行为（下称'中国的许可程序和条件'）的申诉方面。为了与《WTO协定》规定，包括议定书（草案）和中国的具体承诺减让表相一致，工作组成员指出，中国的许可程序和条件本身不应构成市场准入的壁垒，且对贸易的限制作用不得超过必要的限度。这些成员还认为，自加入时起，中国应该公布（1）负责授权、批准或管理中国已作出具体承诺的服务部门的主管机关的清单，及（2）中国的许可程序和条件。"

综上所述，为加入世界贸易组织以及适应"入世"后的客观形势，必须通过立法规范我国的行政许可制度。

三、规范行政许可的设定和实施

在《行政许可法》出台前，行政许可设定与实施很不规范。就行政许可的设定而言，首先，哪些主体有权设定许可并不明确。

“上至全国人大及其常委会、国务院，下至县乡政府甚至其内设机构都可以设定行政许可，要求自然人、法人或者其他组织必须获得准许才能从事某一活动。”[①]设定权的不规范使得地方可以通过设定行政许可进行地区封锁，实行地方保护主义，行政机关则可以通过设定行政许可维护其部门利益。其次，哪些形式的规范性文件可以设定行政许可并不明确。法律法规可以设定行政许可，大量部门规章和地方政府规章也可以设定行政许可，甚至还有其他规范性文件和会议纪要也可以设定行政许可。再次，哪些事项应当或可以设定行政许可并不明确。各类主体在设定行政许可时缺乏一个统一标准，“有的以公益为设定标准，有的以管理方便为设定标准，有的以能借此收取费用、扩张权力为设定标准”[②]。实践中，甚至存在把行政管理等同于行政许可的观念。在这种背景下，行政许可的范围非常宽泛，涉及行政管理的方方面面。最后，行政许可的条件及标准并不明确。行政许可的条件是指申请人取得许可所要具备的条件，行政许可的标准则是行政机关判断申请人是否符合许可条件，进而决定是否授予许可的标准。法律、法规、规章对于许可条件的规定往往较为模糊，而行政机关往往又不对外公开其理解和掌握的许可条件及标准。

行政许可在以往的实施过程中存在一些乱象：（1）行政许可的程序不完善。设定行政许可的法律、法规、规章对许可程序的规定往往较为粗略，甚至不予规定。如卫生部1996年制定的部门规章《生活饮用水卫生监督管理办法》第七条、第十二条设定了行政许可，但并未规定该许可的实施程序。由于国家没有统一规定行政许可程序，各地方各部门往往自行其是，导致许可环节过多、手续过于烦琐，行政相对人办事很难。（2）利用行政许可乱

---

① 张兴祥：《制度创新：〈行政许可法〉的立法要义》，载《法学》2003年第10期。

② 马怀德：《行政许可制度存在的问题及立法构想》，载《中国法学》1997年第3期。

收费。在《行政许可法》出台以前，行政机关乱收费一直是行政许可实践中的一大顽疾。（3）缺乏对许可机关的监督机制。行政相对人可以针对行政许可提起行政诉讼，从而实现对许可机关的监督，但这种监督只追究外部法律责任（行政机关对行政相对人的法律责任），并不追究内部法律责任（许可机关及其工作人员应承担的内部法律责任）。换言之，行政许可制度缺乏对许可机关的监督。

行政许可设定和实施的不规范，尤其是许可机关拥有几乎不受限制的许可裁量权，为不法分子搞暗箱操作、钱权交易提供了条件，使得行政许可成为滋生腐败的重点领域。许可机关的自由裁量权幅度较大，致使许可机关工作人员滥用职权违法许可的行为不易被察觉。许可领域存在的腐败问题损害了党和政府的威信，有害于党和人民的利益。**要从源头上减少、遏制行政许可领域的腐败问题就必须规范行政许可的设定与实施。**

四、巩固行政审批制度的改革成果

计划经济的行政审批体制无法适应改革开放以及建立社会主义市场经济体制的需要，因此，改革行政审批制度势在必行。二十世纪八十年代，国家就开始探索改革行政审批制度。2001年9月，党的十五届六中全会明确提出“改革行政审批制度，规范行政审批行为”。同时，国务院成立了国务院行政审批制度改革领导小组，这标志着全国性的行政审批制度改革正式启动。2001年10月，国务院批转了《关于行政审批制度改革工作的实施意见》，该意见提出以经济事务的行政审批为重点，坚决取消“不符合政企分开和政事分开原则、妨碍市场开放和公平竞争以及实际上难以发挥有效作用的行政审批”。2002年11月，《国务院关于取消第一批行政审批项目的决定》取消了789项行政审批；2003年2月，《国务院关于取消第二批行政审批项目和改变一批行政审批项目管理方式的决定》取消了406项行政审批项目。

改革过程中的一些问题必须通过立法的手段来解决。首先，被取消的大部分审批事项是行政法规、部门规章和国务院及其部门的其他规范性文件所创设的，为了确保这些被废除的行政审批事项不被恢复，必须通过立法拘束行政审批的设定。其次，行政审批制度改革过程中出现了改革标准不统一、规范化程度不足的现象。由于审批事项和部门利益之间存在关联，审批部门对于一些收费多的审批项目会以种种理由予以保留。因此，明确废、立行政审批的标准具有必要性，此标准宜以立法的手段加以明确。

总之，要巩固行政审批制度的改革成果，推动行政审批制度改革长期进行，有必要进行立法，将行政审批纳入法治化轨道。实际上，《关于行政审批制度改革工作的实施意见》已经将合法原则明确为行政审批制度改革的原则：行政审批的设定应依法律、行政法规、地方性法规和规章设定。然而，由于当时的立法还不够完善，前述意见允许国务院各部门根据国务院的决定、命令和要求设定行政审批，并以部门文件的形式予以公布。

五、推进法治政府建设的需要

儒家推崇“治人”，法家推崇“治法”。无论是“治人”还是“治法”，都不是现代意义上的法治。“治法”强调用法统治臣民，但对君主的权力不构成约束，而现代意义上的法治则具有拘束权力的目的。法治的第一层含义“法律至上”要求权在法下，法治的第二层含义“保障人权”也是通过约束权力来实现的。全国人大于1999年将“实行依法治国，建设社会主义法治国家”写进宪法。要依法治国，政府就必须依法行政；要建立法治国家，就必须建立法治政府。为实行依法行政，建立法治政府，首先要制定拘束行政机关的法律。

实际上，依法行政和法治政府建设在二十世纪八十年代就已经起步。1986年《民法通则》制定后，陶希晋同志提出新中国应该有自己的“新六法”，其中就包括行政法。[①]在陶希晋同志的倡议下，行政立法研究组成立。一开始的计划是制定行政法基本法，但起草了数个稿子都没有成功，最后决定先制定《行政诉讼法》，通过程序法促进实体法的出台。1989年第七届全国人民代表大会第二次会议通过了《行政诉讼法》。由于行政法典制定难度较大，立法机关决定先制定一些单行法。1994年第八届全国人民代表大会常务委员会第七次会议通过了《国家赔偿法》，1996年第八届全国人民代表大会第四次会议通过了《行政处罚法》，1999年第九届全国人民代表大会常务委员会第九次会议通过了《行政复议法》。这四部法律的出台有力地推动了依法行政和法治政府建设，但行政许可领域缺少一部法律始终是依法行政和法治政府的缺憾。法律的缺位使得行政许可领域无法推行依法行政和建设法治政府。因此，制定《行政许可法》是依法行政和法治政府建设的客观需要。

第二节 《行政许可法》的制定及修改

一、《行政许可法》的制定过程

《行政许可法》的制定从1996年着手调研到2003年正式通过，历时7年。整个立法过程大致可以分为三个阶段。

第一阶段由全国人大常委会法工委主导，形成了《行政许可法（征求意见稿）》。全国人大常委会法工委从1996年开始对行政许可立法进行调研，并开展起草工作，最终形成了《行政许可法（征求意见稿）》。

第二阶段由国务院主导，形成了《行政许可法（草案）》。1998

① 何海波：《行政法治奠基时：1989年〈行政诉讼法〉史料荟萃》，法律出版社2019年版，第405页。

年第九届全国人民代表大会常务委员会正式将行政许可法列入立法规划，并确定由国务院提出法律草案。原国务院法制办以《行政许可法（征求意见稿）》为基础，并结合行政审批制度改革的实际情况，从2000年年初开始行政许可法的起草、调研和论证工作。2001年7月，原国务院法制办起草了《行政许可法（初稿）》，并印发各部门、省级人民政府和较大的市人民政府的法制工作机构和全国人大常委会法工委等单位以及专家学者征求意见。在吸收各部门、各地方和专家学者的意见后，原国务院法制办起草了《行政许可法（草案）》，共100条，经2002年6月19日国务院第六十次常务会议讨论通过。

第三阶段为全国人大常委会审议阶段。2002年8月，第九届全国人民代表大会常务委员会第二十九次会议对《行政许可法（草案）》进行了第一次审议。在对第一次审议的意见进行研究后，全国人大法律委员会于2002年12月形成“草案二次审议稿”，第九届全国人民代表大会常务委员会第三十一次会议审议了“草案二次审议稿”。在对第二次审议的意见进行研究后，全国人大法律委员会于2003年6月形成“草案三次审议稿”，并提交第十届全国人民代表大会常务委员会第三次会议审议。在对第三次审议的意见进行研究后，全国人大法律委员会于2003年8月形成“草案四次审议稿”。2003年8月23日，第十届全国人民代表大会常务委员会第四次会议对“草案四次审议稿”进行了分组审议。全国人大法律委员会根据分组审议的意见，于8月24日形成“草案建议表决稿”。2003年8月27日，第十届全国人民代表大会常务委员会第四次会议审议通过《行政许可法》，并决定该法于2004年7月1日起实施。

二、《行政许可法》的修改

《行政许可法》自2004年7月1日实施以来，对行政许可工作起到了积极作用。2019年3月15日，全国人大通过了《外商投资法》。为配合该法的实施，全国人大常委会修改了《行政许可法》第五条、

第三十一条和第七十二条，这是《行政许可法》自实施以来的第一次修改。

（一）增加非歧视原则

《行政许可法》2019年的修改在第五条第一款中增加了非歧视原则，并将第五条第三款中的“行政机关不得歧视”修改为“行政机关不得歧视任何人”。这是为了与《外商投资法》第四条和第三十条保持一致。根据《外商投资法》第四条的规定，在投资准入阶段给予外国投资者及其投资不低于本国投资者及其投资的待遇。根据《外商投资法》第三十条第二款的规定，有关主管部门应当按照与内资一致的条件和程序，审核外国投资者的许可申请。换言之，在投资准入阶段，赋予外国投资者国民待遇，实行内外资一致的原则，对外国企业与国内各类所有制企业一视同仁。

非歧视原则有两重含义：首先，法律、行政法规、国务院决定、地方性法规和地方政府规章设定行政许可时不得违反非歧视原则，这是对行政许可设定权的拘束；其次，行政机关在实施行政许可的过程中必须平等对待各类申请人，不得实行构成歧视的差异化审查程序和审查策略。非歧视原则的确立是WTO精神的体现，也是我国优化营商环境的体现。行政许可本质上是一种资源分配制度，非歧视原则的确立有助于维护资源配置的平等。

（二）加强对行政相对人的保护

《行政许可法》2019年的修改在第五条第二款中增加规定：“未经申请人同意，行政机关及其工作人员、参与专家评审等的人员不得披露申请人提交的商业秘密、未披露信息或者保密商务信息，法律另有规定或者涉及国家安全、重大社会公共利益的除外；行政机关依法公开申请人前述信息的，允许申请人在合理期限内提出异议。”据此，行政机关及其工作人员、参与专家评审的人员有义务为申请人保密；行政机关依法公开商业秘密、未披露信息或者保密商务信息的，申请人可以提出异议。这是对保密义务进行细化，保护的是申请人的商业秘密、未披露信息以及保密商务信息。

司法部2020年8月公布的《〈关于强化行政许可过程中商业秘密和保密商务信息保护的指导意见公开征求意见〉的起草说明》指出："有的地方和部门在实施行政许可的过程中，存在保密制度不健全、管理制度落实不到位、责任追究机制不完善等问题，不利于依法保护市场主体的商业秘密和保密商务信息。"这种情况不仅是《关于强化行政许可过程中商业秘密和保密商务信息保护的指导意见（征求意见稿）》的制定理由，也是全国人大常委会修改《行政许可法》第五条第二款的理由。

《行政许可法》2019年的修改还在第三十一条中增加一款，作为第二款："行政机关及其工作人员不得以转让技术作为取得行政许可的条件；不得在实施行政许可的过程中，直接或者间接地要求转让技术。"据此，在行政许可的实施过程中，行政机关及其工作人员不得以任何手段要求许可申请人转让技术，目的是保护申请人的知识产权。根据《外商投资法》第二十二条的规定，国家保护外商投资者和外商投资企业的知识产权，行政机关及其工作人员不得利用行政手段强制转让技术。国家在鼓励外商基于自愿原则和商业规则与我国企业开展技术合作的同时，明确在《外商投资法》中规定禁止强制技术转让，对于加强行政许可实施过程中的知识产权保护具有积极意义，也有利于在新的条件下继续实施和扩大对外开放。

（三）完善法律责任条款

为配合《行政许可法》第五条和第三十一条的修改，立法机关在第七十二条中增加了两种违法情形："（五）违法披露申请人提交的商业秘密、未披露信息或者保密商务信息的；（六）以转让技术作为取得行政许可的条件，或者在实施行政许可的过程中直接或者间接地要求转让技术的。”第五条第二款和第三十一条第二款相当于行为规则，第七十二条为前述行为规则的制裁规则，具有担保行为规则得到遵守的功能。

思考题

1. 制定《行政许可法》有何意义？

2. 2019年《行政许可法》修改了哪些主要内容？为什么要做此种修改？

第三章　行政许可的设定

本章知识要点

- □ 行政许可设定的概念、特征与本质
- □ 行政许可设定的原则
- □ 行政许可的设定事项
- □ 行政许可设定权分配
- □ 行政许可设定的内容
- □ 设定行政许可的保障制度

第一节　行政许可设定的概念、特征与本质

一、行政许可设定的概念与特征

行政许可的设定是指国家有权机关根据法定权限和法定程序创设行政许可的活动。行政许可设定具有以下特征。

第一，**行政许可设定是特定国家机关做出的**。行政许可是对公民、法人或者其他组织人身自由和财产的限制，并非任何一个国家机关都可以创设行政许可。为了防止行政许可泛滥，法律必须对行政许可设定主体进行明确限定，因此行政许可设定的主体只能是少数获得法律授权的机关。《行政许可法》立法的目的之一便是对有权

设定行政许可的主体范围进行明确规定，而且这个范围应当符合我国的立法体制和依法行政的要求，做到相对集中。[①]

第二，**行政许可设定是创设行政许可的活动**。行政许可设定是“无中生有”的过程，即在某一领域或者某个事项上人们本来是自由的，有权机关基于需要在某个领域或者某个事项上设定一个普遍的禁止，不允许公众随意做出行为，从而实现公共利益的维护或者特定的目的。从这个意义上来看，行政许可的关键是对于禁止的创设。

第三，**行政许可设定是一项内容丰富的综合性制度**。作为一项法律制度，行政许可设定包括设定主体、设定权划分、设定事项范围、设定原则、设定程序等要素。行政许可设定的诸要素共同发力，建构了规范的行政许可设定秩序，从源头上防范行政许可的滥设。

二、行政许可设定的本质

行政许可设定制度是一种重要的制度创造，其外在表现是授权立法设禁的过程，但根本上发挥了限制行政许可随意设定，央地关系协调的作用。

第一，**行政许可是通过立法设禁的过程**。行政许可设定从外在表现上看，是特定机关依据法定权限和程序为公民、法人或者其他组织设定禁止性义务的行为。基于义务法定的原则，有权机关只能通过立法创设禁止性义务，行政许可本质之一即通过立法设禁。

第二，**行政许可设定是一种限权性制度**。设定许可意味着公权力主体主动干预社会经济活动，而且是通过事前禁止的方式进行干预，一旦不适当，将对经济社会产生较大的负外部性。行政许可不是越多越好，而是应当符合经济社会发展的需要。行政许可设定制度从表面上看是赋予有权机关行政许可设定权，但实质上是对各类

---

① 汪永清主编：《行政许可法教程》，中国法制出版社2011年版，第35页。

机关行政许可设定权的限制，防止行政许可被滥设。质言之，行政许可设定是公权力主动干预社会经济生活的方式和边界，是一种限权性制度。

第三，**行政许可设定具有央地关系协调作用**。单一制国家结构形式下，既要重视国家大市场、中央政令的统一性，又要尊重地方发展的特殊需求，行政许可的设定既不能完全由中央垄断，又不能放任地方随意设定，此时行政许可设定制度的重要使命便是在央地之间合理地划定设定权或者设定事项，从而实现中央和地方关系的良性互动。从这个意义上来看，行政许可设定制度实际上是央地关系的重要协调机制。

三、行政许可的规定

与行政许可设定相似但又存在本质差异的概念是行政许可的规定。行政许可规定指的是在上位法设定行政许可的情况下，下位法为更好地实施行政许可，对行政许可内容进行细化的一种制度。**行政许可规定权本质上是一种执行权，即为了执行法律，对已有的法律制度进行执行性解释和细化的权力**。之所以产生规定权，是因为法律设定行政许可时往往规定得非常原则，我国大部分法律只是用一两个法条规定一项许可制度。例如，《食品安全法》第三十五条第一款规定，国家对食品生产经营实行许可制度。从事食品生产、食品销售、餐饮服务，应当依法取得许可。但是，销售食用农产品，不需要取得许可。这样的规定对于行政部门而言缺乏可操作性，此时就需要下位法对这个法条进行适当的细化和扩展，从而提升许可制度的可操作性。

当然，行政许可规定权的本质决定了其不能超出法律设定的许可条件和限制，否则就是变相设定行政许可。行政许可规定权的执行性本质决定了其并不会对相对人产生额外负担，因此对规定权行使主体没有必要做特别严格限制。理论上，法规、规章可以对上位法设定的行政许可作出具体规定，其他规范性文件也可以对法律、法规设定的行政许可作出具体规定。

第二节　行政许可设定的原则

行政许可设定原则是指有权机关设定许可需要遵循的最基本准则。行政许可设定原则应当契合行政法基本原则和《行政许可法》的立法精神，防范行政许可被滥设。根据行政法基本原则和《行政许可法》第十一条的规定，行政许可设定原则主要包括：合法设定原则，公开、公平、公正、非歧视原则，尊重规律原则，行为激励原则，维护公益原则和协调发展原则。

一、合法设定原则

《行政许可法》第四条规定："设定和实施行政许可，应当依照法定的权限、范围、条件和程序。"该条款确立行政许可的合法设定原则与合法实施原则。其中，合法设定原则要求，行政许可的设定主体、设定权限、设定范围、设定条件和设定程序都应当合法。具体而言，包括以下几个方面。

第一，行政许可主体合法。只有获得法律授权的主体才能设定行政许可，而有权设定行政许可的主体主要是《行政许可法》中明确规定的主体。

第二，行政许可的权限合法。《行政许可法》规定了各类有权设定许可的主体，但是它们设定行政许可的范围和权限并不一致，各类主体必须在自己的授权范围内设定行政许可才是合法的。

第三，行政许可的事项合法。《行政许可法》规定了可以设定行政许可的事项和不宜设定许可的事项，因此行政许可设定的事项也应当符合法律规定，且不得违反宪法和上位法的禁止性规定。

第四，行政许可的条件合法。行政许可的设定主体在设定行政许可的各种条件时，不能违反宪法和上位法的禁止性规定，不能有明显不合理的条件。

二、公开、公平、公正、非歧视原则

根据《行政许可法》第五条的规定，设定和实施行政许可，应当遵循公开、公平、公正、非歧视的原则。有关行政许可的规定应当公布；未经公布的，不得作为实施行政许可的依据。根据该条规定，行政许可设定应当遵循公开、公平、公正和非歧视原则。具体而言，包括以下两个方面。

第一，公开设定行政许可原则包含两个方面：设定过程公开和设定结果公开。设定过程公开是指有权机关应当就行政许可设定的必要性、可行性以及条件等广泛听取专家和公众意见，并根据专家和公众意见对是否设定行政许可以及设定何种行政许可进行规定。设定结果公开是指行政许可设定之后，应当将设定许可的情况向社会公开，否则不能作为行政许可的实施依据。

第二，公平、公正、非歧视设定行政许可原则是指行政许可主体应当确保行政许可平等适用于相同情况的相对人，不得造成不合理的歧视和区别对待。例如，根据《行政许可法》第十五条第二款的规定，地方性法规和省、自治区、直辖市人民政府规章设定的行政许可不得限制其他地区的个人或者企业到本地区从事生产经营和提供服务，不得限制其他地区的商品进入本地区市场。

三、尊重规律原则

根据《行政许可法》第十一条的规定，设定行政许可，应当遵循经济和社会发展规律。这实际上确立了设定行政许可尊重规律的原则。**行政许可是主动干预经济和社会的制度，因此其必须尊重经济和社会发展的规律，否则不但无法取得良好效果，反而可能造成**

严重不良影响。经济发展的规律在于充分发挥市场的基础性调节作用，保护市场诸要素之间有序流动，不要过分限制市场发展。当然，市场的缺点在于其具有自发性、盲目性和滞后性，如果不进行规制，则可能浪费资源、破坏环境、损害公共利益。从这个意义上说，行政许可的设定应当尊重经济发展规律，一方面行政许可的设定不能破坏或者牺牲市场的基础性地位，应当尊重市场的运作规律；另一方面行政许可设定应当旨在克服或者弥补市场存在的缺陷。此外，行政许可的设定应当处理好政府与市场的关系，不得过度限制市场运行。凡是市场可以自我调节的问题，原则上不宜设定行政许可。比如普通商品的价格，完全可以由市场通过供求关系来确定，不需要行政许可。

社会事务同样具有自身的规律。社会作为一种生态或者场域，强调自治、自由、民主、专业等要素。有些问题交给社会力量去解决产生的成本更低，取得的效果更好，副作用也更小，公权力介入反而可能弄巧成拙。因此，行政许可的设定应当尊重社会本身的自治性、专业性，不能越俎代庖，过分干预社会事务。凡是社会自律能够解决的问题，政府就不应当干预，更不应当设定行政许可。

四、行为激励原则

根据《行政许可法》第十一条的规定，设定行政许可，应当有利于发挥公民、法人或者其他组织的积极性、主动性。该条确立了行政许可设定的行为激励原则。该原则要求有权主体设定行政许可**应当着眼于提高公民、法人或者其他组织做出有利于社会发展行为的积极性和主动性**。具体而言，包括以下两个方面。

第一，行政许可设定应当有助于激发相对人做出某种行为的积极性或者主动性，如对于自然资源的开采等设定行政许可，应当有助于激发开采者开采和保护资源的积极性。

第二，行政许可的设定不应打击相对人从事有利于社会发展行为的积极性。行政许可本质上属于设禁，即对于相对人是一种禁止性义务。如果行政许可设定过多或者设定的条件过于严苛，则可能打击相对人的积极性，最终将对社会经济产生恶劣的影响。

五、维护公益原则

根据《行政许可法》第十一条的规定，设定行政许可应当有利于维护公共利益。公共利益是设定行政许可的正当性基础，因此行政许可的设定应当以维护公益为原则。维护公益原则有以下两点内涵。

第一，只有为了维护公共利益才能设定行政许可。有权机关欲对某一行为设定行政许可，首先应当确认该行为将对公共秩序、公共安全等公共利益造成威胁，此时设定行政许可才具有正当性。

第二，应将是否有利于维护公共利益作为判断行政许可设定科学与否的标准之一。如果行政许可设定后不仅没有维护公共利益，反而产生了各种副作用，那么这个行政许可设定便是不合理的。

六、协调发展原则

根据《行政许可法》第十一条的规定，设定行政许可应当有利于促进经济、社会和生态环境协调发展。该条确立了行政许可设定的协调发展原则。经济、社会和生态环境协调发展是国家长治久安、实现可持续发展的关键。现实中，行政许可对于经济、社会和生态环境均可能产生影响，但是这种影响并不均衡。有的行政许可可以带来经济发展，也可能破坏社会和环境；有的行政许可过分追求生态保护，可能阻碍经济的发展等，这些其实都不是行政许可的应有价值。**行政许可应当处理好经济、社会和生态环境之间的关系，促进三者共同发展。**

第三节　行政许可的设定事项

行政许可设定事项是指法定机关可以设定许可的领域和范围，即在哪些领域或者行为上可以设定一般性禁止。行政许可事项的范围直接决定了有权机关干预市场的边界和深度，科学地设定事项范围具有重要价值，且许可事项范围应当进行明确。

《行政许可法》第十二条规定了可以设定许可的事项，第十三条规定了可以不设定许可的范围，两个法条共同构成了法定机关可以设定行政许可的基本范围。

一、可以设定行政许可的事项范围

根据《行政许可法》第十二条规定，有权机关可以在六类领域设定行政许可。

（一）安全类事项

根据《行政许可法》第十二条第一项的规定，**“直接涉及国家安全、公共安全、经济宏观调控、生态环境保护以及直接关系人身健康、生命财产安全等特定活动，需要按照法定条件予以批准的事项”**可以设定行政许可。这些事项的共同特点是，如果放任某种行为随意做出，可能对安全造成威胁。这里的“安全”是广义的，包括但不限于经济安全、公共安全、国家安全、生态环境安全、社会安全等。如驾驶机动车行为是可能威胁公共安全的行为，某人想要驾驶机动车需要获得许可，而其获得许可的前提则既要符合驾驶车辆的身体条件，也要拥有通过培训和考试获得安全驾驶的技术，这样才能确保驾驶机动车的行为尽量安全。

安全类许可是最常见的许可类型，广泛见于各类行政管理领域，如交通、环保、金融、出版、危险物品生产运输等。此类许可有三个核心特征：第一，此类许可禁止的行为是关乎安全的行为；第二，一般没有数量限制；第三，行政机关实施这些行政许可一般没有自由裁量权，符合条件即应当予以许可。

（二）资源类事项

根据《行政许可法》第十二条第二项的规定，**“有限自然资源开发利用、公共资源配置以及直接关系公共利益的特定行业的市场准入等，需要赋予特定权利的事项”**可以设定行政许可。这一类许可主要是针对自然资源或公共资源开发利用行为。自然资源、公共资源等属于公共产品，如果允许随意开发可能导致自然资源或公共资源被破坏。为了使自然资源或者公共资源更好地得到开发和利用，立法者对开发自然资源、分配公共资源以及从事特定行业的行为预先设定禁止，只有相对人证明自己符合相应的条件或者资格，才能从事特定行业、开采自然资源和利用公共资源。本质上，是国家通过行政许可对自然资源、公共资源和特定行业进行直接干预，确保资源的合理利用，更好地造福社会。由于自然资源、公共资源以及特定行业承载量的有限性，此类许可只有极少数符合条件的相对人才能获得，因此其在某种程度上是给了相对人一种特权。在这个意义上，此类行政许可又称为特许。

实践中，矿产资源开采许可、无线电频率配置许可、海滩使用权出让许可等都属于这一类。资源类行政许可有如下特征：第一，相对人取得特许权一般要支付一定费用；第二，有数量限制；第三，申请人获得这类许可要承担很大的公益义务，如提供普遍服务的义务、不得擅自停止从事活动等。

（三）资格资质类事项

根据《行政许可法》第十二条第三项的规定，**“提供公众服务**

并且直接关系公共利益的职业、行业，需要确定具备特殊信誉、特殊条件或者特殊技能等资格、资质的事项”可以设定行政许可。现实中，有些职业或者行业对于公众的生命、财产安全等公共利益有着直接影响，需要从业人员具备相应的技术和专业知识，否则可能对人民群众的生命财产安全造成极大的破坏。如医生、律师、会计师、建筑师等，这些职业对于从业人员的专业知识和技能有着严格的要求；为了防止有人滥竽充数，造成事故或者不合理的损失，拥有设定权的相关部门可以规定这些行业的从业人员必须获得某种技能或者资格、资质才可以从业。这类许可本质上就是先设定一个普遍意义的从业禁止，此后凡是想进入该行业的人，都需要经过国家“把关”。

资格资质类许可的主要特征为：第一,一般要通过考试确认申请许可人是否拥有一定专业能力或技能；第二，此类行政许可具有人身专属性；第三,一般会给予申请人相应资质证书；第四，没有数量上的限制，只要符合标准（包括考试成绩）就予以认可。

（四）技术标准类事项

根据《行政许可法》第十二条第四项的规定，**“直接关系公共安全、人身健康、生命财产安全的重要设备、设施、产品、物品，需要按照技术标准、技术规范，通过检验、检测、检疫等方式进行审定的事项”**可以设定行政许可。现实中，有些物品、设施、产品、生产工艺等必须达到一定的技术标准才能最大限度避免该物品、设施、产品因为质量问题而危及公共安全或群众的健康。如电梯不符合技术标准，则可能严重威胁乘坐电梯人员的安全。技术标准类许可包括但不限于生猪屠宰许可、特种设备许可、消防验收许可、规划许可等。

技术标准类许可的主要特征为：第一，此类许可主要关注的是物品、设施、设备是否符合特定技术标准；第二，此类许可主要通过检验、检测等方式进行确认；第三，没有数量上的限制。

（五）组织登记类事项

根据《行政许可法》第十二条第五项的规定，**“企业或者其他组织的设立等，需要确定主体资格的事项”**可以设定行政许可。现代社会中，企业和社会组织已经成为重要的力量，对于经济、社会和环境等都有着重要影响。但如果放任企业、社会组织完全自由产生和发展，则可能导致一系列问题，包括但不限于企业生产假冒伪劣产品、从事各种非法活动等。因此，现代国家均强调通过行政许可的方式对企业和社会组织进行管控。主要表现形式是要求任何组织在成立时都必须依法向有关部门申请登记，否则便是非法组织，将受到法律制裁。组织登记类许可主要是对组织成立的前置性准入。实践中比较典型的组织登记类许可主要包括企业登记、社团登记、民办非企业登记、合伙企业登记等。登记的目的主要是由国家对组织的相关资质和能力进行把关，并为事后进行监督提供方便。

组织登记类许可的特征为：第一，登记是组织具备合法身份的前提，未经登记不得以组织的名义开展活动，否则便是非法组织。第二，没有数量上的限制。第三，对于组织申请登记事项，原则上只做形式审查，不做实质审查，并由组织对真实性负责。

（六）其他事项

现实社会的发展性和复杂性决定了法律不可能穷举所有需要设定行政许可的事项，因为存在风险，需要事前管控的事项可能不断出现。因此，《行政许可法》第十二条第六项规定了**“法律、行政法规规定可以设定行政许可的其他事项”**，这是行政许可设定的兜底性条款。根据该条规定，法律、行政法规可以在上述五种事项外规定可以设定行政许可的事项。这有两个作用：第一，行政许可法出台前法律、行政法规已经设定的行政许可，哪怕不属于上述情形仍然有效；第二，法律、行政法规可以基于现实的需要扩展可以设定行政许可的事项范围。

二、可以不设定行政许可的事项

行政许可通过事前普遍禁止的方式对个人或者组织进行管控。行政许可意味着对自由的限制、成本的付出。因此行政许可绝非越多越好，随意设定行政许可会对经济社会产生不利影响，行政许可的设定应当坚持必要原则，只有那些确有必要进行事前控制的事项才可以设定行政许可。换言之，行政许可起到的作用应是兜底和辅助作用。为防止行政许可设定的泛化，《行政许可法》第十三条规定了可以不设定行政许可的事项。根据该条规定，如果满足一定的条件，可以不设定行政许可。这里的“可以”实际上是“不宜”的意思，也就是只要符合法定条件，立法者就不宜设定行政许可。法律规定的不宜设定行政许可的情形主要有以下四大类。

（一）相对人能够自主决定的事项

根据《行政许可法》第十三条第一项的规定，**“公民、法人或者其他组织能够自主决定的”**事项，可以不设定行政许可。这里“能够自主决定”的事项是指基于相对人自我判断能力和控制能力，做出的行为一般属于“人畜无害”的事项。比较典型的是法律赋予当事人的各类民事权利的行使，如姓名权、肖像权、名誉权、财产权等，这些权利行使一般是不会造成危险的，法律没有必要进行事前的限制。换言之，如果一个事项，相对人可以自主决定做还是不做，且大概率不会造成公共利益的损害，那么法律便不应当设定许可。如相对人起什么名字、跟谁结婚、企业选择何种售货方式等，都是相对人自治范围内的，法律应当尊重。当然，如果相对人行使权利的行为确实违法，可以采取事后惩戒的方式予以制裁。

（二）市场可以有效调节的事项

根据《行政许可法》第十三条第二项的规定，**“市场竞争机制能够有效调节的”**事项，可以不设定行政许可。市场是商品、服务等生产与交换的一个系统，市场在经济规律和价值规律的作用下发挥着资源有序配置、商品服务顺利交换的作用。从经济学角度看，市场是一只“看不见的手”，具有自我调节功能，能够促使市场主体做出有利于公共利益或者经济发展的行为。立法者应当尊重市场的自身运行规律，不宜设置前置性许可。比如对于商品价格，市场可以有效调节，价格围绕价值受供需关系影响而波动，不需要政府做出事前的干预和调控。**在市场与政府的关系问题上，政府应当起兜底和辅助作用，只有当市场失灵时，政府才能主动干预；凡是市场可以调节的，便不宜设定行政许可。**

（三）社会组织能够自律管理的事项

根据《行政许可法》第十三条第三项的规定，**“行业组织或者中介机构能够自律管理的”**事项，可以不设定行政许可。在国家和社会关系视角下，政府与社会之间具有相互的独立性，社会本身有自己的发展规律，社会组织作为一种独特力量对于社会发展具有不可替代的作用；与政府相比，社会组织具有独立性、自治性和专业性，其可以为社会提供更加低成本和高效的公共服务。因此应当鼓励社会组织的发展，并尽可能推动社会组织发挥自律管理的功能。如行业协会对于行业发展、行业自律具有天然的优势，为了发挥社会组织的优势和作用，就需要处理好政府与社会的关系。二者之间的理性关系应该是社会自律优先，只有在无法发挥社会组织作用时，政府才有必要进行主动干预。

（四）事后监管能够解决的事项

根据《行政许可法》第十三条第四项的规定，**“行政机关采用事**

后监督等其他行政管理方式能够解决的”事项，可以不设定行政许可。行政许可是一种事前的普遍禁止，无论是对于相对人还是社会而言，都意味着巨大的成本和负担。因此，如果能够通过事后的监管，如行政处罚、备案制度、行政强制等方式预防危险发生的，立法者便不宜设定行政许可。再如价格问题，现实中也会出现哄抬物价、垄断价格的违法行为，但这种情况属于个例，通过事后惩戒便可以起到较好的规制作用；如果价格确定全部需要经过行政机关许可，那么可能严重侵害市场的自主调节作用，造成低效；如我国在改革开放之前实行的“供销制”，价格均由国家统一规定的做法已被证明是不可行的。

第四节　行政许可设定权分配

行政许可设定权是指法律赋予特定国家机关设定行政许可的权力。行政许可设定权分配是指不同层级的法律文件设定许可权的权力范围或者大小。行政许可设定权分配是与我国一元多层的立法体制相适应的，并且体现了央地之间许可设定权的协调。

一、法律的行政许可设定权

此处的“法律”为狭义理解，仅指全国人大及其常委会依据法定程序制定的规范性法律文件。法律在整个立法体系中的效力仅次于宪法，高于行政法规、地方性法规和部门规章、政府规章等。按照宪法规定，全国人大及其常委会行使国家立法权和专属立法权。全国人大及其常委会作为最高权力机关，代表全国人民意志制定法律，因此**可以设定任何类型的行政许可**。全国人大及其常委会只要认为有必要通过行政许可对经济社会进行规制，便可以设定行政许可；当然，也要受到“不宜设定许可事项”的限制，因为这是《行政许可法》的基本精神。

二、行政法规的行政许可设定权

行政法规是国务院制定的法律文件，其效力低于宪法、法律，高于地方性法规和部门规章、政府规章等。作为最高权力机关的执行机关，国务院对全国经济社会事务负总责，对于经济社会事务的规律和发展状况也更加了解，因此，《行政许可法》规定**国务院可以通过行政法规制定任何形式的行政许可**。国务院只要认为某一事项有必要设定行政许可，便可以在行政法规中进行规定。

之所以对国务院设定行政许可的范围没有做限制，是为了更好地发挥国务院的宏观调控职能。现实社会的复杂性，要求国务院有更大的空间去主动干预经济社会；反之，如果对行政法规设定行政许可的事项进行限制，则可能导致国务院无法及时应对社会风险。当然，《行政许可法》对行政法规设定许可权有一个明确限制，即对某一事项还未制定法律的，行政法规可以设定任何行政许可，如果某一事项上已经有了法律，且该法律已经设定了行政许可，那么调整这一事项的行政法规便不宜再设定行政许可。如《城乡规划法》已经规定了建设规划许可和土地利用规划许可，那么，执行《城乡规划法》的行政法规便不宜再设定行政许可。

三、国务院决定的行政许可设定权

根据《行政许可法》第十四条第二款的规定，必要时，国务院可以采用**发布决定的方式**设定行政许可。**实施后，除临时性行政许可事项外，国务院应当及时提请全国人民代表大会及其常务委员会制定法律，或者自行制定行政法规**。这一条款赋予国务院通过行政决定设定行政许可的权力。对于该条，可从以下几个方面理解。

第一，国务院决定指国务院制定的管理经济、文化、社会事务的行政法规以外的具有普遍约束力的规范性文件。国务院发布决定的权力来源于《宪法》第八十九条。按照《立法法》的规定，国务院决定虽然不是法律或行政法规，但是基于国务院的地位，其决定也具有相当大的权威性。

第二，国务院在必要时可以通过决定设定行政许可。这里的“必要”一般指的是情况紧急，且国家行政管理中确需设定此种行政许可。

第三，国务院通过“决定”设定的行政许可一定是“临时的行政许可”。如果国务院认为这个许可有必要长期存在，应当将该许可规定在行政法规中，或者提请全国人大及其常委会通过法律设定行政许可。法律之所以赋予国务院通过决定设定临时行政许可的权力，主要是现实社会具有相当程度的复杂性，随时可能发生一些紧急情况，需通过行政许可进行必要管制，但行政法规制定程序烦琐复杂，通过决定方式设定行政许可可解燃眉之急。另外，有些行政许可的效果无法确定时，也可通过决定的方式先临时设定，评估效果后再决定是否长期设置。

四、地方性法规的行政许可设定权

地方性法规是省、自治区、直辖市及设区市的人大及其常委会制定的适用于地方的立法性文件。根据《行政许可法》第十五条的规定，“**尚未制定法律、行政法规的，地方性法规可以设定行政许可**”。这一条赋予了地方性法规设定行政许可的权力。关于地方性法规设定行政许可的权力要注意以下几点。

第一，2015年《立法法》修改后，我国的地方性法规分为两个层次：省级地方性法规和设区市级地方性法规。其中设区市级地方性法规原则上只能制定涉及城乡建设与管理、环境保护、历史文化保护等方面的事项的地方性法规。因此，设区市级地方性法规原则上也只能在上述三个领域设定行政许可。

第二，只有在某个领域尚未通过法律、行政法规设定行政许可时，地方性法规才可以设定行政许可。因为根据《立法法》《地方各级人民代表大会和地方各级人民政府组织法》的规定，省级人大及其常委会有权制定或者批准地方性法规，但所制定的地方性法规不得与法律、行政法规相抵触。《行政许可法》根据这一立法精神，规定地方性法规可以设定行政许可；但法律、行政法规已经对有关事项设定行政许可的，地方性法规只能作出具体规定，而不得增设行政许可。

第三，有三类行政许可地方性法规不得设定：一是不得设定应当由国家统一确定的公民、法人或者其他组织的资格、资质的行政许可；二是不得设定企业或者其他组织的设立登记及其前置性行政许可；三是其设定的行政许可不得限制其他地区的个人或者企业到本地区从事生产经营和提供服务，不得限制其他地区的商品进入本地区市场。之所以做这三个方面的限制，是为了防止地方保护主义，维护国家统一大市场的形成。

五、省级政府规章的行政许可设定权

《立法法》规定，省级政府可以根据法律、法规制定政府规章，还可以依职权制定规章。根据《行政许可法》第十五条的规定，**“尚未制定法律、行政法规和地方性法规的，因行政管理的需要，确需立即实施行政许可的，省、自治区、直辖市人民政府规章可以设定临时性的行政许可”**。临时性的行政许可实施满一年需要继续实施的，应当提请本级人民代表大会及其常务委员会制定地方性法规。根据该条规定，省级政府规章有权设定行政许可。对于省级政府的行政许可设定权应当注意以下几点。

第一，只有当某一事项还没有法律、行政法规和地方性法规设定行政许可，而省级政府认为确有必要通过行政许可方式进行规制时，才可以设定行政许可。

第二，省级政府只能设定临时性行政许可，且有效期不得超过一年。因此，临时许可实施满一年之后，省级政府要进行评估，如果认为该许可不需要再继续实施，应当废止；如果认为有必要继续实施，则应当提请省级人大及其常委会通过地方性法规重新设定行政许可。

第三，有三类行政许可省级政府规章不得设定：一是不得设定应当由国家统一确定的公民、法人或者其他组织的资格、资质的行政许可；二是不得设定企业或者其他组织的设立登记及其前置性行政许可；三是其设定的行政许可不得限制其他地区的个人或者企业到本地区从事生产经营和提供服务，不得限制其他地区的商品进入本地区市场。

之所以赋予省级政府行政许可设定权，是因为我国幅员辽阔，各省之间存在巨大差异，某些省可能出现特殊情形，需要设定行政许可进行规制，而制定地方性法规又时机不成熟，应当允许省级政府及时通过规章填补相应空白。当然，之所以规定规章只能设定临时性行政许可，是为了防止省级政府设置的行政许可对经济社会形成过度限制。

六、行政法规、地方性法规、规章的行政许可规定权

《行政许可法》第十六条规定："行政法规可以在法律设定的行政许可事项范围内，对实施该行政许可作出具体规定。地方性法规可以在法律、行政法规设定的行政许可事项范围内，对实施该行政许可作出具体规定。规章可以在上位法设定的行政许可事项范围内，对实施该行政许可作出具体规定。法规、规章对实施上位法设定的行政许可作出的具体规定，不得增设行政许可；对行政许可条件作出的具体规定，不得增设违反上位法的其他条件。"该条规定的是行政许可规定权制度，之所以存在行政许可规定权，是因为上位法在设定行政许可时一般规定得较为原则，需要通过下位法进行细化和补充，从而增强行政许可的可操作性。

对于规定权制度要注意以下几点：第一，行政法规、地方性法

规和规章都可以对上位法设定的行政许可制度进行细化；不仅如此，规范性法律文件为了实施行政许可，也可以对行政许可制度进行细化。第二，行政许可的规定权不得改变行政许可的条件、适用范围，也就是说，不得加重相对人负担，否则便是违法行使规定权。第三，行政许可规定权应当着眼于执行，即贯彻实施行政许可制度，因此**不得以“规定”的方式对行政许可进行改造或变相“扩权”**。下位法可以对上位法规定的取得行政许可的条件结合实际情况作出进一步解释、说明，但不得增设行政许可条件；必须是实施行政许可的规定，而不能创设新的行政许可。

七、其他规范性文件不得设定行政许可

根据《行政许可法》第十七条的规定，**除法律、行政法规、国务院决定、地方性法规、省级政府规章外，其他规范性法律文件一律不得设定行政许可**。具体而言，国务院部门规章、设区的市的政府规章以及规章以下的规范性法律文件等都不可以设定行政许可。之所以进行这样的限制，是为了防止行政许可设定权被滥用。

第五节　行政许可设定的内容

行政许可设定内容是指有权机关设定行政许可时应当包含的要素。《行政许可法》第十八条规定：“设定行政许可，应当规定行政许可的实施机关、条件、程序、期限。”该条规定了行政许可设定应当包含的内容。

一、行政许可的实施主体

行政许可实施主体是指有权受理相对人许可申请，并作出是否准予行政许可决定的组织。立法者在设定行政许可时，必须明确规

定负责实施行政许可的具体机关，否则行政许可制度便无从落实。理解行政许可实施主体应当注意以下两点。

第一，与我国的行政主体理论相契合。我国行政主体理论将有权实施行政权的主体分为两大类：行政机关和法律、法规授权组织。因此，立法者设定行政许可时，可以选择行政机关实施行政许可，也可以选择一些被授权的社会组织实施行政许可。当然，如果选择社会组织实施行政许可一定要注意该组织的行为能力、专业能力以及是否与许可事项存在利益关系。

第二，行政许可的实施主体应当尽可能明确具体而且唯一，避免授权多个部门行使一个行政许可权。例如，《城乡规划法》第三十七条第一款规定："在城市、镇规划区内以划拨方式提供国有土地使用权的建设项目，经有关部门批准、核准、备案后，建设单位应当向城市、县人民政府城乡规划主管部门提出建设用地规划许可申请，由城市、县人民政府城乡规划主管部门依据控制性详细规划核定建设用地的位置、面积、允许建设的范围，核发建设用地规划许可证。"该条款实际上规定了行政许可的实施主体为城乡规划主管部门。

二、行政许可的实施条件

行政许可的实施条件是申请人获得行政许可所应当达到的标准和要求，是行政机关决定是否许可的客观尺度。[①]行政许可的实施条件是行政许可的核心内容，也是实现对相对人行为进行管控的关键要素。行政许可的实施条件包括实质性条件和形式条件两种。行政许可的实施条件因行政许可的种类不同而有所不同。立法者规定许可条件的主要考量因素是，许可申请人达到何种标准或者具备何种能力才能防止危险的发生，确保行政许可目的达成。

现行立法对行政许可的实施条件进行了规定。例如，《城乡规划

① 陈海萍主编：《行政许可法新论》，中国政法大学出版社2007年版，第73页。

法》第四十条第二款规定，“对符合控制性详细规划和规划条件的，由城市、县人民政府城乡规划主管部门或者省、自治区、直辖市人民政府确定的镇人民政府核发建设工程规划许可证”。这里的“符合控制性详细规划和规划条件”便是获得行政许可的条件。当然，也有部分法律、法规对行政许可的实施条件规定得不具体或者没有规定。例如，《卫星电视广播地面接收设施管理规定》第三条规定：“国家对卫星地面接收设施的生产、进口、销售、安装和使用实行许可制度。生产、进口、销售、安装和使用卫星地面接收设施许可的条件，由国务院有关行政部门规定。”这种模糊化、原则式的立法表达可能导致行政许可实施机关随意增减许可条件，行政机关执法人员在实施行政许可时自由裁量权过大。因此，设定行政许可应当明确规定许可的条件，且行政许可的条件必须与设定行政许可的目的之间有着内在的逻辑联系，有关行政许可条件的规定必须能够实现行政许可目的且应当是必不可少的。

三、行政许可实施程序与期限

行政许可的程序是行政许可实施机关实施行政许可的步骤、方式、顺序和时限等因素的总称。行政许可实施属于行政权的运行，因而需要通过程序和期限进行规制，为此《行政许可法》在第四章专门规定了行政许可的实施程序。但《行政许可法》规定的程序属于一般程序，是各类行政许可均可以适用的。有些行政许可还需要特别程序进行约束，单行法律、法规等进行具体行政许可设定时会专门设计。例如，《城乡规划法》第四十一条第一款规定：“在乡、村庄规划区内进行乡镇企业、乡村公共设施和公益事业建设的，建设单位或者个人应当向乡、镇人民政府提出申请，由乡、镇人民政府报城市、县人民政府城乡规划主管部门核发乡村建设规划许可证。”申请许可需要由乡镇政府呈报，体现了程序的特殊性。实际上，除了设定行政许可时要规定程序外，行政许可规定权也主要是为了优化许可程序。行政许可的程序设计应当符合高效便民原则，确保程序性规制。

行政许可期限是行政程序的重要组成部分，明确行政许可期限是提高行政许可效率的重要保障。《行政许可法》规定了适用于各类行政许可的期限，其他法律可以规定一些特殊的期限。

第六节 设定行政许可的保障制度

为了确保行政许可的设定更加科学有效，适应现实的需要，《行政许可法》规定了相应的保障制度，主要包括听取意见制度、说明理由制度、行政许可评价制度和停止实施行政许可制度。

一、听取意见制度

行政许可是对经济社会的普遍事前禁止，对于公民、法人和其他组织可能产生广泛而深刻的影响。因此，有权机关设定行政许可之前，应当广泛听取各方的意见，以了解行政许可设定的必要性以及行政许可设定之后可能对公众产生的影响，从而更好地对制度进行优化。

《行政许可法》第十九条规定："起草法律草案、法规草案和省、自治区、直辖市人民政府规章草案，拟设定行政许可的，起草单位应当采取听证会、论证会等形式听取意见，并向制定机关说明设定该行政许可的必要性、对经济和社会可能产生的影响以及听取和采纳意见的情况。"该条规定了设定行政许可的听取意见制度。对于该制度的理解，要注意以下几点。

第一，只要法律、法规或者省级政府规章草案中拟设定行政许可，起草单位便必须采取适当形式听取公众或者利害关系方的意见。

第二，在民主立法原则下，目前我国无论是人大立法还是行政立法都会有听取意见的程序；行政许可设定中的听取意见制度并不是要求立法者另起炉灶，重新安排听取意见的程序，而是要在各种听取意见的过程中，专门或者单独对行政许可的设定事项听取意见。

第三，听取意见的具体形式可以是多样的，既可以采取《行政许可法》列明的论证会、听证会形式，也可以采取其他形式，如将法律、法规、规章草案发送给有关机关、组织和专家征求意见；对重要的行政许可事项，还可以将法律、法规、规章草案予以公布，广泛听取各方面意见。

二、说明理由制度

《行政许可法》第十九条确立了行政许可设定的说明理由制度。说明理由制度是现代理性的体现，要求决策者或者立法者为自己做出行为的合法性和正当性提供说明。**说明理由制度对于权力主体具有内在约束作用，同时，也可以增强社会公众的可接受性**。行政许可的设定对于经济发展将产生深远影响，因此《行政许可法》要求相关主体对设定行政许可的必要性等说明理由。理解行政许可设定的说明理由制度要注意以下几点。

第一，说明理由的责任主体是立法草案的起草者。由于行政许可是通过立法设定的，而立法的内容是由起草者创制的；相应地，是否设定行政许可，以及设定何种行政许可，也是由起草者率先做出选择，即其对行政许可的设定情况更加了解，因此由其承担说明理由的责任。

第二，说明理由的对象是立法的制定机关。起草者只是具体负责法律草案内容的机关，其对草案内容负责，但真正有权决定草案能否转化为法律则是制定机关，也就是真正的立法者。为了使制定机关了解草案中的行政许可设定情况，并进行最终把关，起草者自然应当向制定机关进行说明。

第三，起草者说明的内容包括三个层面：设定行政许可的必要性；行政许可对经济和社会可能产生的影响；起草者听取和采纳意见的情况。关于设定行政许可的必要性，起草者应当对拟设定行政许可所调整对象的危险性进行论证，并表明无法通过其他监管措施实现预防风险的目的，此时其设定行政许可才是必要的。关于行政许可可能对经济和社会产生的影响，起草者应当从以下两个方面进行说明：一方面说明设定行政许可可能给经济社会带来的正面价值和收益；另一方面说明行政许可可能给经济社会带来的负面影响，即对于行政许可可能带来的经济社会影响进行全面评估，以确保立法者更好地判断是否设定该许可。关于起草者听取和采纳意见的情况，主要说明起草者通过何种形式向公众听取了意见，收集到了哪些意见，这些意见哪些被采纳用以修改和完善行政许可。要求起草者对听取和采纳的意见情况进行说明，可以强化起草者听取公众意见的积极性和主动性，并且认真梳理和总结各方的意见，使得公众参与真正发挥作用。

三、行政许可评价制度

《行政许可法》第二十条规定了行政许可评价制度，即“行政许可的设定机关应当定期对其设定的行政许可进行评价；对已设定的行政许可，认为通过本法第十三条所列方式能够解决的，应当对设定该行政许可的规定及时予以修改或者废止。行政许可的实施机关可以对已设定的行政许可的实施情况及存在的必要性适时进行评价，并将意见报告该行政许可的设定机关。公民、法人或者其他组织可以向行政许可的设定机关和实施机关就行政许可的设定和实施提出意见和建议”。

经济社会是日新月异不断发展的，行政许可作为一种事前禁止制度未必永远符合现实的需要。这就需要对已经设定的行政许可存在的必要性、取得的效果等进行评估，以决定是否继续保留该行政许可，或者是否要对该行政许可进行调整。为了确保行政许可能够及时回应社会的变化，《行政许可法》规定了评价制度。该制度主要目的便是对行政许可是否还有必要存在、是否需要进行调整进行判断。关于行政许可评价制度，要重点关注以下两点。

第一，评价主体。行政许可的评价主体有两个：设定行政许可的机关和实施行政许可的机关。二者的义务不同，设定许可的机关是必须定期组织对已经设定的行政许可的评价工作，实施机关则可以结合自身工作对行政许可进行评价。

第二，评价的主要内容是行政许可继续存在的必要性。无论是设定主体还是实施主体，其评价行政许可时，均应当围绕已经设定的行政许可是否还有必要继续存在展开。当然，判断行政许可是否有必要继续存在的最重要标准是《行政许可法》第十三条的规定，即如果一个事项已经可以通过相对人自主决定、市场自行调节、社会自律管理或者事后监管的方式实现目的，便可以将该行政许可废止。当然，如果评估后发现行政许可仍有必要存在，但许可条件或要求已不合时宜，则应启动对行政许可的修改。

四、停止实施行政许可制度

《行政许可法》第二十一条规定："省、自治区、直辖市人民政府对行政法规设定的有关经济事务的行政许可，根据本行政区域经济和社会发展情况，认为通过本法第十三条所列方式能够解决的，报国务院批准后，可以在本行政区域内停止实施该行政许可。"该条规定了停止实施行政法规设定行政许可的制度。之所以规定该制度，是因为我国幅员辽阔，各地经济发展不均衡，国务院通过行政法规设定的行政许可一般着眼于全国的一般情况，无法照顾每个省的特殊情况，这就可能导致某些行政许可不符合个别省市发展情况。此时，省级政府基于自身的经济社会发展情况，单独提出停止该行政许可的实施，可以实现党中央集中统一领导和地方灵活性的有机结合。可以说，停止实施行政许可制度是为了解决党中央集中统一领导和地方特殊性之间的矛盾。关于停止实施行政许可制度，要重点关注以下几点。

第一，**只有省级政府才有权申请暂停实施某一行政许可，其他主体无权申请**。这是因为省级政府是地方最高级别的行政机关，且对省域情况更加了解，能够通盘考虑是否有必要停止实施某种行政许可。

第二，**申请停止实施的行政许可必须是国务院行政法规中设定的行政许可**，法律或者决定中的行政许可不适用。

第三，**申请停止实施的只能是经济事务许可，也就是国务院在经济事项上设定的许可**。这是因为各地经济发展水平差距大、经济的发展变化大，经济类许可更可能与地方特殊性相矛盾，而政治类、文化类事务总体而言则更强调统一性，与地方特殊性矛盾较小。

第四，**停止实施某许可，必须经过国务院批准**。停止实施某许可，并不对全国有效，只在特定区域有效。如海南要成立自贸区，国务院之前设定的一些行政许可对于海南便不适应了，此时，海南省政府可以申请国务院批准停止一些与自贸区设立相冲突的行政许可。

典型案例

丁某某诉某市行政审批局撤销建筑工程规划许可证和施工许可案[1]

案情简介：

2018年6月25日，某市住房和城乡建设局、审批局、市场监督管理局、财政局、城市管理行政执法局联合发布《某市既有多层住宅增设电梯指导意见（试行）》（以下简称《指导意见》）。其中，关

① 江苏省南通经济技术开发区人民法院行政判决书（2019）苏0691行初1124号。

于各部门职责规定了某市审批局负责既有住宅增设电梯的组织联审、规划许可、施工许可和牵头组织联合竣工验收及备案工作；申请条件为：1.经具备建设工程设计资质的单位出具符合城市规划、建筑设计、结构安全、电梯救援通道、消防安全和特种设备等相关规范、标准要求的规划图和施工图；2.同意增设电梯的业主之间就增设电梯的费用、运行、保养、日常维护等情况的方案以及异议人协商的情况说明等达成的书面协议；3.增设电梯必须经本幢或楼道房屋专有部分占建筑物总面积三分之二以上且总人数三分之二以上的业主同意，其他业主无明确反对意见；4.增设电梯影响相邻建筑物通风、采光、日照、通行等权益的，申请人应当与受影响的业主协商达成一致意见，并签署意见书；5.小区物业管理单位提供的无拖欠物业管理费、无小区毁绿种菜、无楼道堆积物、无违章建筑的证明及承诺书。同时明确办理建设工程规划许可证应提供材料为：1.建设工程规划许可申请书；2.本幢或楼道业主身份证、房屋权属证明复印件；3.代理人身份证、授权委托书；4.经审定的建设工程设计方案及符合国家设计规范的建设施工图设计文件；5.业主就增设电梯所达成的书面协议；6.公示报告、辖区居委会意见以及异议人协商情况说明；7.住宅小区原有红线图。

2018年9月26日，某市甲小区27号楼二单元业主即原告丁某某等人和第三人王某等人共同委托永佳公司办理，永佳公司向某市审批局提交建设工程规划许可证申请表，并附该单元业主身份证及房屋权属证明、设计图、银洲物业公司出具的“无违章建筑证明”等申请材料。审批局经审核，于2018年12月3日核发了《建设工程规划许可证》。2019年1月30日，永佳公司向审批局提交既有多层住宅加装电梯施工许可申请表，并附加装电梯合同、电梯安装施工方案、安全生产许可证、施工图等申请材料。同日，审批局核发了《既有住宅增设电梯施工许可》。2019年2月25日，甲小区部分其他业主向审批局提交申请，请求审批局撤销上述行政许可。4月12

日，审批局作出2号撤销决定，并于4月21日邮寄送达该单元业主。2019年6月11日，原告不服审批局作出的2号撤销决定，向法院提起行政诉讼。

法院认为：规范性文件不得设定行政许可，亦不得法外增设许可条件。《行政许可法》规定了许可法定原则，根据《行政许可法》第十二条、第十四条、第十五条、第十七条的规定，法律、行政法规、地方性法规可以设定行政许可，地方政府规章可以设定临时性的行政许可，临时性许可期限届满需要继续实施的，应当通过地方人大制定地方性法规，其他规范性文件一律不得设定行政许可。这意味着市、县级行政主管部门制定的规范性文件，依法不得增设行政许可，对行政许可条件作出的具体规定，不得增设违反上位法的其他条件。对于既有多层住宅增设电梯事项而言，尚没有现行法律、法规或地方性法规作出过具体的规定。

由于《指导意见》明确规定了既有多层住宅增设电梯需要办理建设工程规划许可证和施工许可证，则许可机关应当按照相应法律、法规规定的许可条件办理。《城乡规划法》第四十条第二款规定，申请办理建设工程规划许可证，应当提交使用土地的有关证明文件、建设工程设计方案等材料。《江苏省城乡规划条例》第三十九条第一款规定，申请办理建设工程规划许可证应当提交下列材料：使用土地的有关证明文件；建设工程设计方案；建设工程施工图设计文件；法律、法规规定的其他材料。从上述法律、法规的规定可以看出，在办理建设工程规划许可证的许可条件中，没有要求申请人提交无违章建筑的证明或承诺书。在行政许可中，申请人应对申请材料内容的真实性负责，但行政机关亦负有对申请人提供的申请材料是否齐全、完备，是否符合法定形式进行审查的义务。某市审批局当庭陈述，申请人申请时提交的材料除“无违章建筑证明”不符合条件外，其他申请材料均符合要求，显然是将“无违章建筑证明”作为许可条件之一对待。某市审批局要求申请人提供小区无违章建筑的证明显然属于在法律规定的行政许可条件以外另行增设新的行政许可条件，增加了申请人的法外义务，即属于与上位法相抵触情形。

案例评析：

《行政许可法》明确规定了行政许可设定权和规定权制度，而且对二者进行了严格的限制。有权机关必须按照《行政许可法》的规定设定行政许可，下位法为了实施行政许可作具体规定时不得增加行政许可的条件，否则便是变相设定行政许可，属于违法行为。本案的焦点是，《指导意见》作为一个行政规范性文件是否增加了行政许可的条件。实践中，对于下位法是否增加行政许可条件的判断，主要通过与上位法的对比进行。如果上位法已经明确了行政许可的实体和程序条件，下位法就应严格执行上位法规定的条件，不可以增加或者变相增加行政许可的条件。具体到本案，《指导意见》将"无违章建筑证明"作为行政许可的条件已经超出了上位法的范围，属于增设行政许可条件，构成违法，因此不能作为行政行为的依据。

某公司诉某市盐务管理局盐业行政处罚案①

案情简介：

2007年11月12日，某公司从江西等地购进360吨工业盐。某市盐务管理局（以下简称市盐务局）认为该公司进行工业盐购销和运输时，应当按照《某省〈盐业管理条件〉实施办法》（以下简称《省盐业实施办法》）的规定办理工业盐准运证，该公司未办理工业盐准运证即从省外购进工业盐涉嫌违法。2009年2月26日，市盐务局经听证、集体讨论后认为，该公司未经省盐业公司调拨或盐业行政主

① 江苏省苏州市金阊区人民法院行政判决书（2009）金行初字第0027号。该案系最高人民法院指导案例5号，最高人民法院审判委员会讨论通过，2012年4月9日发布。

管部门批准从省外购进盐产品的行为，违反了《盐业管理条例》第二十条，《省盐业实施办法》第二十三条、第三十二条第二项的规定，并根据《省盐业实施办法》第四十二条的规定，对该公司作出了处罚决定书，决定没收该公司违法购进的精制工业盐121.7吨、粉盐93.1吨，并处罚款122363元。该公司不服该决定，于2月27日向市人民政府申请行政复议。市人民政府于4月24日作出复议决定书，维持了市盐务局作出的处罚决定。该公司不服，提起行政诉讼。

该公司诉称：市盐务局根据《省盐业实施办法》的规定，认定公司未经批准购买、运输工业盐违法，并对公司作出行政处罚，其具体行政行为执法主体错误、适用法律错误。市盐务局无权管理工业盐，也无相应执法权。根据原国家计委、原国家经贸委《关于改进工业盐供销和价格管理办法的通知》等规定，国家取消了工业盐准运证和准运章制度，工业盐也不属于国家限制买卖的物品。《省盐业实施办法》的相关规定与上述规定精神不符，不仅违反了国务院《关于禁止在市场经济活动中实行地区封锁的规定》，而且违反了《行政许可法》和《行政处罚法》的规定，属于违反上位法设定行政许可和处罚，故请求法院判决撤销市盐务局作出的处罚决定。

法院认为：根据《行政许可法》第十五条第一款、第十六条第三款的规定，在已经制定法律、行政法规的情况下，地方政府规章只能在法律、行政法规设定的行政许可事项范围内对实施该行政许可作出具体规定，不能设定新的行政许可。法律及《盐业管理条例》没有设定工业盐准运证这一行政许可，地方政府规章不能设定工业盐准运证制度。某市盐务局未依照《行政许可法》的相关规定，属于适用法律错误，依法应予撤销。

案例评析：

根据《行政许可法》的相关规定，省级政府规章只能设定临时性行政许可，不得设定经常性行政许可。本案中，盐业许可证显然属于经常性行政许可，作为省级政府规章的《省盐业实施办法》无权设定该行政许可，因而《省盐业实施办法》属于违法设定行政许可。执法人员在执法时，应当注意识别各级法律文件中存在的违法设定行政许可的情况。法律文件中存在违法设定行政许可情形的，应当选择适用更高位阶的法律作为行政执法依据，以避免执法风险。

思考题

1. 行政许可设定权的概念是什么?
2. 不同法律文件设定行政许可权限为何不同?
3. 行政许可设定权与规定权的区别与联系是什么?
4. 行政许可规定权应受到哪些限制?
5. 当所执行的法律文件存在违法设定行政许可的情形时，作为执法者应该怎么办?

第四章　行政许可的实施主体

本章知识要点

- □ 行政许可实施主体的特征、类型与权限
- □ 相对集中行政许可权
- □ 集中或联合办理行政许可

第一节　行政许可实施主体的特征、类型与权限

一、行政许可实施主体的特征

行政许可实施主体，即实施行政许可的机关或组织，是指基于相对人的许可申请，对相对人的申请进行审查，作出是否认可申请人所申请的活动或资格的行政机关或法律、法规授权的组织。行政许可作为管理经济和社会的重要手段，可以起到弥补市场缺陷、促进资源合理使用的作用，但过度实施的许可也可能限制市场竞争、抑制社会的活力，并且容易滋生腐败。因此，对行政许可实施主体有严格的要求和限制，并不是所有行政主体都当然地具有行政许可实施权。行政许可的实施主体具有以下几个特征。

第一，行政许可的实施主体是行政许可法律关系的一方当事人。在行政许可法律关系中，一方主体是申请和实施被许可事项的公民、

法人或其他组织，另一方主体是审批行政许可申请，并对被许可行为实施监督管理的国家行政机关或法律、法规授权的组织。行政许可的实施主体在行政许可法律关系中占有主导地位。

第二，行政许可的实施主体是依法行使行政许可权的一方当事人。行政许可实施主体的主要职权包括：审查相对人许可申请；核查相对人是否具备许可的要件；授予相对人可以从事特定活动的许可；监督、检查被许可人从事许可事项的活动；核实、处理违法从事行政许可的活动；在特定情形下撤回、撤销、注销、吊销行政许可。

第三，行政许可的实施主体必须是具有实施行政许可资格的国家行政机关或法律、法规授权的组织。并非所有国家行政机关都具有实施行政许可的资格，必须是依法成立并有法律、法规或者规章明确规定的行政许可实施权的国家行政机关，且这些国家行政机关只能在法律明确规定的职权范围内行使行政许可权。一部分具有管理公共事务职能的组织，在法律、法规明确授权的情况下，也可以自己的名义在法定授权范围内实施行政许可。没有法律、法规授权，任何组织和单位不得以自己的名义实施行政许可。

《行政许可法》对实施主体进行规范，主要原则在于：一方面注重限制主体资格，防止非法定机关及组织行使行政许可权；另一方面注重协调主体权限，预防许可实施主体权限交叉、多层审批、效率低下。历次行政审批制度改革都重视清理行政许可的实施主体，对不符合法定条件而实施行政许可的行为予以纠正，并取消不符合法律规定、不必要的实施主体。

《行政许可法》在第三章以专章形式对行政许可实施主体进行了详细规范，且在各个部门的配套规范中也都对各自领域行政许可的实施主体进行了明确规定。[①]其所针对的正是实践中不具有行政许可

① 参见《交通行政许可实施程序规定》第三条；《水行政许可实施办法》第三章；《市场监督管理行政许可程序暂行规定》第二章。

实施资格的主体非法行使行政许可权，乱设卡、乱收费的现象。如某些行政机关内设机构，在没有法律、法规依据的情况下以自己的名义实施行政许可；有的地方仅通过规范性文件的形式就授权某一组织实施行政许可；有的行政机关在没有法律、法规、规章依据的情况下，自行委托其他行政机关甚至组织或企业实施行政许可。同时，针对实践中重复许可、多头许可、“办事难、办事慢、多头跑、来回跑”等现象，《行政许可法》根据精简、统一、效能的原则，对相对集中行政许可权和“一个窗口对外”、统一办理或者联合办理、集中办理的制度进行了规定。

二、行政许可实施主体的类型

《行政许可法》第二十二条、第二十三条、第二十四条分别规定了行政许可实施主体的三种类型，根据《行政许可法》的规定，行政许可实施主体包括具有行政许可权的行政机关，法律、法规授权组织以及受委托实施行政许可的行政机关。

（一）具有行政许可权的行政机关

根据《行政许可法》第二十二条的规定，行政许可由具有行政许可权的行政机关在其法定职权范围内实施。这是对行政许可实施主体的一般规定。根据《行政许可法》的规定，行政机关是最主要的行政许可实施主体。这意味着，行政许可权原则上由行政机关行使，法律、法规授权组织实施某些行政许可的情况只是一种补充；行政机关实施行政许可必须具有行政许可权；行政机关要在法定职权范围内实施行政许可，不能超越法定职权，不能滥用职权。以下将从三个层面加以论述。

1.行政许可的实施主体主要是行政机关

在我国，行政机关既包括各级人民政府也包括各级人民政府所属工作部门。行政机关依法设置，代表国家行使行政职能，是最主要的行政主体。《行政许可法》之所以把行政机关作为行政许可最主要的实施主体，主要是出于以下几个方面考虑。

第一，这是履行行政机关职责、实现行政目的的需要。在现代社会，行政机关履行着保障国家安全、维护社会秩序、保障和促进经济发展、保护和改善生活环境与生态环境等一系列职责。行政机关为了履行其职责，必须具有相应的职权和手段，行政许可权是法律授予的重要职权。行政许可作为政府调控经济与社会发展的一种预防性监管工具，行政机关通过实施行政许可管理经济和社会，弥补市场竞争机制的不足。

第二，这种安排符合行政机关在我国国家管理体制中的地位和特征。行政机关代表本级人民政府在法定管辖权范围内行使法定职权，并具有独立法律地位。行政机关具有独立的法律地位和特定的法定管辖权，并具备一系列行使职权的组织保障、物质保障，有能力行使广泛职权。同时，行政机关的行为受到各种方式的监督。如依据宪法规定，行政机关由人民代表大会产生，对它负责并接受它监督。同时，行政机关的行为还受到人民政协的民主监督、新闻媒体的社会监督、行政机关内部的专门监督与层级监督以及通过司法审查的行政诉讼监督。行政机关权力行使受到较为严格的控制，能够最大限度地保障行政许可实施合法公正、高效便民。

第三，这种安排考虑到行政许可本身的特性。行政许可是一种授益性行政行为，是准予行政相对人从事某种活动的具有法律效果的行为。在实践中，行政许可实施通常与行政相对人的权益，特别是一定的经济利益相关联，容易造成寻租现象，滋生制度性腐败。鉴于此，有必要对行政许可实施主体进行较为严格的限制，只有在行政机关客观上无法行使行政许可权，或涉及技术性、专业性要求较高的领域，才可以通过法律、法规授权形式指定具有管理公共事务职能的组织实施行政许可。

2.行政机关实施行政许可必须具有行政许可权

行政许可实施机关主要是行政机关，但并不是所有的行政机关都可以成为实施机关。实施行政许可不仅要求行政机关具有外部行政管理职能，更重要的是要具备明确的法定行政许可权。**行政许可权不属于行政机关固有职权，而是一项单行法授予的职权，未经明确授权的行政机关不能当然地成为行政许可的实施主体**。这意味着没有行政许可实施权的行政机关实施的类似许可的“项目备案”行为不产生行政许可行为的法律效力。如在“安徽国祯泉星天然气开发有限公司与临泉县人民政府燃气经营行政许可上诉案”中，法院认为，临泉县发改委并非燃气特许经营行政主管部门，依法不具有实施燃气经营行政许可的权限，故其对泉星公司报送的燃气加气站及示范项目备案行为，并非燃气经营权行政许可行为。[①]这说明，成为适格的行政许可实施机关须具备以下两个条件。

第一，行政许可实施机关必须是依法履行外部管理职能的行政机关。根据所行使的行政管理职能不同，可以将行政机关分为外部行政机关和内部行政机关。前者承担外部管理职能，对社会上的个人和组织实施管理；后者承担内部管理职能，基于行政隶属关系，对行政机关内部的人员和事务实施管理。行政许可是一种外部行为，这一特征决定了行政许可实施机关必须是承担外部行政管理职能的机关，内部机关如人事部门、决策咨询机关、监察机关等，不具有外部行政管理职能，不能成为行政许可实施机关。此外，行政机关的内部机构在没有法律、法规授权的情况下，也不能成为行政许可实施机关。

第二，行政许可实施机关要依法获得明确授予的行政许可权。宪法和组织法将行政权概括性授予各级人民政府，各级人民政府根据管理需要设置不同管理部门。通常有外部管理职能的行政机关可

① 安徽省高级人民法院行政裁定书（2011）皖行终字第00017号。

以依据职权作出行政行为，但这并不意味着它当然享有行政许可权，需要法律法规明确的授权才可以实施相应行政许可。也就是说，行政许可权是一项特定的行政权力，根据行政管理的需要，法律、法规和规章对某些事务设定了行政许可，并赋予行政机关实施行政许可的权限，也只有在此情况下行政机关才可以实施行政许可。

3.行政机关要在法定职权范围内实施行政许可

行政机关要在法定职权范围内实施行政许可，不能超越法定职权，不能滥用职权。不同行政机关拥有不同的管理权限，行使职权必须在法律规定的职权范围内，这是职权法定原则的要求。具体而言，**有权实施行政许可的行政机关实施行政许可，应当符合法定的事务权限、地域权限、层级权限**。其中，事务权限是指某一行政机关被确定的某些管辖事务的范围，如公安机关管理公安事务，教育行政机关管理教育行政事务。行政机关实施行政许可不得超越事务权限，如税务行政机关不得实施应当由生态环境保护行政机关实施的排污许可。当然，针对目前行政管理权限划分不合理、不同部门职能交叉的情况，经过法定程序合并行政许可权，由一个行政机关行使其他行政机关的行政许可权，这是《行政许可法》允许的，不属于超越权限的情况。地域权限是指具有事务管辖权的同级行政机关在行政权限上的分工，行政机关只能在其地域管辖范围内实施行政许可。行政机关实施行政许可不得超越地域权限，如A地行政机关不得在B地实施相应的行政许可。层级权限是指上下级行政机关之间处理某一行政事务上的权限划分，行政许可权限大小应与相应行政机关管理权限划分一致。行政机关实施行政许可不得超越层级权限，行政机关不得实施本应由上级行政机关实施的行政许可。

（二）法律、法规授权组织

根据《行政许可法》第二十三条的规定，法律、法规授权的具有管理公共事务职能的组织，在法定授权范围内，以自己的名义实施行政许可。该条规定了授权的行政许可实施机关，即具有管理公共事务职能的组织经过授权实施行政许可的情况。**授权具有管理公共事务职能的组织实施行政许可，主要是为了应对现代社会行政事务的增加、行政职能的扩张**。现有行政机关受编制、经费限制，依靠自身力量难以完成所有行政任务，特别是应对某些专业性、技术性较强的行政事务，又没有必要增设专门的机构和人员处理，在此情况下授权具有管理公共事务职能的组织行使行政职能，能够降低行政成本、提高行政效率。

1.被授权组织的法律地位

具有管理公共事务职能的社会组织，一旦获得法定授权，即可成为行政许可的实施主体，在授权范围内以自己的名义行使一定行政许可权，并承担相应的法律责任。首先，被授权组织取得行政主体资格，能够以自己的名义独立地实施行政许可，并承担因实施行政许可而引起的法律后果。如因行政许可引起行政复议或行政诉讼，被授权组织就是行政复议的被申请人或者行政诉讼的被告。其次，根据《行政许可法》第二十三条的规定，被授权组织适用《行政许可法》中有关行政机关的规定，即被授权组织获得与行政机关相同的法律地位，《行政许可法》对行政机关所做的一切规定都适用于被授权组织。

2.授权许可的规则

具有管理公共事务职能的社会组织成为行政许可的实施主体，必须具备一定条件，既包括授权的合法性、有效性，也包括被授权组织自身应具备的条件，这些条件共同构成授权许可的规则。

第一，授权必须符合法定的条件和要求，要通过法律、法规明文授权的形式，且授权行为必须遵循法定程序。也就是说，社会组织享有行政许可权，必须通过法律、法规的形式授权，这里的法律指全国人大及其常委会制定的法律，法规包括行政法规和地方性法规。《行政许可法》将授权限定在法律、法规层级，规章和规章以下的规范性文件不能授权社会组织实施行政许可。所谓法律、法规明文授权，是指法律、法规直接将一定的行政许可权授予某个社会组织。如根据《注册会计师法》第九条的规定，注册会计师协会直接获得了负责会计师注册工作的职权。

第二，被授权组织应该是具有管理公共事务职能的组织，其职能与授权的内容具有某种联系。行政许可的实施仅能授权组织而不能授权个人，且并不是所有组织都可以被授权实施行政许可。目前法律、法规授权实施行政许可的组织，既有社会团体（如注册会计师协会、律师协会、证券业协会），也有事业单位（如证监会、银保监会）。一般认为被授权实施行政许可的具有管理公共事务职能的组织应当具备以下条件：一是必须是依法成立的组织，具有合法的组织名称、相应的组织机构和人员、工作场所；二是被授权实施的行政许可与被授权组织的公共事务管理职能之间应具有相关性；三是组织应当具备实施被授权实施的行政许可所必需的技术、设施条件；四是组织应当具有熟悉与被授权实施的行政许可相关的法律法规和专业知识的正式工作人员；五是组织能够独立对外行使公共事务管理权并承担由此产生的法律责任。

第三，被授权组织必须在法定授权范围内实施行政许可。法律、法规在授予具有管理公共事务职能的组织实施行政许可时，不能概括授权，必须对其实施行政许可的种类、行为、范围作出明确规定，获得授权的组织只能在授权范围内实施行政许可，否则该行政许可会因为越权而无效。

（三）受委托实施行政许可的行政机关

根据《行政许可法》第二十四条的规定，行政机关在法定职权范围内，依照法律、法规、规章的规定，可以委托其他行政机关实施行政许可。行政许可机关可以将行政许可权委托其他行政机关行使。行使行政许可委托权的行政机关为委托行政机关，接受行政许可委托的行政机关为受委托行政机关。与《行政处罚法》有关行政处罚机关可以委托其他组织行使行政处罚权规定不同，《行政许可法》将行使行政许可权的委托对象限定为行政机关。

1.委托实施行政许可的必要性

行政许可委托是指行政机关在其法定职权范围内，依照法律、法规、规章的规定，将其拥有的行政许可实施权委托给其他行政机关行使。行政许可是公民、法人和其他组织从事某项活动的法律前提，对维护正常的经济社会秩序有重要作用，对公民、法人和其他组织的经济社会活动有重要影响，因此行政许可权是一项非常重要的行政职权。一般而言，行政许可实施权作为行政机关的法定职权，只能由行政机关行使，不得随意转让。但由于行政疆域的扩张，行政管理的复杂性、专业性、技术性增强，行政机关的设置不能完全满足行政管理的需要，而为了特定行政任务专门设置行政机构成本较高、效率较低，因此立法采取委托的方式，让其他行政机关代行行政许可实施权，有利于提高行政效率、达成行政目标。如根据《烟草专卖法》第十六条的规定，经营烟草制品零售业务的企业或者个人，由县级人民政府工商行政管理部门根据上一级烟草专卖行政主管部门的委托，审查批准发给烟草专卖零售许可证。在我国，国务院设有烟草专卖局，省级政府一般也设有烟草专卖局，但下一级地方人民政府可以根据实际情况设置职能部门，并非所有地方都设置了烟草专卖局，因此，法律规定由县级工商行政管理部门根据上一级烟草专卖行政主管部门的委托实施行政许可。

2.委托实施许可的规则

行政许可实施权具有不可随意转让性和处置性，确因需要将部分行政许可实施权委托其他行政机关行使的，必须符合以下规则。

第一，必须在法定权限范围内委托。实施委托的行政机关委托其他行政机关实施行政许可应当遵循职权法定的原则，在法定权限范围内依法委托，不能把不属于自己的行政许可实施权委托给其他行政机关，也不能超越其享有的行政许可权范围委托其他行政机关实施行政许可，否则就是无效的行政行为。

第二，必须以法律、法规或者规章为依据。非依法律、法规、规章规定，行政机关无权委托其他行政机关实施行政许可。行政机关不能依据除法律、法规、规章外的其他规范性文件委托其他行政机关实施行政许可，也不能自行委托其他行政机关实施行政许可。

第三，必须委托给行政机关。受委托实施行政许可的只能是行政机关，行政机关不能委托其他组织或个人实施行政许可。之所以将受委托机关限制为行政机关，主要是为了防止行政许可实施主体泛化、过滥以及乱委托等问题的发生。行政许可的实施一般会涉及资源分配、公共利益以及当事人的重大权益，被委托实施行政许可的机关应具有一定权威性。

第四，委托需要以书面形式进行，并予以公告。公开原则是《行政许可法》第五条规定的基本原则，行政机关将许可权委托给其他行政机关行使，也应该通过一定的方式让公民、法人或者其他组织知情，方便公民、法人或者其他组织提出申请，并接受社会监督。同时，为了明确委托机关和被委托机关之间的权利义务关系，委托应当以书面形式进行。《行政许可法》本身没有规定公告的具体内容，实践中的公告一般包括以下内容：委托行政机关的名称、地址、联系方式；受委托实施行政许可的行政机关的名称、地址、联系方式；委托依据；委托实施的行政许可的具体事项，如权限、期限、申请许可的条件、程序。

第五，受委托行政机关应当以委托行政机关的名义实施行政许可。受委托实施行政许可的行政机关在实施行政许可的过程中并不具有行政主体资格，不能以自己的名义实施行政许可，只能以委托机关的名义进行。与此同时，受委托行政机关实施行政许可行为的法律后果也不由自身承担，而由委托行政机关承担。委托行政机关应当负责监督受委托行政机关实施行政许可的行为，确保受委托行政机关在委托权限内依法实施行政许可。

第六，受委托行政机关不得转委托。行政许可实施权应受法律严格限制，根据《行政许可法》的规定，受委托行政机关不得再委托其他组织或个人。与行政处罚相似，行政许可实施权不具有可转让性。受委托行政机关实施行政许可往往基于委托机关对其业务能力的信任，受委托机关应当自己完成委托任务，不能转托他人，这一规定也是为了防止任意委托的问题。

三、行政许可实施主体的权限

行政许可实施权，指行政许可实施机关对行政相对人的申请进行审查，决定是否准许或认可相对人所申请的活动或资格的权力。根据《行政许可法》的相关规定，行政许可实施机关的权限包括：受理并审查公民、法人或其他组织提出的行政许可申请，核实其是否具备实施被许可行为的形式与实质要件，做出许可决定；检查被许可主体从事许可事项的各种活动，保障许可目的的实现；运用法律手段，及时作出撤销、撤回、中止、变更行政许可的决定。

行政许可实施主体行使受理权、审核权、决定权、监督检查权、撤回权、变更权、撤销权等权力要严格依据法律、法规，使行政许可真正发挥配置资源、防止危险、提升社会公信力的作用。行政机关实施行政许可不得谋取不正当利益。实施行政许可时，不能掺杂部门利益或者个人利益，执法不能与部门或者个人利益挂钩。否则，行政许可制度会成为腐败的温床、行政机关或执法人员权力寻租的工具，法律、法规设定行政许可的目的也就无法实现。

针对实践中存在的行政许可实施权滥用现象，特别是行政机关或其工作人员利用实施许可的机会谋取部门利益或个人利益的现象，《行政许可法》第二十七条专门规定："行政机关实施行政许可，不得向申请人提出购买指定商品、接受有偿服务等不正当要求。行政机关工作人员办理行政许可，不得索取或者收受申请人的财物，不得谋取其他利益。”《行政许可法》通过对不当行为的明确禁止，保证行政许可实施权不被滥用。

第二节　相对集中行政许可权

一、相对集中行政许可权制度的背景

我国《行政许可法》借鉴《行政处罚法》关于相对集中行政处罚权的规定，确立了**相对集中行政许可权制度，将分散在多个行政机关的行政许可权从原有的行政机关职权中分离出来，集中整合归并到一个行政机关行使**。这一制度设计与相对集中行政处罚权制度的设计初衷、目标、政策考量基本相同，都是相对集中行政执法权改革的重要组成部分。

根据职权法定原则，法律、法规规定由哪个行政机关行使行政许可权就应该由哪个机关行使，除非法律、法规、规章明确规定，不得由其他行政机关行使。但我国实行网状行政管理体制，纵向由中央、省、市、县、乡（镇）五级政府构成，除乡（镇）政府外，其他各级政府由几十个职能部门构成，上下级职能部门大多对口设置，以至于行政许可主体众多，行政许可权需要在不同层级政府和同级政府不同部门之间划分，在行政许可实施实践中引发了诸多问题，需要根据精简、统一、效能的原则对行政许可权进行调配。

首先，多部门职能交叉，容易导致权责不清、“多头”管理。在行政许可实践中，不同行政管理部门从不同角度进行管理，都要实施行政许可，行政许可权限交叉现象非常突出。在“多头许可”“多头审批”的情况下，不同部门在办理许可过程中可能产生很多矛盾，既降低了行政效能，也分散了执法力量，致使很多行政机关忙

于应付审批，疏于监督检查。以审批代替监管，将本属于事中、事后监管的事项前移合并到审批环节，并与审批捆绑，导致行政管理中“只审批、不监管，只会审批、不会监管，重审批、轻监管，强审批、弱监管，无审批、不监管，不审批、不监管，为了不管、所以不批”。

其次，行政许可权过于分散还会带来许可数量过多、过滥的问题。行政许可权不仅是一项权力，也蕴含着风险和责任。在部门分散行使行政许可权的情形下，为消解、分担行政许可中的风险与责任，各部门常将其他部门的许可事项作为本部门许可的前置性许可，或者将不同部门之间的许可事项相互捆绑，或者法外增设行政许可的条件，不同部门的许可互为前置、相互推诿、相互扯皮以及由此造成的当事人“办证难”“办证繁”，都已成为许可证办理中屡禁不止的顽疾。

最后，行政许可设定过多、过乱，往往一个事项对应多个行政许可、涉及数个部门，申请许可费时费力，不必要地增加了当事人的负担和成本。如《食品安全法》规定了食品生产经营实行许可制度，从事食品生产、食品销售、餐饮服务，应当依法取得许可。整个食品生产经营许可被分解为食品生产许可、食品销售许可、餐饮经营服务许可，并由质监、市监、卫生等部门分别办理。实践中，很多行政领域都存在部门分割、各自为政的现象，有必要对许可权进行整合，加快市场准入。

二、相对集中行政许可权的基本要求

《行政许可法》第二十五条确立了相对集中行政许可权制度，“经国务院批准，省、自治区、直辖市人民政府根据精简、统一、效能的原则，可以决定一个行政机关行使有关行政机关的行政许可权”。由于相对集中行政许可权涉及对行政许可权的重新配置以及政府部门职能调整，具体实施应该符合以下条件。

第一，在决定主体上，根据《行政许可法》的规定，只有省级人民政府才有权决定由一个行政机关行使其他有关机关行使的行政许可权，省级以下的各级人民政府无权决定。

第二，在决定程序上，省级人民政府决定一个行政机关行使其他行政机关的行政许可权必须经过国务院批准，国务院批准作为法定程序可以确保职能合并不违背组织法规定。

第三，在决定原则上，实施相对集中行政许可权应当遵循精简、统一、效能的原则。行政许可权不是越集中越好，大规模调整行政许可权也不符合职责法定原则，所以调整行政许可权应在精简、统一、效能原则的指导下，符合政府机构改革的方向。"相对集中"应理解为原相近或相关部门之间、行政许可项目之间的合并、集中，采用分散方式集中行政许可权，而不是确定一个行政机关来行使所有行政许可权。[①]

实践中，2008年12月，成都市武侯区设立行政审批局，接受原区发改委、物价局、教育局、科技局、民政局、人事局、劳动保障局等22个部门的69项行政审批权，在办事大厅设置的相应行政审批一科、二科、三科承担社会、经济、建设三种职能，被划转的权限原机关不再行使。这一探索体现了从程序集中向实质集中的转变，也引发了理论界和实务界对相对集中行政许可权的进一步讨论。[②]

相对集中行政许可权在本质上是将分散在多个行政机关的行政许可权，从原有的行政机关职权中分离出来，集中整合归并到一个行政机关行使。因此，与一个窗口对外等改革措施不同，相对集中行政许可权不仅是事务的转移，也是权力和责任的转移；行政许可权集中后，原有职能部门不得再行使相应行政许可权，而被授权行

① 方洁：《相对集中行政许可权理论与实践的困境与破解——以行政服务中心"一站式服务"为视角》，载《政治与法律》2008年第9期。

② 徐继敏：《相对集中行政许可权的价值与路径分析》，载《清华法学》2011年第2期。

使行政许可权的机关取得了独立的行政许可实施主体的地位，在实施行政许可时以自己的名义进行，并独立承担相应法律后果。

三、相对集中行政许可权的价值功能

2003年，《行政许可法》效仿《行政处罚法》的相对集中行政处罚权制度创立了相对集中行政许可权制度，作为许可权的“实质集中”规定，与《行政许可法》第二十六条行政许可实施“形式集中”的规定，共同构成行政许可实施改革中的法定制度。2004年4月，国务院发布的《全面推进依法行政实施纲要》明确要求“积极探索相对集中行政许可权”。2015年3月27日，中央编办、国务院法制办联合印发了《相对集中行政许可权试点工作方案》的通知，进一步激活了这项制度。相对集中行政许可权制度主要有以下价值功能。

第一，克服行政碎片化、构建整体政府、提升行政效能。**相对集中行政许可权是克服部门式审批制度所导致的行业准入过程、碎片化并整合部门权力的改革措施，能够推动碎片政府朝着为公众提供整合性公共服务的整体政府方向发展。**[①]在改革进程中，还可以通过推行综合许可证，将各个部门单独的许可转化为综合许可的要素或者条件，单独的行政许可从外部行为转化为内部行为的一个程序，[②]进而整合执法主体、减少执法层级、改革监管体系、提升行政效能。

第二，深化政府职能转变、优化许可流程、提高许可效率。从便民原则出发，集中行政许可权方便行政相对人申请和获得行政许可，是落实政府职能转变的具体措施。在多头许可、重复许可的情况下，申请许可费时费力，当事人的合法权益得不到保护。通过对

---

① 骆梅英：《行政审批制度改革：从碎片政府到整体政府》，载《中国行政管理》2013年第5期。

② 王敬波：《面向整体政府的改革与行政主体理论的重塑》，载《中国社会科学》2020年第7期。

行政许可权更加科学地配置，有助于提高行政许可的效率，降低行政许可的成本。行政许可权集中后，原先行使相应权限的行政机关因无事可做，其多余的人员、机构在下一次机构改革中可被削减，这样还可以更有效地推进政府机构改革。①

第三，推进规制改革，改善营商环境，激发市场活力。行政许可作为政府规制的重要方式，决定了行政干预与市场调节的边界。过度的行政许可限制市场竞争和个人自由，在我国行政许可实践中，许可设定过多、过乱，许可实施主体众多的现象长期存在，不利于激发市场主体的活力；而减少行政许可，改进规制方式并非一日之功，相对集中行政许可权是解决目前行政许可实施中存在问题的一种过渡措施。②**相对集中行政许可权可限制多头实施行政许可，做到一件事情由一个部门管，减少部门齐抓共管带来的权限交叉、权限冲突、执法扰民等现象。**

第三节　集中或联合办理行政许可

一、立法规定与立法背景

《行政许可法》第二十六条规定："行政许可需要行政机关内设的多个机构办理的，该行政机关应当确定一个机构统一受理行政许可申请，统一送达行政许可决定。行政许可依法由地方人民政府两个以上部门分别实施的，本级人民政府可以确定一个部门受理行政许可申请并转告有关部门分别提出意见后统一办理，或者组织有关部门联合办理、集中办理。"该规定实现了行政许可实施形式上的集

① 张兴祥：《制度创新：〈行政许可法〉的立法要义》，载《法学》2003年第10期。

② 童卫东：《我国行政许可制度创新的里程碑——〈行政许可法〉的立法背景及主要内容》，载《中国工商管理研究》2003年第12期。

中。对目前尚未实现行政许可权的实质性集中，但又涉及不同部门、不同环节实施行政许可的领域，则形成了一系列新型的行政许可实施机制。

与《行政许可法》第二十五条对许可权进行实质上的集中相比，该规定主要在实施程序上推动行政许可实施从分散向集中、从串联式向并联式、从部门分块许可向整体许可转变，主要目的仍然在于方便申请人办理行政许可。其所针对的仍然是我国行政许可实施过程中多部门、多环节、交叉许可、重复许可等弊端。早在2004年《行政许可法》正式施行之前，许多地方政府基于招商引资需要，自发开展了多样的行政审批改革创新实践，很多地方建立了带有“集中审批”特征的行政服务中心、行政审批服务中心，旨在简化许可流程、提高行政效率。

在各地行政审批制度改革实践中，较有代表性的是深圳市。其于1995年成立了外商投资联合审批服务中心，首次把与外商投资项目审批有关的18个政府部门集中起来成立专业性联合审批服务中心，是国内专业性行政服务中心的雏形。1999年，浙江省金华市46个具有行政审批权的部门的审批办证窗口全部集中到政府办事大厅，建成了全国首家综合行政审批办证中心，实行“一站式”办公和“一个窗口受理、一次性告知、一条龙服务、一次性收费、限时办结”的运行模式。[①]2003年颁布的《行政许可法》第二十六条的规定可视为对行政审批服务中心模式的立法确认，也为后续各地的普遍推广确立了法定基础。根据《行政许可法》的规定，行政许可的实施应当根据多个内设机构或者多个机关的不同情况分别采取不同方式办理。

---

① 王敬波：《相对集中行政许可权：行政权力横向配置的试验场》，载《政法论坛》2013年第1期。

二、一个窗口对外

“一个窗口对外”要求行政许可需要行政机关内设的多个机构办理的，该行政机关应当确定一个机构统一受理行政许可申请，统一送达行政许可的决定。这一要求适用于行政许可申请需要一个行政机关内设的多个机构分别审查，出具审查意见的情况。这种情况属于一个行政许可，应当由行政机关统一办理，申请人不需要参与其内部程序。从行政权配置上看，行政职权分配到行政机关而不是其内部机构，应当由行政机关对外行使行政职权，并承担法律责任。对于行政相对人而言，也只需要与行政机关打交道，行政机关内部如何分配办事流程、划分岗位职责属于行政机关的内部事务。

对于行政许可实践中内部程序外部化的现象，即行政许可事项需要行政机关内设的多个机构办理时，本应由行政机关内部机构之间相互协调，却要求行政许可申请人在同一机关的不同机构之间奔走、逐项申请核准。同时，行政机关内部机构之间还可能出现互相推诿的现象，让申请人无所适从，一个行政许可变成了多个行政许可，增加了申请人的成本、拖延了行政许可的时间、影响了行政效率。“一个窗口对外”是对行政许可实施机关的义务性要求，这一规定凸显了便民原则，改变了行政机关内部各自为政的状况，有利于同一机关内不同机构之间协调办公，提高办事效率，也减少了执法人员利用许可进行寻租的机会，有利于预防制度性腐败。

《行政许可法（草案）》曾规定“一个行政机关实施行政许可，应当确定一个内设机构统一受理行政许可申请、送达是否准予行政许可的决定，不得由多个内设机构对外”，即将“一个窗口对外”作为统一的、强制性规定。在立法审议过程中，对这样的规定出现了不同意见，认为根据法律、法规授权，有的行政机关的内设机构也是独立的执法主体，能够以自己的名义作出行政决定。例如，申请人申请消防许可证、车牌证、驾驶证等，都直接向公安消防机构或公安交通管理部门提出申请，无须向公安机关统一申请。从行政管理的现实需要以及不同许可的自身特点出发，对“一个窗口对外”不宜做出统一的、强制性要求。《行政许可法》最终采纳这项建议，将“一个窗口对外”的适用情形限于“行政许可需要行政机关内设的多个机构办理的”情况，不要求所有的行政机关办理行政许可都确定一个内设机构统一受理和送达。

三、统一办理、联合办理或者集中办理

统一办理是指依法应当由地方人民政府两个以上部门分别实施的行政许可，确定由一个部门受理行政许可申请并转告有关部门，分别提出意见后统一办理。行政许可一般由单行法律、法规设定，一个相对复杂的活动通常会牵涉多个许可，很难完全实现一个事项由一个部门管理，一项活动需要两个以上部门分别实施行政许可的现象非常常见。如一项建设工程，从立项、环评、规划、安监、消防、人防到竣工验收被人为分割成20多个审批事项，10多个部门依据不同的法律分别审批。宁波市审管办也曾做过一个统计，备案类建设项目至少涉及10个审批部门21个行政审批事项，核准类项目至少涉及12个审批部门26个行政审批事项，审批类项目至少涉及10个审批部门31个行政审批事项。[①]统一办理解决了申请人需要亲自到不同部门去提交申请和领取许可的问题，能够尽可能地减轻申请人的负担。

联合办理是指对需几个部门分别审批的事项，先明确一个主办部门，然后采取联合审批或者会签的做法，实行多项合一、一次收文、联合审批、一次审结。

集中办理是指通过政务服务中心、政务大厅等方式，让各个许

---

① 唐明良、骆梅英：《地方行政审批程序改革的实证考察与行政法理——以建设项目领域为例》，载《法律科学》2016年第5期。

可机关联合办公，集中办理有关行政许可，也就是通常所说的“一站式”服务。通过场所的集中，满足公众需求，只需要在一个机关或一个窗口就能完成所有的程序。许可环节衔接也更加紧密，减少不同部门推诿的现象，提高工作效率。

早在《行政许可法》出台之前，各地的行政审批改革实践中就有了对类似“一站式”服务、“一次性”审批的探索。例如，1983年昆明市政府发布的《昆明市地下水资源保护管理暂行办法》中规定，开采地下水资源，由市规划建设管理局和市水利部门统一规划，集中审批，分别进行管理。1985年，广州成立了集中对外经济贸易服务的“外经贸一条街”。1992年昆明市政府发布的《昆明市外商投资审批办法》中规定，市外资办负责集中办理和联合审批设立外商投资企业的有关手续，该部规章直接的目的是改善投资环境，简化外商投资企业设立的审批程序。这些地方探索在不触及行政许可权实质调整的情况下，方便了申请人申请，提高了行政效率。《行政许可法》第二十六条对这些探索予以肯定，并通过法律形式予以确认。

典型案例

周某某诉某区行政审批局不履行法定职责案①

案情简介：

原告周某某于2019年8月5日向被告某区行政审批局书面申请撤销某公司登记，被告于8月20日回复拒绝撤销。原告认为，根据《市场监管总局关于撤销冒用他人身份信息取得公司登记的指导意见》的规定，被冒用人本人向登记机关反映被冒名登记情况的，登记机关及时做好记录，将公司涉嫌冒名登记的情况，包括被冒名登

① 武汉市汉阳区人民法院行政判决书（2019）鄂0105行初59号。

记时间、具体登记事项、登记机关联系方式等通过国家企业信用信息公示系统及时向社会公示，公示期内调查终结并作出调查结论的，终止公示；登记机关要对冒名登记基本事实进行调查，在调查终结或公示期满后作出调查结论并据此作出撤销或不予撤销登记的决定。综上，被告回复违法，遂诉至法院。

被告某区行政审批局辩称，《市场监管总局关于撤销冒用他人身份信息取得公司登记的指导意见》是部门文件，并非其上级发布，将其列为申请主体和诉讼主体不适格。根据某区机构编制委员会关于印发《某区行政审批局（某区政务服务管理办公室）主要职责内设机构和人员编制规定》的通知，行政审批局没有市场监管总局在前述指导意见中列明的职责，不具备事中、事后监管职责，无法对相关事项作出调查并出具结论，无法认定冒名登记事实。行政审批局只能依据公安、市场监督管理部门的立案调查结果或处罚决定书或人民法院判决撤销有关公司的设立登记，无权直接撤销。

法院认为：依照《公司登记管理条例》第四条、第八条，《行政诉讼法》第二十六条第六款等相关规定，以及某区人民政府办公室阳政办［2017］14号通知的要求，因行政机关职权变更，行政审批局继续行使原某区工商行政管理和质量技术监督局关于“各类企业设立、变更、撤销变更、注销登记”职权。国家市场监督管理总局是2018年成立的国务院直属机构，负责市场主体统一登记注册，指导各类企业等市场主体的登记注册等工作。按照该局2019年6月发布的国市监信［2019］128号文和国务院于同年9月发布的《国务院关于加强和规范事中事后监管的指导意见》，撤销冒名登记工作由作出该次登记决定的市场监管部门负责，登记机关发生过变更的，由现登记机关负责撤销；除法律法规另有规定外，各部门对负责审批或指导实施的行政许可事项，负责事中事后监管；实行相对集中行政许可权改革的，要加强审管衔接，把监管责任落到实处。因此，行政审批局作为具有企业设立、变更登记等职能的行政机关本就具有撤销登记的职权，该局自称不具备“事中事后监管”职责，只能依据其他机关法律文书撤销相关公司登记缺乏事实和法律依据。

案例评析：

各地行政审批局的成立在将行政许可制度改革引向深入的同时，也带来了一些新的法律问题，如行政审批局的法律地位如何，行政审批局与现有条块分割的行政管理体制之间的矛盾如何解决，行政审批局与职能部门如何有效合作。本案就涉及行政审批局成立后，许可后的监督如何实施、协调，法律责任如何承担的问题。

法院在此案中认定行政审批局具有撤销冒名公司登记法定职责，不仅体现了对行使相对集中行政许可权的行政机关独立法律地位的承认，也强调了其许可之后监督的责任。这种思路与相对集中行政许可权改革的原则相符，有助于加强审管衔接，把监管责任落到实处。因此，行政审批局作为继续行使市场监督管理局企业设立、变更登记等职能，具备“事中事后监管”职责的行政机关，具有撤销冒名公司登记的法定职责。

某市规划和自然资源局某分局与陈某某行政许可二审上诉案

案情简介：

2009年3月3日，陈某某提交建房申请表，申请建房。2010年2月8日，原国土某分局作出宅基地建设用地批准书，准许陈某某在某村建设房屋。在涉案建房申请表中，村民小组意见一栏为“同意建房”，落款日期为2009年3月5日。村（居）委会意见一栏为“同意”，落款日期为2009年3月5日。国土所意见一栏为“该户符合土地利用总体规划，且只有一处宅基地，同意该户新建，用地总面积为80平方米，其中建筑占地面积为80平方米。经公示，村民无意见”，落款日期为2009年6月20日。城建科意见一栏为“同意该户异地新建160平方米”，落款日期为2009年7月20日。办事处意见一栏为“同意”，落款日期为2009年8月20日。原国土某分局意见一栏为“同意新建，用地总面积80平方米，其中建筑占地80平方米”。上述审批栏均加盖各自公章。审批栏最后一栏“区政府意见处”加盖某区人民政府宅基地审批专用章，落款日期为2010年2月8日。

2019年4月16日，原国土某分局对陈某某作出《关于撤销某街道某村陈某某宅基地建设用地批准书行政许可的决定》，认定陈某某户存在既不符合《某市农村宅基地管理暂行规定》第九条第三款规定的“同户居住人口中有两个以上（含两个）未婚者，其中一人已达婚龄，居住拥挤，确需分户的”宅基地申请条件，也不符合该地区村规民约中约定俗成的“四代同堂”分户条件，在宅基地审批过程中存在虚构“四代同堂”分户条件的行为。根据《行政许可法》第六十九条第一款第四项、第二款的规定，决定撤销建设批准书，同时告知陈某某申请行政复议和提起行政诉讼的权利和期限。

一审法院另查明，因机构调整，组建市规划和自然资源局某分局，原某国土某分局相关土地审批职权由市规划和自然资源局某分局承继。

法院认为：《土地管理法》第六十二条第三款规定，农村村民住宅用地，经乡（镇）人民政府审核，由县级人民政府批准。根据《行政许可法》第二十四条第一款、第三款的规定，行政机关在其法定职权范围内，依照法律、法规、规章的规定，可以委托其他行政机关实施行政许可。受委托行政机关在委托范围内，以委托行政机关名义实施行政许可。《某区宅基地审批暂行规定》第三条规定，区政府根据土地管理和行政许可等法律、法规规定以及区国土资源分局提出的审核意见进行审批，并在某区村（居）民建房申请表和宅基地建设用地批准书上加盖某区人民政府宅基地审批专用章；第五条规定，区国土资源分局受区政府委托，履行全区宅基地管理职责，并对区政府负责。上诉人某规资分局受某区人民政府的委托，履行全区宅基地管理职责。但受委托行政机关在委托范围内，应以委托行政机关名义实施行政行为的规定限制，上诉人市规划和自然资源某分局以自己的名义，撤销某区人民政府作出的44号建设批准书，不符合法律规定。

案例评析：

行政许可的委托是指行政机关在其法定职权范围内，依照法律、法规、规章的规定，将其拥有的行政许可权委托给其他行政机关行使。一般而言，行政许可权作为行政机关的法定职权，只能由行政机关行使，不得随意转让。但由于行政疆域的扩张，行政管理的复杂性、专业性、技术性增强，行政机关的设置不能完全满足行政管理的需要，为了特定行政任务而专门设置行政机构成本较高、效率较低，因此立法采取委托的方式，让其他行政机关代行行政许可权，有利于提高行政效率、达成行政目标。由于行政许可权具有不可随意转让性和处置性，确因需要将部分行政许可权委托给其他行政机关行使，必须符合一定的规则。且受委托实施行政许可的行政机关在实施行政许可的过程中并不具有行政主体资格，不能以自己的名义实施行政许可，只能以委托机关的名义进行。

思考题

1. 行政许可实施主体的主要类型有哪些？
2. 授权社会组织实施行政许可的一般规则是什么？
3. 委托实施行政许可的一般规则包括哪些？
4. 行政许可权的相对集中行使需要具备哪些条件？
5. 相对集中行政许可权与集中办理行政许可有什么差别？

第五章　行政许可的实施程序

本章知识要点

- 行政许可的申请与受理
- 行政许可的审查与决定
- 行政许可的期限
- 行政许可的听证程序
- 行政许可的变更与延续
- 行政许可程序的特别规定

行政程序是行政主体在实施行政行为过程中应当遵循的方式、步骤、时限和顺序的总称。**行政程序是行政法治实现的重要前提。行政程序的发达程度是衡量一国行政法治程度的重要标志。行政程序在现代行政法中具有极其重要的法律地位。**[①]

2001年11月10日，世界贸易组织（WTO）第四届部长级会议通过了中国加入世界贸易组织的法律文件。了解世贸组织有关协定和我国政府为此作出的承诺内容，对我们理解《行政许可法》实施程序的制度安排有促进作用。

世贸组织有关协定明确要求，行政许可程序应当公开、透明和简化，行政许可的实施也应如此，并不能对贸易构成不必要的限制

---

① 姜明安主编:《行政法与行政诉讼法》，北京大学出版社1999年版，第260页。

（对应《行政许可法》第三十条）。《中国加入工作组报告书》特别对我国开放服务市场的行政许可制度提出了明确要求，我国政府对此作出以下主要承诺：第一，许可程序、条件以及有关政府主管机关对许可申请进行审查与作出决定的期限应当在实施前公布；第二，申请人不经单独邀请即可提出行政许可申请；第三，行政许可中的有关收费应当与处理行政许可申请所需的行政费用相当，除非该费用是通过拍卖或者招投标等竞争性方式确定的；第四，政府主管机关收到行政许可申请后，应当告知当事人其申请材料是否完备，如申请材料不完备，应当明确告知当事人需要补正的内容，并给予其补正的机会（对应《行政许可法》第三十二条）；第五，政府主管机关应当对所有行政许可申请及时作出审查决定（对应《行政许可法》第四十二条）；第六，如行政许可申请未获批准，政府主管机关应当立即书面告知申请人未予批准的原因，申请人有权自行决定是否重新提出申请（对应《行政许可法》第三十八条）；第七，准予行政许可后，政府主管机关应当立即书面通知当事人；第八，如果专业人员需要通过考试才能获得某种许可，那么该考试的举行应当有合理的时间间隔。①

此外，相关的立法文件也是我们理解行政许可实施程序的良好辅助材料。如“行政许可程序是规范行政许可行为，防止滥用权力、保证正确行使权力的重要环节，需要作出具体规定”②。有的专家提出，“对行政许可的积极作用要充分认识，行政许可是刚柔并济的手段，行政许可也存在副作用，如限制竞争、导致腐败，但这不是许可制度本身的原因，原因是没有程序，制度不完善。而它的积极作

① 张春生、李飞主编：《中华人民共和国行政许可法释义》，法律出版社2003年版，第364—365页。括号内的内容为笔者所增加。

② 杨景宇：《关于〈中华人民共和国行政许可法（草案）〉的说明——2002年8月23日在第九届全国人民代表大会常务委员会第二十九次会议上》，载张春生、李飞主编：《中华人民共和国行政许可法释义》，法律出版社2003年版，第299页。

用要远远大于负面作用，关键是程序要细化，标准要明确可行，建议扩大行政许可的设定范围”[①]。

第一节　行政许可的申请与受理

一、行政许可的申请

（一）行政主体的特定义务

《行政许可法》第二十九条、第三十条、第三十一条规定了行政机关在申请人申请前的四种法定义务。

1.公示的义务

行政主体的公示义务是指行政主体应**将行政许可实施的事项、依据、条件、数量、程序、期限以及需要提交的全部材料的目录和申请书示范文本等有关信息予以公开**，这是行政公开结合行政许可的具体要求。《行政许可法》第三十条只规定了行政主体应当在办公场所公示行政许可的相关信息，实际上，在目前数字政府建设的背景下，对行政机关的信息公开、网站建设都提出了新的要求。行政许可的事项大多已经可以通过电脑或手机APP进行了解和申请。例如，《广州市实施〈中华人民共和国行政许可法〉若干规定》第十三条规定："实施行政许可的行政机关应当在本行政机关办公场所以布告、说明书、办事指南手册、电子触摸屏、电子公告栏等形式公示以下资料：（一）本行政机关实施行政许可的法律依据；（二）本行政机关依法实施行政许可的事项、条件、数量、程序、期限；（三）申请行政许可需要提交的全部材料的目录和申请书示范文本。"如果行政机关就

① 张春生、李飞主编：《中华人民共和国行政许可法释义》，法律出版社2003年版，第359页。

是办事窗口，那么，公示的内容越具体就越有可操作性，尤其是申办人需提交的申办材料目录，应让申办人在事前准备时就能做到心中有数。

关于“程序”公示的法定内容是否包括行政机关内部的工作程序，《北京市人民政府法制办公室关于印发〈关于贯彻实施行政许可法若干问题的意见（之一）〉的通知》对此答复：“公示‘程序’的法定内容是指法律、法规、规章规定的程序，如果行政机关内部的工作程序是法律、法规、规章规定的程序，应当予以公示。如果法律、法规、规章尚未规定行政许可的具体程序，行政机关应当按照行政许可法规定的申请、受理、审查、决定的程序，予以公示；适用特别程序的行政许可事项应当按照特别程序的规定，予以公示。”

2.说明义务

在申请行政许可之前，申请人要准备相关的资料和研读相关的规范，有的资料可能是其他行政部门作出的行政规定，其中的复杂性往往会让申请人有所疑问或者无所适从。为此，《行政许可法》规定应申请人要求，行政机关有对公示内容予以说明、解释的义务。这一方面提高了行政机关的服务意识，另一方面让申请人的权利有所保障。

3.采用格式文本时的提供义务

这项义务是《行政许可法》规定的一项便民措施。同时，为了将其落到实处，《行政许可法》第五十八条第二款规定：“行政机关提供行政许可申请书格式文本，不得收费。”

4.不得要求申请人提供与许可无关信息的义务

根据《行政许可法》第二十九条、第三十一条的规定，申请书格式文本中不得包含与申请行政许可事项没有直接关系的内容，行政机关不得要求申请人提交与其申请的行政许可事项无关的技术资料和其他材料。行政机关及其工作人员不得以转让技术作为取得行政许可的条件；不得在实施行政许可的过程中，直接或者间接地要求转让技术。规定行政机关不得要求申请人提供与许可无关信息的义务，是为了保护申请人的隐私权、技术和商业秘密。

首先，在行政机关所提供的格式文本中不得包含与申请行政许可事项没有直接关系的内容。如在申请书格式文本中，不得要求申请人提供自己的兴趣爱好、专长、病史等个人隐私的事项，除非与申请的许可相关，如申请卫生许可时，可以要求相关人员提供病史或者健康状况的情况。

其次，行政机关不得要求申请人提交与其申请的行政许可事项无关的技术资料和其他材料。如在餐饮、饮料行业经营生产的执照许可中，不得要求申请人提供某种菜肴的烹饪方法、饮料的配方。

最后，行政机关及其工作人员不得以转让技术作为取得行政许可的条件；不得在实施行政许可的过程中，直接或者间接地要求转让技术。

（二）申请人的诚信义务

行政许可是授益行政，申请人在享受权利的同时，也要履行一定的义务。**申请人申请行政许可，应当如实向行政机关提交有关材料和反映真实情况，并对其申请材料实质内容的真实性负责。**《行政许可法》这样规定的目的有以下三个方面。

一是保证行政许可决定有效性的需要。如果申请人提交的申请材料不真实，申请人应当承担相应的法律责任。根据《行政许可法》第六十九条的规定，被许可人以欺骗、贿赂等不正当手段取得行政许可的，作出行政许可决定的行政机关或者其上级行政机关，根据利害关系人的请求或者依据职权，可以撤销行政许可。

二是行政机关有效地进行行政管理、保障公共秩序和公共利益的需要。如果申请人提交的申请材料不真实，对行政机关有效的行政管理、公共秩序和公共利益的保障都会产生危害和造成冲击。因此，《行政许可法》第七十八条规定，行政许可申请人隐瞒有关情况或者提供虚假材料申请行政许可的，行政机关不予受理或者不予行政许可，并给予警告；行政许可申请属于直接关系公共安全、人身健康、生命财产安全事项的，申请人在一年内不得再次申请该行政许可。根据《行政许可法》第七十九条的规定，被许可人以欺骗、贿赂等不正当手段取得行政许可的，行政机关应当依法给予行政处罚；取得的行政许可属于直接关系公共安全、人身健康、生命财产安全事项的，申请人在三年内不得再次申请该行政许可；构成犯罪的，依法追究刑事责任。

三是诚信原则的要求。《民法典》第七条规定："民事主体从事民事活动，应当遵循诚信原则，秉持诚实，恪守承诺。"诚信原则是社会交往的基本准则。在行政法中，诚信原则主要是行政机关的义务，但行政行为离不开公众的参与和配合，个人和组织也应当遵循诚信原则。与此相关的是，申请材料的真实性与行政机关的责任有何关系？法律要求形式审查时，行政机关不负责核查申请材料的真实性。如在进行公司登记或者企业法人登记时，登记机关对申请人提交的申请材料和证明文件是否齐备，以及其所记载事项是否符合有关登记管理的规定进行审查。因申请材料和证明文件不真实所导致的后果，登记机关不承担由此产生的责任。但法律要求实质审查时，行政机关应当核查申请材料的真实性。行政机关未尽实质审查责任，违法颁发行政许可的，申请人和行政机关均应承担相应的责任。①

（三）申请的方式

根据《行政许可法》第二十九条第二款、第三款的规定，申请

① 张春生、李飞主编：《中华人民共和国行政许可法释义》，法律出版社2003年版，第122—123页。

人可以委托代理人提出行政许可申请。但是，依法应当由申请人到行政机关办公场所提出行政许可申请的除外。行政许可申请可以通过信函、电报、电传、传真、电子数据交换和电子邮件等方式提出。申请方式有以下三种。

1. 申请人到行政机关办公场所提出行政许可申请

根据《行政许可法》第二十九条第一款的规定，公民、法人或者其他组织从事特定活动，依法需要取得行政许可的，应当向行政机关提出申请。根据本条规定，行政许可申请应当以书面方式提出。申请人到行政机关办公场所提出书面行政许可申请是一种常见的方式，比较正式、慎重，但往往费时费力，对申请人和行政机关来说效率都不高。

申请方式是否包括口头申请？申请人口头提出申请的，行政机关是否可以要求申请人提供书面申请？对此，《北京市人民政府法制办公室关于印发〈关于贯彻实施行政许可法若干问题的意见（之一）〉的通知》认为，依据《行政许可法》第二十九条和第三十一条的规定，行政许可申请应当以书面的方式提出，行政机关在申请人口头提出申请时，应当告知申请人提供书面申请。同时，“申请书需要采用格式文本的，行政机关应当向申请人提供行政许可申请书格式文本”。《广州市实施〈中华人民共和国行政许可法〉若干规定》第十四条第二款则规定：“申请人提交书面申请确有困难的，可以采用本人口述方式当面向行政机关工作人员提出行政许可申请，行政机关工作人员应当记录其口述申请的情况，并交由申请人确认签名或者盖章。”

2. 委托代理人提出

《民法典》第一百六十一条规定：“民事主体可以通过代理人实施民事法律行为。依照法律规定、当事人约定或者民事法律行为的性质，应当由本人亲自实施的民事法律行为，不得代理。”第一百六十二条规定：“代理人在代理权限内，以被代理人名义实施的民事法律行为，对被代理人发生效力。”一般情况下，《行政许可法》认可《民法典》规定的代理制度，除非有申请人到行政机关办公场所提出行政许可申请。

《广州市实施〈中华人民共和国行政许可法〉若干规定》第十五条规定：“除依法应当由申请人本人到行政机关办公场所提出行政许可申请外，申请人可以委托代理人提出行政许可申请，代理人在向实施行政许可机关提出申请的同时应当提交由申请人签字或者盖章的委托书，委托书应当载明代理人姓名、名称、权限、委托事项及委托期限。”这个规定与《民法典》第一百六十五条规定是一致的：“委托代理授权采用书面形式的，授权委托书应当载明代理人的姓名或者名称、代理事项、权限和期限，并由被代理人签名或者盖章。”

3.通过信函、电报、电传、传真、电子数据交换和电子邮件等方式

除《行政许可法》第二十九条提出以上方式外，《广州市实施〈中华人民共和国行政许可法〉若干规定》第十四条第一款也提出，行政许可申请可以通过信函、电报、电传、传真、电子数据交换和电子邮件等方式提出。《行政许可法》规定的是“可以”通过以上高效便捷的方式提出申请，而非行政机关必须为相对人提供这种方式。

二、行政许可的受理

（一）受理条件

申请人提交的行政许可申请符合以下条件的，行政机关应当予以受理。

第一，申请事项属于被申请的行政机关职权范围。即与行政机关的职权是对应的，不存在跨越职权范围的问题。

第二，提交的申请材料齐全、符合法定形式。如前所述，行政机关在其公示的内容中，有义务明确需要提交的全部材料的目录和申请书示范文本。如何理解“申请材料齐全、符合法定形式”？行政机关在工作中形成的规范要求能否作为审查“申请材料齐全、符合法定形式”的依据？对此，《北京市人民政府法制办公室关于印发〈关于贯彻实施行政许可法若干问题的意见（之一）〉的通知》认为，行政许可法规定的“申请材料齐全、符合法定形式”是指申请人按照法律、法规、规章规定，向办理该项行政许可的行政机关提交了申请材料。行政许可实施机关在工作中形成的符合法律、法规、规章规定的规范要求，可以作为审查行政许可事项“申请材料齐全、符合法定形式”的依据。《行政许可法》实施前，由于法律、法规、规章没有规定，行政机关在工作中形成的规范要求，也可以作为审查行政许可事项“申请材料齐全、符合法定形式”的依据，但应当符合《行政许可法》第二十九条、第三十一条的有关规定。

第三，申请在规定的期限内提出。虽然《行政许可法》规定的是行政机关的决定时限，没有规定申请人的申请期限，但其他法律规范可能提出行政许可申请期限要求。如《河北省电动自行车管理条例》第十四条规定：“电动自行车所有人应当自购车之日起三十日内到设区的市、县（市）公安机关交通管理部门申请登记，登记前需要临时上路行驶的，驾驶人应当持有电动自行车来历合法合规证明。电动自行车未经登记和取得号牌不得上路行驶。”

第四，申请人具有申请资格，否则申请无法获得受理。如《广东省卫生健康委办公室关于组织开展广东省2022年职业病诊断医师考试工作的通知》规定：“有下列行为之一的，取消考试成绩且五年内不得再参加考试：（一）以虚假信息报名的；（二）由他人代替参加考试的；（三）考试过程中违反考场纪律情节严重的；（四）报名成功后无故不按时参加考试的。”这意味着此类人员无权申请参加该年度职业病诊断医师考试。

（二）对行政许可申请的处理

根据《行政许可法》第三十二条的规定，行政机关对行政许可申请的处理有以下几种情况。

1. 告知不受理

申请事项依法不需要取得行政许可的，应当即时告知申请人不受理。根据《行政许可法》第十三条的规定，公民、法人或者其他组织能够自主决定的；市场竞争机制能够有效调节的；行业组织或者中介机构能够自律管理的；行政机关采用事后监督等其他行政管理方式能够解决的，可以不设行政许可。如果行政机关告知申请人“不受理”错误并造成损失，那么，依据《国家赔偿法》属于违法行使职权，应当对申请人承担赔偿责任。

2. 作出不予受理的决定

如果申请事项依法不属于行政机关职权范围，则行政机关对申请不予受理，同时告知申请人向有相关职权的行政机关申请。许可申请不符合受理条件且无法进行补正的，行政主体应告知申请人对其申请不予受理。行政机关不予受理行政许可申请，应当出具加盖本行政机关专用印章和注明日期的书面凭证。

《行政许可法》第三十二条规定的“不受理”与“不予受理”是否相同？“不受理”是否也应出具书面材料？对此，《北京市人民政府法制办公室关于印发〈关于贯彻实施行政许可法若干问题的意见（之一）〉的通知》规定：“《行政许可法》第三十二条第一款第一项规定的‘不受理’特指‘申请事项依法不需要取得行政许可的’情形，‘不受理’只是一种告知，不同于由于管辖或者申请材料等原因行政机关做出的‘不予受理的决定’。对属于‘不受理’情形的，如果申请人正式提出申请并且提交了书面材料，行政机关也应以书面形式告知。”

3. 允许当场更正错误

申请材料存在可以当场更正错误的，应当允许申请人当场更正。

《广州市实施〈中华人民共和国行政许可法〉若干规定》第十六条第一款规定："申请人按照行政机关公布的条件及材料份数提交行政许可申请的，行政机关不得以申请材料不齐全或者不符合法定形式为由拒绝受理申请人的行政许可申请。""可以当场更正的错误"一般指这种错误不影响行政主体对申请材料的审查，或者影响程度十分轻微，主要有误写、误算或者用语不当以及前后不一致等表述不明的错误，如错别字、笔误以及遗漏非主要内容等。[①]

4. 一次告知申请人需要补正的全部内容

申请材料不齐全或者不符合法定形式的，应当当场或者在五日内一次告知申请人需要补正的全部内容，逾期不告知的，自收到申请材料之日起即为受理。一次告知是对行政机关的要求，符合行政效率原则。逾期不告知所带来的法律后果，促使行政机关认真对待申请人的材料和申请。

5. 作出受理决定

申请事项属于本行政机关职权范围，申请材料齐全、符合法定形式，或者申请人按照本行政机关的要求提交全部补正申请材料的，应当受理行政许可申请。

（三）电子政务

简化审批手续可以通过电子政务的方式。当下数据行业发展迅猛，许多申请和审批均在网上完成，行政机关起着事后监督申请过程的作用。

《行政许可法》第三十三条规定："行政机关应当建立和完善有关制度，推行电子政务，在行政机关的网站上公布行政许可事项，方便申请人采取数据电文等方式提出行政许可申请；应当与其他行政机关共享有关行政许可信息，提高办事效率。"《广州港务局实施

① 周佑勇主编：《行政许可法理论与实务》，武汉大学出版社2004年版，第111页。

〈中华人民共和国行政许可法〉若干规定》第十条更加推进了一步："要探索建立信息化履行行政职能的实现模式，运用信息、网络等现代化技术进行管理，积极推进电子政务，推行'网上公示'。"对比智慧法院的提出和建设，相信集智能办公、智能监管、智能服务、智能决策于一体的智慧政府不久将会以新的面貌出现。

第二节　行政许可的审查与决定

一、行政许可的审查

（一）审查方式

《行政许可法》第三十四条规定："行政机关应当对申请人提交的申请材料进行审查。申请人提交的申请材料齐全、符合法定形式，行政机关能够当场作出决定的，应当当场作出书面的行政许可决定。根据法定条件和程序，需要对申请材料的实质内容进行核实的，行政机关应当指派两名以上工作人员进行核查。"该条暗含行政机关对申请人提交的申请材料进行审查的两种方式，即形式审查和实质审查。

1.形式审查

形式审查是指对申请材料的形式要件是否具备进行的审查，即行政机关仅审查受理的申请材料是否齐全，是否符合法定形式。一般不对申请材料的真实性、合法性进行审查。[①]例如，电影经营单位到市场监督管理机关申请办理重新登记手续时，市场监督管理机关只需对《电影放映经营许可证》作形式审查，不需要对电影经营

① 张春生、李飞主编：《中华人民共和国行政许可法释义》，法律出版社2003年版，第132页。

单位是否符合经营条件作实质审查，即对电影放映单位的名称和章程、有确定的业务范围、适应业务范围需要的组织机构和专业人员、适应业务范围需要的资金、场所和设备不再进行审查。市场监督管理机关登记的目的是确立其法人资格，只要电影经营单位取得了审批机关颁发的《电影放映经营许可证》，市场监督管理机关就应当即时予以登记。

2. 实质审查

根据法定条件和程序，需要对申请材料的实质内容进行核实的，行政机关应当指派两名以上工作人员进行核查。对申请材料的实质内容进行核实就是实质审查。例如，《山东省环保局关于实施〈中华人民共和国行政许可法〉有关制度的若干规定（试行）》第三十二条规定："环境保护行政主管部门认为需要对申请材料的实质内容进行核实的，应当指派两名以上工作人员进行核查。需要下级环境保护行政主管部门审查，而且下级环境保护行政主管部门已经进行了现场核查属实的，上级环境保护行政主管部门可以只进行书面审查，不再进行现场核查。确有必要的，经本机关负责人同意，可以再次组织核查。"该条就属于有关实质审查的规定。再如，《浙江省畜牧兽医局关于切实做好生鲜乳收购许可证发放工作的通知》要求："各地要切实按照《通知》规定的条件和现场审验评分标准进行审验、发放，做到申报资料齐全，审验规范认真，核发与备案符合要求，确保符合一个、发放一个。"其中，现场审验评分的要求就属于结合申报资料进行的实质审查。

（二）陈述和申辩

《行政许可法》第三十六条规定："行政机关对行政许可申请进行审查时，**发现行政许可事项直接关系他人重大利益的，应当告知该利害关系人。申请人、利害关系人有权进行陈述和申辩**。行政机关应当听取申请人、利害关系人的意见。"这是为了防止利害关系人利益、公众利益受到申请人的侵害而作的规定，目的是维护公平正义。行政许可的申请应当遵守正当程序原则，要求行政机关听取相关人员的陈述和申辩。

听取申请人、利害关系人的陈述和申辩，与听证程序中申请人、利害关系人进行申辩和质证的区别在于：第一，听取意见的时间不同。听取申请人、利害关系人的陈述和申辩的时间跨度大，行政机关对申请进行初步审查至作出行政许可决定前，行政机关发现该种情况后都应当及时告知申请人和利害关系人。同时，申请人、利害关系人在此期间有权向行政机关进行陈述和申辩。申请人、利害关系人进行申辩和质证只在听证程序中。第二，听取意见的程序不同。听取陈述和申辩的主体与审查行政许可申请的人员是合二为一的，听取的方式既可为书面的也可为口头的，其程序简易。除了听取方式外，听证程序的特征刚好与前者相反。第三，听取意见的结果对行政许可决定的拘束力不同。前者产生的笔录对于行政许可决定不具有绝对的拘束力，后者产生的听证笔录对行政许可决定具有拘束力。[①]

（三）先行审查后报送

《行政许可法》第三十五条规定："依法应当先经下级行政机关审查后报上级行政机关决定的行政许可，下级行政机关应当在法定期限内将初步审查意见和全部申请材料直接报送上级行政机关。上级行政机关不得要求申请人重复提供申请材料。"这是审查中的特殊程序，目的是对相关领域的有限资源从严实施许可，让更高级别行政机关从管辖领域全局出发，从宏观、长远角度作出是否予以许可的决定。如《陆生野生动物保护实施条例》第二十八条规定："运输、携带国家重点保护野生动物或者其产品出县境的，应当凭特许

---

① 张春生、李飞主编：《中华人民共和国行政许可法释义》，法律出版社2003年版，第136—137页。

猎捕证、驯养繁殖许可证，向**县级人民政府野生动物行政主管部门提出申请，报省、自治区、直辖市人民政府林业行政主管部门或者其授权的单位批准**。动物园之间因繁殖动物，需要运输国家重点保护野生动物的，可以由省、自治区、直辖市人民政府林业行政主管部门授权同级建设行政主管部门审批。”

二、行政许可的决定

（一）当场作出行政许可决定

《行政许可法》第三十七条规定：“行政机关对行政许可申请进行审查后，除当场作出行政许可决定的外，应当在法定期限内按照规定程序作出行政许可决定。”通常情况下，**应当当场作出的行政许可是对相关人权益影响不大、无关他人利益、许可没有数量限制，而且当场容易判断出申请人是否符合法定条件和标准的行政许可**。“当场”是指申请人提交申请材料的当场，行政主体受理许可申请、审查申请材料、作出行政许可决定三个环节是连续性的，前后时间相隔并不长。行政机关对申请人的申请是否符合法定条件、标准当即就能做出判断的，应当场作出行政许可决定。这是对行政机关的要求，也是对申请人权益的保障。如果行政机关需要进一步审查才能确定的，则不适用当场作出行政许可决定的规定。[①]

（二）在法定期限内作出行政许可决定

如前所述，除可以当场作出行政许可决定的外，需要进一步审查的行政许可申请应当在法定期限内按照规定程序作出行政许可决定。根据《行政许可法》第四十二条的规定，行政机关应当自受理行政许可申请之日起二十日内作出行政许可决定。二十日内不能作

---

① 周佑勇主编：《行政许可法理论与实务》，武汉大学出版社2004年版，第122—123页。

出决定的，经本行政机关负责人批准，可以延长十日，并应当将延长期限的理由告知申请人。但是，法律、法规另有规定的，依照其规定。

行政许可如果是非竞争性的，往往不存在限制或排序问题。如果是竞争性的，则存在先后顺序的设置问题。对此，《山东省环保局关于实施〈中华人民共和国行政许可法〉有关制度的若干规定（试行）》第十一章规定可供参考，以下常常属于在法定期限内作出行政许可决定的情况：第一，有数量限制的行政许可，两个或者两个以上申请人的申请均符合法定条件、标准的，环境保护行政主管部门应当根据受理行政许可申请的先后顺序作出准予行政许可的决定。但是，法律、行政法规另有规定的，依照其规定。第二，按照省、市、县（市、区）制定的规划，有具体数量限制的固体废物（含危险废物、医疗废物）集中处置设施的建设与运营、城市污水处理厂等基础设施的建设与运营等行政许可事项，适用前条的规定。第三，县级行政区域内主要污染物的排放量已经接近当地排放总量控制指标，申请建设项目许可的，在符合国家产业政策的前提下，按照先后顺序准予行政许可。第四，县级行政区域内已超过主要污染物排放总量控制指标，申请建设项目行政许可的，应当先由县级人民政府组织削减已有的污染负荷，再按照先后顺序的原则实施行政许可。第五，有数量限制的行政许可额满后，环境保护行政主管部门不得再作出准予行政许可的决定。

（三）行政许可的形式

根据《行政许可法》第三十九条的规定，行政许可的形式包含以下几种。

1.许可证、执照或者其他许可证书

许可证是最常见的一种许可证书，如特许猎捕证、陆生野生动物驯养繁殖许可证、烟草专卖许可证、生鲜乳收购许可证、药品经营许可证、危险化学品经营许可证、电影放映经营许可证等。执照中最常见的是营业执照，另外还有驾驶执照、施工执照。其他许可证书有烟草专卖品准运证、工程渣土准运证、煤炭准运证、出租车准运证、出入境通行证件、重点物资运输车辆通行证等。需要注意的是，出租车准运证与其他几种准运证的含义不同。以上称呼的不同来自约定俗成，本质上并无差别，都属于许可证书。

2.资格证、资质证或者其他合格证书

资格证、资质证或者其他合格证书往往是**申请人通过考试、考核，由行政机关办理的证书，是申请人具备某种能力、条件或资格的证明**。

资格证最常见的是职业资格许可和认定，如教师资格证、法律职业资格证。2021年11月23日，根据国务院推进政府职能转变的改革要求，人力资源社会保障部会同国务院有关部门对《国家职业资格目录》进行优化调整，形成了《国家职业资格目录（2021年版）》。目录包含两大类：一类是专业技术人员职业资格（共计59项；其中准入类33项，水平评价类26项）。另一类是技能人员职业资格（共计13项）。为了持续降低就业创业门槛，国务院曾多次印发取消职业资格许可和认定事项的决定。其中，2016年12月1日，国务院公布《关于取消一批职业资格许可和认定事项的决定》一次取消了114项职业资格许可。

资质证包括检验检测机构资质认定证书、建筑施工资质证书、工程设计资质证书、室内装饰资质证书等。其他合格证书包括健康合格证，该证规定于《食品安全法》。该法第四十五条规定："食品生产经营者应当建立并执行从业人员健康管理制度。患有国务院卫生行政部门规定的有碍食品安全疾病的人员，不得从事接触直接入口食品的工作。从事接触直接入口食品工作的食品生产经营人员应当每年进行健康检查，取得健康证明后方可上岗工作。"健康合格证的范围不限于此。根据2021年6月11日江西省卫生健康委员会印发的《关于印发江西省公共卫生从业人员健康体检“省内通办”操作指南的通知》的规定，健康合格证明办理人员范围为：一是在省内各公共场所直接从事为顾客服务的人员；二是在省内从事供、管水人员和涉水产品（指水质处理器、水质处理材料）生产人员；三是在省内直接从事消毒产品生产的操作人员，以及餐具、饮具集中消毒服务单位的生产操作人员。

3.行政机关的批准文件或者证明文件

批准文件或者证明文件是另一种形式的许可。如《广告法》第四十七条规定：“广告主申请广告审查，应当依照法律、行政法规向广告审查机关提交有关证明文件。广告审查机关应当依照法律、行政法规规定作出审查决定，并应当将审查批准文件抄送同级市场监督管理部门。广告审查机关应当及时向社会公布批准的广告。”再如《食品安全法》第七十九条规定：“保健食品广告除应当符合本法第七十三条第一款的规定外，还应当声明‘本品不能代替药物’；其内容应当经生产企业所在地省、自治区、直辖市人民政府食品安全监督管理部门审查批准，取得保健食品广告批准文件。省、自治区、直辖市人民政府食品安全监督管理部门应当公布并及时更新已经批准的保健食品广告目录以及批准的广告内容。”

4.法律、法规规定的其他行政许可证件

这是对以上列举的许可形式的补充。在行政机关实施检验、检测、检疫的许可中，可以在检验、检测、检疫合格的设备、设施、产品、物品上加贴标签或者加盖检验、检测、检疫印章。这些虽然不是许可证件，但也是行政许可的一种形式。如《动物防疫法》第四十九条规定：“屠宰、出售或者运输动物以及出售或者运输动物产品前，货主应当按照国务院农业农村主管部门的规定向所在地动物卫生监督机构申报检疫。动物卫生监督机构接到检疫申报后，应当及时指派官方兽医对动物、动物产品实施检疫；检疫合格的，出具检疫证明、加施检疫标志。实施检疫的官方兽医应当在检疫证明、检疫标志上签字或者盖章，并对检疫结论负责。动物饲养场、屠宰企业的执业兽医或者动物防疫技术人员，应当协助官方兽医实施检疫。”

依法当场作出行政许可决定，是否还需要向申请人出具决定受理的书面凭证？当场颁发行政许可的，是否还需要出具行政许可决定书？对此，《北京市人民政府法制办公室关于印发〈关于贯彻实施行政许可法若干问题的意见（之一）〉的通知》认为：“作为一种简易程序，行政机关依法当场作出行政许可决定，已经包含了行政许可一般程序中受理乃至审查程序。所以，行政机关当场作出行政许可决定，不需要再向申请人出具决定受理的书面凭证。行政机关当场颁发行政许可法第三十九条规定的行政许可证件的，除法律、法规特别规定外，不需要再同时出具书面的行政许可决定。”

取得行政许可后，便涉及许可效力的地域范围如何确定的问题。对此，《行政许可法》第四十一条规定：“法律、行政法规设定的行政许可，其适用范围没有地域限制的，申请人取得的行政许可在全国范围内有效。”原国务院法制办对《关于提请解释〈中华人民共和国行政许可法〉有关适用问题的函》的复函进一步作出解释：“行政许可法第四十一条规定，法律、行政法规设定的行政许可，其适用范围没有地域限制的，申请人取得的行政许可在全国范围内有效。”据此，一项行政许可如果有地域限制，行政机关作出的准予行政许可决定应当明确规定该行政许可的适用范围。如公民、法人或者其他组织申请取水，行政机关作出的准予行政许可决定应当规定取水量和取水地点，被许可人只能在该地点取水。地方性法规对其设定的行政许可的适用范围没有施加地域限制的，申请人取得的行政许可在本行政区域内有效。

（四）行政主体的特定义务

1.说明理由和告知救济途径的义务

《行政许可法》第三十八条第二款规定："行政机关依法作出不予行政许可的书面决定的，应当说明理由，并告知申请人享有依法申请行政复议或者提起行政诉讼的权利。"说明理由有助于让申请人知晓自己的申请存在的问题或不足，如果准备继续申请，可以对存在的问题进行解决或对不足的地方进行弥补，起着引导申请人的作用，同时增进互动，加深信任。对行政机关而言，对其行为通过说明理由这一方式进行反思，可促进其行为符合合法性要求。告知申请人享有依法申请行政复议或者提起行政诉讼的权利时，通常会告知申请人复议和起诉的期限。如果没有履行告知行政复议或者行政诉讼的义务，行政机关要承担相应法律责任。如《山东省环保局关于实施〈中华人民共和国行政许可法〉有关制度的若干规定（试行）》第五十条规定："环境保护行政主管部门在送达不予行政许可的决定书时，应当不少于两人，并当面听取申请人的意见，并记录在案。"

2.公开准予行政许可决定的义务

《行政许可法》第四十条规定："行政机关作出的准予行政许可决定，应当予以公开，公众有权查阅。"**公开针对的是准予的行政许可决定，对未准予的行政许可决定则不公开。**未准予的行政许可决定因其未对公众的社会生活造成影响，所以未规定予以公开。

"行政许可决定公众有权查阅"的内容是否包括行政机关办理行政许可过程中的全部资料（含申请人提交的申请资料）？对此，《北京市人民政府法制办公室关于印发〈关于贯彻实施行政许可法若干问题的意见（之一）〉的通知》认为："《行政许可法》第四十条规定'公众有权查阅'的内容，是行政机关作出的准予行政许可的决定及其决定的内容，不是行政机关办理行政许可过程中的全部资料，申请人的申请材料不对外公开。”

无论是准予还是未准予的申请人的申请资料，都不能予以公开。公开与否虽然各有利弊，但如果公开，对申请人的影响较大。而且根据《行政许可法》第五条的规定，未经申请人同意，行政机关及其工作人员、参与专家评审等的人员不得披露申请人提交的商业秘密、未披露信息或者保密商务信息。

第三节　行政许可的期限

一、审查和决定的期限

（一）一般期限

《行政许可法》第四十二条规定：“除可以当场作出行政许可决定的外，行政机关应当自受理行政许可申请之日起二十日内作出行政许可决定。二十日内不能作出决定的，经本行政机关负责人批准，可以延长十日，并应当将延长期限的理由告知申请人。但是，法律、法规另有规定的，依照其规定。依照本法第二十六条的规定，行政许可采取统一办理或者联合办理、集中办理的，办理的时间不得超过四十五日；四十五日内不能办结的，经本级人民政府负责人批准，可以延长十五日，并应当将延长期限的理由告知申请人。”第四十三条规定：“依法应当先经下级行政机关审查后报上级行政机关决定的行政许可，下级行政机关应当自其受理行政许可申请之日起二十日内审查完毕。但是，法律、法规另有规定的，依照其规定。”

需要注意的是，对“作出行政许可决定”应该如何理解？作出决定不是把内部流程的告结视为作出许可决定，而是需要对外作出，即将许可决定进行公示或者告知申请人。相关规定如果没有许可时限的规定，应该以此作为时限标准。例如，在《固体废物污染环境防治法》执行过程中，地方环保部门普遍反映：移出地环保部门发出商请函到接受地环保部门审查后复函所需时间一般都在二十个工作日以上，环保部门难以在《行政许可法》第四十二条第一款规定的时限内完成固体废物跨省转移许可工作。为保证环境执法行为的合法和高效，2007年3月28日，国家环保总局商请全国人大常委会法制工作委员会对“固体废物跨省转移许可”的办理时限是否适用《行政许可法》第四十二条第二款的规定进行解释。2007年5月21日，全国人大常委会法制工作委员会作出《全国人民代表大会常务委员会法制工作委员会关于如何适用固体废物跨省转移行政许可办理时限的答复》：“同意你局意见，固体废物污染环境防治法第二十三条规定的转移固体废物出省、自治区、直辖市行政区域贮存、处置申请办理行政许可的时限，适用行政许可法第四十二条第二款的规定，但函件邮递的时间应当计算在行政许可的时限内。”故以上时限为不得超过四十五日。

受理行政许可申请后，行政机关在法定期限内不予答复申请人的，其可以提起行政诉讼。最高人民法院对如何起算时限也作了解释。《最高人民法院关于审理行政许可案件若干问题的规定》第六条规定：“行政机关受理行政许可申请后，在法定期限内不予答复，公民、法人或者其他组织向人民法院起诉的，人民法院应当依法受理。前款‘法定期限’自行政许可申请受理之日起计算；以数据电文方式受理的，自数据电文进入行政机关指定的特定系统之日起计算；数据电文需要确认收讫的，自申请人收到行政机关的收讫确认之日起计算。”

根据《行政许可法》第四十三条的规定，依法应当先经下级行政机关审查后报上级行政机关决定的行政许可，下级行政机关应当自其受理行政许可申请之日起二十日内审查完毕。那么，上级机关的办理时限是多少？《北京市人民政府法制办公室关于印发〈关于贯彻实施行政许可法若干问题的意见（之一）〉的通知》规定：“根据行政许可法的规定，对法定由两级以上行政机关共同办理的行政许可事项，上级机关的办理时限，单行法律、法规有规定的，从其规定；单行法律、法规没有规定的，适用行政许可法第四十二条规定的期限。”

（二）特殊期限

1.期限的延长

根据《行政许可法》第四十二条的规定，行政机关应当自受理行政许可申请之日起二十日内作出行政许可决定。二十日内不能作出决定的，经本行政机关负责人批准，可以延长十日，并应当将延长期限的理由告知申请人。但是，法律、法规另有规定的，依照其规定。行政许可采取统一办理或者联合办理、集中办理，四十五日内不能办结的，经本级人民政府负责人批准，可以延长十五日，并应当将延长期限的理由告知申请人。

2.依照其他法律、法规对行政许可期限的规定

根据《行政许可法》第四十二条的规定，对于“一般期限和延长期限”的例外情形，应以法律、法规另有规定的为准。实践中，法律、法规对特殊期限长短的规定并不一致。

例如，根据《森林法实施条例》第三十六条第一款、第二款的规定，申请木材运输证符合条件的，受理木材运输证申请的县级以上人民政府林业主管部门应当自接到申请之日起三日内发给木材运输证。根据《麻醉药品和精神药品管理条例》第五十六条第一款的规定，申请人提出的审批事项申请，审批部门应当自收到申请之日起四十日内作出是否批准的决定；作出批准决定的，发给许可证明文件或者在相关许可证明文件上加注许可事项；作出不予批准决定的，应当书面说明理由。《水生野生动物保护实施条例》第十三条要求负责核发特许捕捉证的部门接到申请后，应当自接到申请之日起三个月内作出批准或者不批准的决定。

单行法律、法规对许可时限另有规定，但对延长期限未作规定时，该项行政许可需要延长期限，是否可以适用行政许可法的规定？行政许可的法定期限与行政机关在审批制度改革中向社会承诺的期限不同时，行政机关依法应当执行哪个期限规定？对以上两个问题，《北京市人民政府法制办公室关于印发〈关于贯彻实施行政许可法若干问题的意见（之一）〉的通知》认为，**如果单行法律、法规对行政许可时限有规定，但没有延长期限的规定，行政机关办理行政许可时，不能延长期限。行政许可的法定期限，包括行政许可法规定的期限和单行法律、法规规定的期限。行政机关在审批制度改革中向社会承诺的期限，不能违反法定期限。**如延长期限，行政机关应将延长期限的理由告知申请人。同样，《广东省行政许可监督管理条例》第二十一条第一款规定："行政机关应当优化审批流程，在法定期限内压缩审批时限，并在承诺期限内作出行政许可决定。"

二、颁发、送达行政许可证件的期限

《行政许可法》第四十四条规定："行政机关作出准予行政许可的决定，应当自作出决定之日起十日内向申请人颁发、送达行政许可证件，或者加贴标签、加盖检验、检测、检疫印章。"虽然有的不需要向申请人颁发、送达行政许可证件，但在需要的时候，行政许可决定的作出并不意味着同时向申请人颁发、送达行政许可证件，决定和最终颁发存在时间差。因此，为了防止行政机关拖延颁发、送达行政许可证件，《行政许可法》设立了第四十四条关于十日的期限。

行政许可决定送达的方式是否适用民事诉讼法有关送达的规定？《北京市人民政府法制办公室关于印发〈关于贯彻实施行政许可法若干问题的意见（之一）〉的通知》认为，行政许可决定的送达，法律、行政法规没有专门规定的，应当按照民事诉讼有关规定执行。

三、期限的中止

《行政许可法》第四十五条规定："行政机关作出行政许可决定，依法需要听证、招标、拍卖、检验、检测、检疫、鉴定和专家评审的，所需时间不计算在本节规定的期限内。行政机关应当将所需时间书面告知申请人。"这是有关行政许可决定期限中止的规定。这意味着，一方面，行政机关需要对行政许可申请进行实质审查，对申请的条件审查需要辅助的环节；另一方面，如果出现期限中止的情况，待听证、招标、拍卖、检验、检测、检疫、鉴定和专家评审结束后，与此前行政许可决定程序进行中所花费的时间接续计算，以衡量是否遵守法定的行政决定期限。

第四节　行政许可的听证程序

行政权得到公正行使必须包含两个方面的要求：一是行政权行使的实体结果符合公平正义；二是行政权行使实体结果的公平正义必须以看得见的方式实现。听证作为法律上设定的一种听取利害关系人意见的程序，是确保实体正义以看得见的方式实现的重要程序制度，其核心要旨在于行政机关作出任何对当事人有不利影响的行政决定之前，必须给予相对人表达个人意见的机会，不能剥夺当事人为自己进行辩护的权利。

行政许可引起的法律后果是行政机关通过赋予行政相对人某种权利或者资格来准予行政相对人从事某种特定行为，**即行政许可是授予行政相对人利益的行政决定，因此在本质上不同于行政处罚和行政强制等对行政相对人造成不利影响的行政决定**。那么，为什么《行政许可法》仍然要为行政许可决定之作出设置听证程序呢？这是因为行政许可存在的前提是法律规范对某些给公共利益或者他人利益造成危害的行为设定的一般性禁止，而**授予行政许可则是对该一般禁止的解除**。如驾驶机动车本来是人人都可以自由从事的活动，但是如果任何人无论是否具备特定驾驶技能并熟悉相关道路交通规范皆可任意驾驶机动车，无疑会对公共利益或他人利益造成难以估量的危险。所以，《道路交通安全法》通过设定驾驶执照管理制度对驾驶机动车的行为作出一般性禁止，明确只有依法取得驾驶执照并履行相应手续的，才有资格驾驶机动车。在此意义上，行政许可的实施是依法对申请人是否具备从事相应行为的特定资格或者条件并对其予以解除法律规范一般禁止的判断。[①]

然而，即便行政机关经审查认为申请人符合了从事特定行为的资格或者条件，也并不意味着申请人从事该特定行为对公共利益或者他人利益造成的危险就被完全消解，因此为了保护特定领域的公共利益或者可能因该一般禁止的解除而受到不利影响的利害关系人之正当权益，《行政许可法》要求对于涉及公共利益的重大行政许可事项或者直接涉及行政许可申请人与他人之间重大利益关系的行政许可事项，行政机关应当主动依职权举行听证或者依行政许可申请人、利害关系人的申请举行听证。

一、行政许可的听证范围

行政许可实施中的听证程序是允许行政许可申请人或者其他利害关系人参与到行政许可决定作出过程的重要制度设计，申请人或者利害关系人陈述意见、举证、质证、申辩以及行政许可机关听取意见、采信证据等环节，不仅有利于行政机关在全面了解事实的基础上做出正确的行政决定，也兼顾了行政许可申请人的利益和公共利益或者利害关系人正当权益的保障。我们还应注意到，听证程序

---

① 姜明安：《行政法与行政诉讼法》（第七版），高等教育出版社、北京大学出版社2018年版，第219页。

的实施必然要消耗一定的人力、物力以及时间成本，过多地采用听证程序不仅会造成行政资源的浪费，还会影响行政效率。所以，**并不是所有的行政许可决定事项都要无一例外地予以听证，而应以“有必要”为原则，这种“必要”应是“个人利益与公共利益”比较衡量以及“成本和收益”比较衡量之后的选择。**[①]

基于此，我国《行政许可法》第四十六条和第四十七条明确规定了两类听证事项：一是因**涉及公共利益**而被法律、法规、规章明确规定应当实施行政许可听证或者行政机关认为需要听证的其他涉及公共利益的重大行政许可事项；二是**直接涉及行政许可申请人与他人之间重大利益关系**的行政许可事项。对于前者，行政机关应主动依职权举行听证；对于后者，行政机关在作出行政许可决定前，应当告知申请人、利害关系人享有要求听证的权利，并依申请人或者利害关系人的申请依法举行听证。

（一）行政机关依职权举行许可听证

《行政许可法》第四十六条规定：“法律、法规、规章规定实施行政许可应当听证的事项，或者行政机关认为需要听证的其他涉及公共利益的重大行政许可事项，行政机关应当向社会公告，并举行听证。”据此，**依职权的听证具体可以分为两种情形，即法律、法规、规章规定实施行政许可应当听证的事项和行政机关认为需要听证的其他涉及公共利益的重大行政许可事项。**

就行政许可的实践现状而言，目前我国仅有少数法律、法规、规章明确对实施行政许可进行听证之事项作出规定。如《娱乐场所管理条例》第九条第一款规定：“娱乐场所申请从事娱乐场所经营活动，应当向所在地县级人民政府文化主管部门提出申请；外商投资的娱乐场所申请从事娱乐场所经营活动，应当向所在地省、自治区、

① 马怀德：《论听证程序的适用范围》，载《中外法学》1998年第2期。

直辖市人民政府文化主管部门提出申请。”第十条规定：“文化主管部门审批娱乐场所应当举行听证。有关听证的程序，依照《中华人民共和国行政许可法》的规定执行。”理论上，法律、法规、规章之所以要明确规定对某些许可事项设置听证程序，主要是基于公共利益的考量，需要广泛征求社会公众的意见。也鉴于此，随着公众参与行政决策成为普遍的制度性选择，通过法律、法规或者规章明确行政许可听证事项也应成为制度常态，而非例外。同时，只要是法律、法规或者规章明确规定实施行政许可应当举行听证的，行政机关对于听证程序之适用就没有裁量权，即必须在作出是否授予行政许可的决定之前举行公开听证。

实践中，对于涉及公共利益的重大行政许可事项，如征地拆迁许可、排污许可、优先自然资源的配置许可等，即便法律、法规或者规章没有明确规定实施行政许可应当举行听证，行政机关也应当出于维护公共利益之需要主动举行听证。不仅《行政许可法》对此作出了原则性的要求，很多单行法律、法规或者规章也都作出了相应规定。如《取水许可和水资源费征收管理条例》第十八条第一款规定：“审批机关认为取水涉及社会公共利益需要听证的，应当向社会公告，并举行听证。”再如《工业产品生产许可证管理条例》第二十七条第一款规定：“国务院工业产品生产许可证主管部门认为需要听证的涉及公共利益的重大许可事项，应当向社会公告，并举行听证。”又如《海关行政许可听证办法》第三条第二款规定：“对直接关系公共资源配置、提供公共服务等涉及公共利益的重大行政许可事项，海关认为需要举行听证的，可以举行听证。”

之所以设置这一法律制度，主要是因为行政许可作为一种对申请人具有授益性的行政行为，行政许可的申请人一般不会去主动申请听证，而涉及公共利益的重大许可事项一旦做出，则必然对社会公众产生广泛的甚至久远的影响。因此，行政许可机关在对这类许可申请进行审查时，应积极地考虑该许可事项对公共利益的影响程度，认为会对公共利益产生重大影响的，应当主动将许可申请事项向社会予以公告，并组织公开听证，在广泛征求社会意见的基础上做出准予许可或者不准予许可的最终决定。这既是充分保障社会公众的知情权、确保社会公众对行政机关实施涉及公共利益的重大行政许可事项进行有效监督的重要举措，也有利于提高行政许可决定的可接受度。

需要指出的是，行政机关对于法律、法规或者规章没有明确规定实施行政许可应当依职权举行听证的，行政机关对于相关许可事项是否属于涉及公共利益的重大许可，以及是否应公开举行听证具有一定的裁量权。

（二）行政机关依申请举行许可听证

根据《行政许可法》第四十七条的规定，**行政机关在审查许可申请的过程中，认为行政许可的实施直接涉及申请人与他人之间重大利益关系的，行政机关在作出行政许可决定前，必须告知申请人、利害关系人享有要求听证的权利。**

实践中，以申请人和第三人存在相邻权关系最为常见。如申请人拟在某地建立一个垃圾焚烧项目，因该项目存在采光、污染等问题，无疑会对周围个人、组织的正常生产经营活动和生活产生不利影响，而受到不利影响的个人和组织皆是该行政许可事项的利害关系人。如果授予申请人行政许可，则意味着利害关系人必须承受相应的不利影响，因此，行政机关必须在作出行政许可决定之前，给予利害关系人充分陈述意见、表达诉求的机会。同时，为防止偏听偏信，行政机关还必须听取申请人的陈述、申辩和质证。所以在这种情形下，申请人、利害关系人都同等地享有要求听证的权利，也都同等地享有放弃听证的权利。如果一方放弃听证，但受到拟作出的行政许可决定不利影响的一方仍要求听证的，行政许可机关应当组织听证。

一般而言，行政机关应当以书面形式告知申请人、利害关系人享有听证的权利。申请人、利害关系人应当在被告知享有听证权利之日起五日内向行政机关书面提出听证申请。无正当理由，逾期不提出听证申请的，视为放弃听证。申请人、利害关系人如期提交书面听证申请的，行政机关应当在收到申请之后的二十日内组织听证。申请人、利害关系人不承担行政机关组织听证的费用。

二、行政许可的听证实施程序

根据《行政许可法》第四十八条的规定，我国的行政许可听证程序是在听证主持人的主持下，由听证申请人、利害关系人以及实施行政许可的行政机关（由审查该行政许可申请的工作人员代表）进行举证、质证，并围绕证据展开辩论的过程，是行政程序对司法程序尤其是司法程序中的辩论程序的移植。行政许可听证程序的实施主要由以下五项内容构成。

（一）听证通知或者公告

听证通知、公告是申请人、利害关系人以及社会公众有效参与听证程序的前提。无论是主动依职权举行行政许可听证，还是依行政许可申请人或者利害关系人的申请举行行政许可听证，**行政机关都应当在正式举行听证之前的合理期限内，将举行听证的时间、地点、听证所涉及的主要问题以及行政机关拟作出的行政许可决定等事项通知申请人、利害关系人，在必要时向社会公告。**除明确告知听证时间、地点之外，行政机关在向申请人、利害关系人发出听证通知时还应告知申请人、利害关系人在听证程序中享有的权利（如委托代理人等），以便申请人、利害关系人能够为参加听证做好充分准备，能够就听证所涉及事项有针对性地提供证据并展开辩论。提前多久通知方为合理？根据《行政许可法》第四十八条第一款第一项的规定，行政机关应当在举行听证的七日前向申请人、利害关系人发出听证通知，必要时向社会公告。同时，为确保听证的严肃性，听证通知应当采用书面方式。

（二）听证公开

行政许可听证公开是行政民主原则在行政许可制度中的具体体现，它要求除涉及国家秘密、商业秘密、个人隐私之外的行政许可听证都应当公开举行，即“公开为原则、不公开为例外”。行政许可听证公开可以防止行政机关在听证过程中乃至行政许可实施过程中暗箱操作，既可以督促行政许可实施机关及其工作人员自觉遵守法律约束及道德约束，又是社会公众参与行政许可的实施过程、对行政机关实施行政许可予以监督的重要方式，有利于行政机关做出公正的行政许可决定。

不仅如此，行政许可听证公开通过一种开放的、公正的言辞辩论制度设计，能最大限度地避免行政机关在做行政许可决定时的独断专行和恣意妄为，还有利于提高行政许可的效率和许可申请人、利害关系人以及社会公众对行政许可决定的接受度。在具体操作层面上，行政许可听证公开表现为行政许可听证通知向社会公告、行政许可听证过程向社会开放、允许公众旁听、允许新闻媒体报道等。

（三）指定听证主持人

行政许可的听证主持人负责听证程序的进行，通过安排听证参加人（主要包括听证申请人、利害关系人、负责行政许可申请审查的行政机关工作人员，以及出席听证的申请人或者利害关系人的代理人、证人、翻译人、鉴定人等）的发言顺序以及对证据的调查顺序等引导听证过程的有序进展，有权对听证中出现的程序性问题予以灵活应对、作出相应处理。此外，听证申请人、利害关系人、负责行政许可申请审查的行政机关工作人员，出席听证的申请人或者利害关系人的代理人、证人、翻译人、鉴定人，以及其他出席听证的人员（包含旁听人员）在听证过程中有妨碍听证、扰乱听证秩序等行为的，听证主持人有权决定采取必要措施。因此，许可听证的主持人在地位上与司法程序的法官相似。为保证听证程序的公正，听证主持人应具有独立地位，能够站在客观、中立的立场上主持听证并听取意见。为此，《行政许可法》为听证主持人的选任设置了以下两个要求。

第一，坚持职能分离原则，**听证主持人必须由行政机关指定审查该行政许可申请的工作人员以外的人员担任**，以防止听证主持人在听证过程中存在先入为主的偏见，有碍行政许可决定之客观公正。

第二，坚持“任何人不得做自己案件的法官”，**即申请人、利害关系人认为听证主持人与该行政许可事项有直接利害关系的，有权申请回避。听证主持人认为自己与许可事项有直接利害关系的，也应当主动申请回避**。例如，根据《公务员法》第七十六条的规定，公务员执行公务时，如所执行公务涉及本人利害关系，或者涉及与本人有夫妻关系、直系血亲关系、三代以内旁系血亲关系以及近姻亲等亲属关系人员的利害关系，或者存在其他可能影响公正执行公务的情形，应当回避。这里的“利害关系”主要是指行政许可的结果能直接导致听证主持人获得经济上的利益或者承受经济上的不利益。

（四）举证、质证和申辩

行政许可听证的核心是行政许可实施机关通过充分听取听证参加人的意见，得以全面掌握信息并了解事实，从而在证据充分的基础上做出客观公正的行政许可决定。因此，为确保行政许可听证程序的实效性，而非单纯地通过“走过场”让行政程序为行政实体决定背书，就应当允许听证各方参加人就行政许可所涉及的事实认定以及相关法律适用展开充分的质证和辩论。根据《行政许可法》第四十八条第一款第四项的规定，行政许可的听证包括举证和质证，且《行政许可法》为负责审查行政许可申请的行政机关和行政许可的申请人、利害关系人设置了不同的要求。

首先，对于负责审查行政许可申请的行政机关而言，由于行政许可听证的主要内容是行政机关拟作出的行政许可决定及其所依据的事实和法律。因此，**负责审查行政许可决定的行政机关在听证程序中不仅应当提供对行政许可申请的审查意见，还应当提供其做出该审查意见的证据和理由，以便行政许可的申请人或者利害关系人能有针对性地申辩和质证**。这是《行政许可法》为行政许可实施机关设定的义务，本质是要求行政许可实施机关在行政许可听证程序中对拟作出行政许可决定的合法性负举证责任。①

其次，对于行政许可的申请人或者利害关系人而言，由于行政许可听证程序的核心要义就是为行政许可的申请人或者利害关系人就行政许可实施机关拟作出之行政许可决定提出异议并为个人进行申辩提供机会，因此《行政许可法》赋予了其针对行政许可实施机关拟作出之行政许可决定提出异议申辩并提出相关证据的权利。这意味着，**在行政许可的听证程序中，行政许可的申请人或者利害关系人有权提出证据证明行政许可实施机关拟作出的行政许可决定违法，若其提供的证据不足以证明行政许可实施机关拟作出的行政许可决定违法的，不免除行政许可的实施机关证明拟作出的行政许可决定的义务**。概言之，行政许可申请人或者利害关系人的举证旨在推进行政许可听证程序之进行，而行政许可实施机关的举证则是为了说服听证主持人以便最终做出行政许可决定。

最后，**无论是负责审查行政许可申请的行政机关，还是行政许可的申请人、利害关系人，在行政许可听证程序中都有质证的权利。**质证是辨别证据真伪的有效方法，任何与行政许可决定相关的证据、事实都必须在听证会上得到各方充分质证，行政机关在行政许可听

① 杨解君主编：《行政许可研究》，人民出版社2001年版，第239页。

证会结束后新收集的证据，除非另行质证，否则不得作为其做出行政许可决定的依据。为了提高行政许可听证效率，避免听证程序被无端拖延，行政许可听证应当禁止重复质证。同时，对于众所周知的事实、自然规律及定理、根据法律规定或者已知事实和日常生活经验法则能推定出的另一事实、已为人民法院发生法律效力的裁判所确认的事实、已为仲裁机构的生效裁决所确认的事实以及已为有效公证文书所证明的事实等也无须质证，但当事人有相反证据足以推翻的除外。

（五）制作听证笔录

如前文所述，行政许可听证制度是行政程序对司法程序的移植，因此如同法庭审判需要制作庭审笔录一样，行政许可听证也应当制作听证笔录。一般而言，行政许可听证笔录应以书面形式作出，并载明下列事项，由听证员和记录员签名：（1）听证事项名称；（2）听证主持人和记录员的姓名、职务；（3）听证参加人的基本情况，如姓名、名称、住址等；（4）听证的时间、地点；（5）听证公开情况；（6）听证事项所依据的事实、理由，以及听证参加人的举证、质证和辩论情况；（7）证据调查的情况；（8）听证程序进行中的突发情况以及听证主持人对听证活动中有关事项的处理情况；（9）听证主持人认为的其他事项。听证结束后，听证笔录应当经听证参加人（包括听证申请人、利害关系人、负责行政许可申请审查的行政机关工作人员，以及出席听证的申请人或者利害关系人的代理人、证人、翻译人、鉴定人等）审阅，听证参加人确认听证笔录无误的，应当场签字或者盖章；听证参加人对内容提出异议的，听证主持人应通知其他参加人相关信息，各方认为异议有理由的，应当予以补充或者更正后当场签字或者盖章；听证笔录一般应以书面形式作出，并由听证参加人审阅。听证参加人审阅听证笔录后认为没有错误的，应签字或者盖章；听证参加人对内容提出异议，听证主持人认为异议不成立的，或者听证参加人拒绝签字、盖章的，听证主持人应当在听证笔录上载明事由。

听证笔录经签字或者盖章，即具有法律效力。《行政许可法》对行政许可听证笔录的效力作出了明确规定，即"行政机关应当根据听证笔录，作出行政许可决定"。这意味着，**行政机关只能根据听证笔录中认定的事实作出准予行政许可或者不准予行政许可的决定，凡是没有在听证笔录中记载并认定的事实，都不得作为行政许可决定的依据**。为防止听证流于形式，《行政许可法》规定听证笔录作为行政机关作出行政许可决定的唯一依据，是"案卷排他原则"在行政许可听证制度中的体现，是确保行政许可听证具有实效性的重要措施，能避免行政听证流于形式。

第五节　行政许可的变更与延续

《行政许可法》在第四章行政许可的实施程序中设专节对行政许可的变更和延续作出了明确规定。就制度操作而言，行政许可的申请人获得行政许可之后，由于自身的原因或者客观情况的变化，行政机关对行政许可事项涉及的内容作出改变的，系行政许可的变更；行政许可的有限期即将届满，而行政许可的持有人希望继续持有该行政许可的，可以向行政机关依法申请延长许可期限。因此，行政许可的变更是许可内容的改变，而行政许可的延续是许可期限的延长，它们是两种不同的制度类型。

一、行政许可的变更

行政行为的确定力理论要求已经生效的行政决定不得被任意改变，以确保法律秩序和法律状态的稳定性。但行政机关并非在任何情形下都不得改变行政行为，而是需要将法律安定原则与行政合法性原则予以平衡。[①]因此，《行政许可法》第八条第一款明确规定，“公民、法人或者其他组织依法取得的行政许可受法律保护，行政机关不得擅自改变已经生效的行政许可”，这是行政许可确定力的体现。然而，根据法律安定原则与行政合法性原则平衡的结果，《行政许可法》第八条第二款规定，“行政许可所依据的法律、法规、规章修改或者废止，或者准予行政许可所依据的客观情况发生重大变化的，为了公共利益的需要，行政机关可以依法变更或者撤回已经生效的行政许可”，即允许行政机关在特定条件下主动依职权变更行政许可事项。

此外，实践中被许可人在获得行政许可之后，自身情况不可能一成不变，如因自身情况发生变化导致原先行政许可的内容不再适应被许可人实际需要的，原则上被许可人应当根据个人实际需求重新申请行政许可，同时对其原本持有的行政许可之效力予以废止。但出于行政许可应当高效、便民的考量，《行政许可法》第四十九条规定，允许被许可人在不影响既有行政许可效力的基础上直接向行政机关申请对行政许可的内容作出相应改变，既能最大限度地保障被许可人的利益，也符合行政管理的效率要求。因此，我国《行政许可法》所设置的行政许可变更包括两种：一是依职权的行政许可变更；二是依申请的行政许可变更。

（一）依职权的行政许可变更

《行政许可法》第八条第二款是行政机关依职权变更行政许可的依据。根据该条款，**行政机关主动依职权变更行政许可应当同时满足三个要件**：第一，行政许可所依据的法律、法规、规章修改或者废止，或者准予行政许可所依据的客观情况发生重大变化，这是行

① 姜明安主编：《行政法与行政诉讼法》（第七版），高等教育出版社、北京大学出版社2018年版，第199—200页。

政许可变更的诱因；第二，存在公共利益的需要，这是导致行政许可变更的根本性因素，即如果此时不变更行政许可，将会对公共利益造成损害；第三，由于行政许可之变更给被许可人造成财产损失的，行政机关应当依法给予补偿，这是保障被许可人利益的要求，通说也认为是信赖保护原则在行政许可制度中的具体体现。

从保障行政相对人合法权益的原则角度审视《行政许可法》第八条第二款，现行的行政机关依职权变更行政许可的制度还有待进一步完善：一方面，根据《行政许可法》第八条第二款，只要行政许可所依据的法律、法规、规章修改或者废止，或者准予行政许可所依据的客观情况发生重大变化，同时存在公共利益的需要，行政机关就可以依职权变更行政许可，这一规定缺乏必要的利益衡量。从有利于保护被许可人私人利益出发，应当将公共利益与私人利益进行权衡，只有公共利益明显大于被许可人私人利益且存在保护的紧迫性时，行政机关方可变更行政许可。另一方面，行政机关主动依职权变更行政许可对被许可人来说，有可能是不利的行政决定，行政机关应当遵循正当程序的要求，在作出变更许可决定前听取相对人的陈述和申辩，必要时应当予以听证，但是现行《行政许可法》对此缺乏相应的程序规定。

（二）依申请的行政许可变更

依申请的行政许可变更规定在《行政许可法》第四十九条，即“被许可人要求变更行政许可事项的，应当向作出行政许可决定的行政机关提出申请；符合法定条件、标准的，行政机关应当依法办理变更手续”。根据这一规定，依申请的行政许可变更包括以下两个方面的具体要求。

1.被许可人依法提出申请

被许可人提出变更许可的原因通常是自身情况较之获得行政许可时发生了变化，导致原许可已经不能满足其现实需求。如《医师法》第十八条第一款规定，“医师变更执业地点、执业类别、执业范围等注册事项的，应当依照本法规定到准予注册的卫生健康主管部门办理变更注册手续”，如不依法办理变更注册手续的，应依照第五十七条规定，“由县级以上人民政府卫生健康主管部门或者中医药主管部门责令改正，给予警告，没收违法所得，并处一万元以上三万元以下的罚款；情节严重的，责令暂停六个月以上一年以下执业活动直至吊销医师执业证书”。

此外，变更许可是对被许可人已经取得的行政许可的内容进行变更，因此**被许可人应当在其取得的行政许可失效前向作出准予行政许可决定的行政机关提出申请**。如果被许可人持有的行政许可已经失效，则应当按照相关要求重新申请行政许可，而不能直接提出许可变更申请。

2.行政机关的审查与决定

实施行政许可的行政机关应当对被许可人提出的许可变更申请依照法定权限、程序和标准予以审查。经审查认为符合法定条件和标准的，行政机关应当依法办理变更手续；反之，行政机关有权予以拒绝。行政机关审查后认为被许可人申请变更的许可事项实际上构成另一行政许可的，应当告知被许可人重新申请行政许可，而不能申请变更行政许可。此外，根据《行政许可法》第五条第二款的规定，“有关行政许可的规定应当公布；未经公布的，不得作为实施行政许可的依据”，为便于申请人变更行政许可，行政许可的实施机关应当事前公布有关变更行政许可的条件和程序，以便被申请人能够及时履行必要的手续，避免合法权益遭受不必要的损害。

二、行政许可的延续

行政许可的延续，亦称行政许可的延展，是指在行政许可的有效期届满后延长行政许可的有效期的行为。从行政许可实践来看，行政许可的期限及其可延续性分为三种：一是一次有效的行政许可，如特区通行证、爆破作业许可等，不能申请延续；二是没有有效期限制的行政许可，如律师资格证、医师资格证等，不需要提出延续申请；三是存在有限期限制的许可，如初次申领的驾驶执照有效期为六年，有限期届满之后即丧失效力，如被许可人需要继续从事相关活动的，必须在有限期届满前申请效力延续，否则构成无证照行为。《行政许可法》第五十条规定："被许可人需要延续依法取得的行政许可的有效期的，应当在该行政许可有效期届满三十日前向作出行政许可决定的行政机关提出申请。但是，法律、法规、规章另有规定的，依照其规定。行政机关应当根据被许可人的申请，在该行政许可有效期届满前作出是否准予延续的决定；逾期未作决定的，视为准予延续。"

一般而言，作出行政许可决定的行政机关收到公民、法人或者其他组织延续行政许可的有效期申请后，应当依法及时审查，并在行政许可有效期届满前作出是否准予延续的决定，以便被许可人在取得行政许可后能够持续、稳定地进行生产、生活。行政机关经审查，认为申请人仍然符合取得行政许可的条件的，可以作出准予其延续行政许可有效期的决定或者在有关行政许可证件上加注说明。行政机关经审查，认为申请人不再具备取得行政许可的条件的，可以作出不予延续行政许可有效期的书面决定，但是，行政机关应当向申请人说明不予延续的理由、法律依据并告知其享有依法申请行政复议、提起行政诉讼的权利。

根据《行政许可法》第五十条的规定，**如果被许可人逾期向作出行政许可决定的行政机关提出延续申请，行政机关有权裁量是否受理其申请**。如《海关行政许可管理办法》第二十六条第三款规定："被许可人因不可抗力未能在行政许可有效期届满三十日前提出申请，经海关审查认定申请材料齐全、符合法定形式的，也可以受理。"如果行政机关受理被许可人逾期提出的许可延续申请，则应当在行政许可有限期届满前作出答复；行政机关在行政许可期限届满前没有作出答复的，不能视为准予延续，即意味着行政许可已经失效，行政机关在行政许可期限届满后不能作出准予延续答复。

如果被许可人在该行政许可有效期届满三十日前向作出行政许可决定的行政机关提出申请，但是行政机关没有在该行政许可有效期届满前作出是否准予延续的决定，而是在该行政许可有效期届满后作出不准延续的决定，则意味着被许可人的行政许可有效期仅延续至行政机关作出不准予延续决定的当日，自行政机关作出不准予延续决定的当日失效。换言之，**“视为准予延续”的后果仅仅指行政许可的有效期自动延续至行政机关针对被许可人的延续申请作出最终处理结果的时间，而行政机关准予延续后的行政许可有效期既可以等于原行政许可的有效期，也可以短于原行政许可的有效期。**

行政特许的有效期是否可以延展？根据《行政许可法》的规定，特许经营权的授予通常是通过招投标等竞争机制实现的，“准予原特许经营权人申请延展特许经营期无异于直接屏蔽了竞争机制。囿于公用事业的自然垄断属性，特许经营者往往处于行业垄断地位，设定特许经营期限则在一定程度上限制了垄断性。准予原特许经营者仅仅通过申请就可以重新获得特许经营权，显然扼制了竞争，不利于提升特许经营项目的运营效率”[①]。因此，**行政特许经营权的有效期原则上不得延展，除非单行法有明确规定。**

第六节　行政许可程序的特别规定

《行政许可法》第十二条规定了五种不同类型的许可。除对行政许可实施的一般程序作出规定之外，《行政许可法》还辟专节分别针

---

① 章志远、黄娟：《公用事业特许经营市场退出法律制度研究》，载《学习论坛》2011年第6期。

对五种不同类型的行政许可规定了特殊的实施程序，体现在该法的第四章第六节之中。《行政许可法》第五十一条规定："实施行政许可的程序，本节有规定的，适用本节规定；本节没有规定的，适用本章其他有关规定。"即不同类型的行政许可除了遵循行政许可实施的一般程序外，还需遵守《行政许可法》设定的专门程序。

概言之，国务院实施的行政许可因为通常涉及国家安全或者重大公共利益，一般由单行的法律、行政法规对其特殊程序，如许可公开、审查期限、许可听证等作出限制；[①]行政特许遵循招标、拍卖等市场竞争方式授予行政许可；行政认可则根据对申请人的资格、资质考试或者考核的结果做出行政许可决定；行政核准则将对设施、设备、产品、物品进行检验、检测、检疫的考核结果作为作出行政许可决定的依据；行政登记一般只做形式审查，当场可以做出行政许可决定；实施有数量限制的行政许可则遵循"申请在先"原则。以下就行政特许、行政认可、行政核准、行政登记和有数量限制的行政许可之特别程序做必要说明。

一、实施行政特许的特别程序

根据《行政许可法》第五十三条的规定，实施有限自然资源开发利用、公共资源配置以及直接关系公共利益的特定行业的市场准入等，需要赋予特定权利的事项的行政许可的，行政机关应当通过招标、拍卖等公平竞争的方式作出决定。行政机关通过招标、拍卖等方式作出行政许可决定的具体程序，依照有关法律、行政法规的规定。行政机关按照招标、拍卖程序确定中标人、买受人后，应当作出准予行政许可的决定，并依法向中标人、买受人颁发行政许可

① 根据《核出口管制条例》第十条、第十一条的规定，核出口申请一般由国家原子能机构在十五个工作日内审批，对国家安全、社会公共利益或者外交政策有重要影响的核出口则在必要时报国务院审批。报国务院审批的，不受十五个工作日的时限限制。

证件。行政机关不采用招标、拍卖方式，或者违反招标、拍卖程序，损害申请人合法权益的，申请人可以依法申请行政复议或者提起行政诉讼。这一规定包含了四个方面内容，即行政特许的适用范围、通过招标授予行政特许的具体实施程序、通过拍卖授予行政特许的具体实施程序以及行政机关违反法定的招标、拍卖程序损害申请人合法权益时的法律救济问题。

（一）适用范围

招标、拍卖程序的本质特征就是通过市场竞争机制选择最合适的行政相对人授予其特许经营权，主要适用于涉及公共利益且一般存在数量限制甚至排他性的独占许可领域，即有限自然资源的开发利用、有限公共资源的配置和特定行业的市场准入。

有限自然资源的开发利用主要是指对土地、森林、草原、水流、山岭、矿藏、滩涂等自然资源的开发利用。这些自然资源具有两大共同特征：一是所有权属于国家或者集体；二是资源本身稀缺、有限。考虑到这些自然资源既要避免被闲置导致资源浪费，又要避免无节制的开发对可持续发展的不利影响，立法通过设置特许机制允许一部分有条件、有能力的主体通过市场竞争机制赢得对这些资源的开发、利用权。

有限公共资源的配置是指公共运输线路和电信资源（包括无线电频谱、电信网号码等）等公共资源的配置，对这些公共资源以行政特许的方式允许特定行政相对人使用，旨在优化资源配置，提高利用效率。

特定行业的市场准入是指供水、供电、供热、城市生活垃圾处理等关系到国计民生的公用事业、公共服务等行业的经营资格许可。这些行业具有典型的自然垄断特征，在行政许可的授予上具有天然的排他性，为防止这种自然垄断导致的价格、质量等偏差，立法通常对这类行业设定较高的市场准入条件，并通过市场准入阶段的竞争机制来实现对价格和质量的调整，以确保社会公众获得普遍的、无差别的公共服务。

（二）通过招标授予行政特许的具体实施程序

通过招标方式授予特许经营权的，主要适用《招标投标法》的相关程序性规定，包括招标、投标、开标、决标和中标等环节。

招标一般分为公开招标和邀请招标两种形式。公开招标要求行政许可的实施机关发布招标公告邀请不特定的法人或者其他组织来进行投标，具有投标人较多、竞争充分的特点，不容易串标、围标，体现了市场机制公开信息、规范程序、公平竞争、客观评价、公正选择以及优胜劣汰的本质要求，有利于招标人从广泛的竞争者中选择合适的投标人并获得最佳的竞争效益。邀请招标主要适用于公开招标不能的情形，行政许可的实施机关以投标邀请书的形式向三个以上的特定法人或者其他组织发出投标邀请，受邀请投标的法人或者其他组织应当资信良好，且具备承担招标项目的能力。

投标即投标人结合自身资格资质按照招标公告的要求编制投标文件，并在招标公告要求的截止日期前送至投标地点。招标人对收到的投标文件应当签收并密封保存。在公开招标的情形下，投标人少于三人的，应当依法重新招标。

开标应当在招标确定的时间、地点公开进行。开标由招标人指定的工作人员主持，邀请所有投标人参加开标，由投标人或者其推选的代表检查投标文件的密封情况，当场拆封。

决标由招标人依法组织的评标委员会负责，评标委员会应当按照招标公告确定的评标方法和标准，遵循平等、公开、竞争、择优的原则对投标人的资格、资质进行甄选，以书面评审为主，必要时可以要求投标人对投标文件作出必要说明。评标委员会在评审结束后应当出具书面评标报告并推选出中标候选人。

行政许可的实施机关根据评标委员会出具的书面评标报告和推

荐的中标候选人来确定中标人，也可以授权评标委员会直接确定中标人。招标人应当向中标人发出中标通知书，并将中标结果依法公告。公告异议期结束之后，行政许可实施机关应当在法定的许可期限内作出行政许可决定。

（三）通过拍卖授予行政特许的具体实施程序

通过拍卖方式授予特许经营权的，主要适用《拍卖法》的相关程序性规定，包括拍卖委托、拍卖公告与展示、拍卖实施等环节。

根据《拍卖法》的规定，行政许可实施机关不得自行将行政特许所产生的财产权利予以拍卖，必须委托给有拍卖资格的法人，并与其签订书面的拍卖委托合同。行政机关在进行拍卖委托时，应当提供相应的主体资格证明以及拍卖标的的所有权证明，或者其可以依法处分拍卖标的的证明等资料。

拍卖人应当于拍卖日七日前发布拍卖公告。拍卖公告应当载明拍卖的时间、地点，拍卖标的，拍卖标的的展示时间、地点，参与竞买应当办理的手续，以及需要公告的其他事项。拍卖公告应当通过报纸或者其他新闻媒介发布。拍卖人应当在拍卖前展示拍卖标的，并提供查看拍卖标的的条件及有关资料。拍卖标的的展示时间不得少于两日。

拍卖实施以拍卖会的形式进行，拍卖会由专门的拍卖师主持。拍卖师应当于拍卖前宣布拍卖规则和注意事项。拍卖标的无保留价的，拍卖师应当在拍卖前予以说明；拍卖标的有保留价的，竞买人的最高应价未达到保留价时，该应价不发生效力，拍卖师应当停止拍卖标的的拍卖。竞买人的最高应价经拍卖师落槌或者以其他公开表示买定的方式确认后，拍卖成交。拍卖人进行拍卖时，应当制作拍卖笔录。拍卖笔录应当由拍卖师、记录人签名；拍卖成交的，还应当由买受人签名。拍卖人应当妥善保管有关业务经营活动的完整账簿、拍卖笔录和其他有关资料。账簿、拍卖笔录和其他有关资料的保管期限，自委托拍卖合同终止之日起计算，不得少于五年。拍卖成交后，买受人和拍卖人应当签署成交确认书。买受人确定后，行政机关依法向买受人授予特许经营权。

（四）法律救济

《行政许可法》第五十三条明确了行政机关实施行政特许时违反招标、拍卖程序给行政特许的申请人造成损害时的救济渠道，即申请人可以依法申请行政复议或者行政诉讼。如前所述，行政特许是通过市场竞争机制完成的，行政许可实施机关在招标、拍卖程序违反公平、公开、竞争、择优原则，就可能损害投标人或者竞拍人的公平竞争权等合法权益。因此，本条的规定有利于保障行政特许申请人的合法权益。同时，根据《最高人民法院关于审理行政协议案件若干问题的规定》第五条第一项的规定，参与招标、拍卖、挂牌等竞争性活动，认为行政机关应当依法与其订立行政协议但行政机关拒绝订立，或者认为行政机关与他人订立行政协议损害其合法权益的公民、法人或者其他组织提起行政诉讼的，法院应当依法受理。

二、实施行政认可的特别程序

《行政许可法》第十二条第三项对“提供公众服务并且直接关系公共利益的职业、行业，需要确定具备特殊信誉、特殊条件或者特殊技能等资格、资质的事项”设定了行政许可，旨在提高从业人员的业务水平和资格能力。《行政许可法》第五十四条则为这类许可事项的实施设定了特许的程序规定，即除法律、行政法规另有规定的以外，“**赋予公民特定资格，依法应当举行国家考试的，行政机关根据考试成绩和其他法定条件作出行政许可决定；赋予法人或者其他组织特定的资格、资质的，行政机关根据申请人的专业人员构成、技术条件、经营业绩和管理水平等的考核结果作出行政许可决定**”。

同时，要求“**公民特定资格的考试依法由行政机关或者行业组织实施，公开举行。行政机关或者行业组织应当事先公布资格考试的报名条件、报考办法、考试科目以及考试大纲。但是，不得组织强制性的资格考试的考前培训，不得指定教材或者其他助考材料**”。

（一）赋予公民特定资格的特别程序

赋予公民特定资格应当依法举行国家考试，并由行政机关根据考试成绩和其他法定条件作出行政许可决定。考试依法由行政机关或者行业组织实施，公开举行。行政机关或者行业组织应当事先公布资格考试的报名条件、报考办法、考试科目以及考试大纲。考试公开旨在确保考试过程和考试结果的公正。同时，立法禁止组织或者实施考试的有关主体组织强制性资格考试的考前培训以及为考试指定教材或者其他助考材料。立法之所以如此规定，是因为行政机关或者行业组织作为考试的组织者和实施者，负责出考题以及试卷评审工作，如果允许其从事考前培训或者指定教材等助考资料，则会导致其通过组织考试谋取不正当利益，有违考试初衷，有碍考试的客观公正。在赋予公民特定资格的行政许可事项中，考试成绩和其他法定条件是行政机关作出行政许可决定的依据。

（二）赋予法人或者其他组织资格的特别程序

赋予法人或者其他组织特定资格、资质，行政机关应根据申请人的专业人员构成、技术条件、经营业绩和管理水平等考核结果作出行政许可决定。行政机关应当事前公布考核的相关内容，包括法人或者其他组织的资格、资质认定标准（即专业人员构成、技术条件、经营业绩和管理水平等具体事项）、考核时间、各类考核事项的具体标准、考核等级评定等有关事项。考核应遵循公平、公正原则，不得实行歧视性待遇，行政机关也不得擅自增设考核项目和考核条件。行政机关应当根据考核结果做出是否准予许可的决定。

三、实施行政核准的特别程序

根据《行政许可法》第十二条第四项的规定，直接关系公共安全、人身健康、生命财产安全的重要设备、设施、产品、物品需要按照技术标准、技术规范，通过检验、检测、检疫等方式予以审定。同时,《行政许可法》第五十五条为这类许可事项的实施程序作出了专门规定，这一规定具体包括以下内容。

第一，检验、检测、检疫的实施以公民、法人或者其他组织的申请为前提。行政许可是典型的依申请的行政行为，公民、法人或者其他组织认为重要设备、设施、产品、物品直接关系公共安全、人身健康、生命财产安全需要按照技术标准、技术规范通过检验、检测、检疫的，应当向国家有关专门机关提出申请。为方便相对人提出申请并有效保障申请人的知情权以及对行政许可实施的监督,《广州市实施〈中华人民共和国行政许可法〉若干规定》第二十九条规定“行政机关应当公布法定的检验、检测、检疫标准和符合法定条件实施该检验、检测、检疫的专业技术组织和有关人员名单”，这也是行政许可公开的题中应有之义，可以防止行政许可实施机关进行暗箱操作。

第二，行政机关组织实施检验、检测、检疫的期限为五个工作日。行政机关收到公民、法人或者其他组织申请后，认为不需要实施检验、检测、检疫的，应当及时告知申请人不受理及其不受理原因；行政机关认为需要实施检验、检测、检疫的，应当自受理申请之日起五个工作日内指派两名以上工作人员按照技术标准、技术规范进行检验、检测、检疫。这一期限规定体现了行政许可高效、便民的要求。

第三，行政机关根据检验、检测、检疫的结果作出行政许可决定。具体分为三种类型:（1）不需要对检验、检测、检疫结果作进一步技术分析即可认定设备、设施、产品、物品是否符合技术标准、技术规范的，行政机关应当当场作出行政许可决定；（2）检验、检测、检疫结果显示被检的设备、设施、产品、物品符合技术标准、技术规范的，行政机关应当作出准予行政许可之决定，并依法在检验、检测、检疫合格的设备、设施、产品、物品上加贴标签或者加盖检验、检测、检疫印章；（3）检验、检测、检疫结果显示被检的设备、设施、产品、物品不符合技术标准、技术规范的，行政机关应当作出不予行政许可决定的，并书面说明不予行政许可所依据的技术标准、技术规范。

此外，受限于专业技能、经验、知识等，行政机关通常会委托相关领域的专业组织和有关人员实施检验、检测、检疫。为督促受委托实施检验、检测、检疫的专业组织和有关人员勤勉、尽责，避免检验、检测、检疫结论发生错误，保护行政许可申请人的合法权益，有些地方在具体落实检验、检测、检疫制度时，如《广州市实施〈中华人民共和国行政许可法〉若干规定》第二十九条还要求“行政机关应当在本机关公众信息网站上公布错误的情况和实施该检验、检测、检疫的专业组织和有关人员的名单。实施该检验、检测、检疫的专业技术组织和有关人员依法承担法律责任”。

四、实施行政登记的特别程序

《行政许可法》第十二条第五项为“企业或者其他组织的设立等，需要确定主体资格的事项”设定了行政许可，同时《行政许可法》第五十六条规定这类许可事项应当实施登记程序。此处，对这一规定可做如下解释。

第一，登记程序的启动以相对人的申请为前提。一般而言，行政相对人申请行政登记的，应当在法律、法规规定的时限内提出。提出申请的方式一般为书面形式，对于一些有特别要求的申请，应当使用行政机关制定的申请书格式文本。除行政登记申请书之外，行政相对人还要依照单行法律、法规的要求提交其他文件或者资料。随着数字政府的发展和数字治理的推进，行政许可制度也愈加高效、便民，行政机关也越来越多地允许行政相对人通过电子邮件或者电子数据交换的方式提交登记申请，从而实现行政登记的无纸化，提高行政登记的申请效率，降低社会经济成本。

第二，行政机关收到申请人的申请之后，应当及时对申请资料进行审查，并按照审查的结果区分不同情况分别作出处理：（1）申请事项依法不需要取得行政许可的，应当即时告知申请人不予受理；（2）申请事项依法不属于本行政机关职权范围的，应当即时作出不予受理的决定，并告知申请人向有关行政机关申请；（3）申请材料存在可以当场更正的错误的，应当允许申请人当场更正；（4）申请材料不齐全或者不符合法定形式的，应当当场或者在五日内一次性告知申请人需要补正的全部内容，逾期不告知的，自收到申请材料之日起即为受理；（5）申请事项属于本行政机关职权范围，申请材料齐全、符合法定形式，或者申请人按照本行政机关的要求提交全部补正申请材料的，应当受理行政许可申请。行政机关受理或者不予受理行政登记申请，应当出具加盖本行政机关专用印章和注明日期的书面凭证。

第三，行政机关受理申请人提交的申请之后，应当在法定期限内对申请登记材料进行审查。根据《行政许可法》第三十四条和第五十六条的相关规定，行政许可登记的审查一般为形式审查，必要时予以实质审查，即申请人提交的申请材料齐全、符合法定形式的，行政机关应当当场予以登记；需要对申请材料的实质内容进行核实的，行政机关应当根据法定条件和程序，指派两名以上工作人员进行核查。**在形式审查制下，《行政许可法》要求申请人应当对所提交申请材料的真实性、合法性负责，申请人提交虚假登记材料应当承担相应的法律责任。**随着行政许可实践中告知承诺制[①]的普遍运用，

① 告知承诺制是当前行政审批制度改革的重要举措之一。根据国务院常务会议2019年5月5日提出的“重点推进建立证明事项告知承诺制”的要求，国务院各部委、各地方人民政府都开始推行告知承诺制。其基本制度内涵是指行政机关在办理有关许可登记等事项时，以书面形式将法律、法规规定证明的义务或者证明条件一次性告知当事人，由申请人书面进行承诺，已经符合这些条件、标准和要求，也愿意承担不实的法律责任，行政机关就不再索要证明，直接予以办理。因此，大大缩减了行政许可事项的审查时间，提高了行政许可效率。

行政机关对申请人递交材料的审查要求越来越宽松，这是行政许可高效、便民的体现。

第四，行政机关对申请人提交的申请登记事项进行审查、核实后，做出准予或者不准予登记的决定，准予登记的应当颁发有关执照、证照等证明。登记完成后，行政机关应当依照法律规定将企业或有关组织的名称、性质、注册地址、法定代表人等基本信息向社会公开公示，以便相关政府监管部门和社会公众对其市场行为予以监督，同时为第三方与该企业或者组织的交易行为提供便利、确保交易秩序和交易安全。

五、有数量限制的行政许可程序

《行政许可法》第五十七条规定："有数量限制的行政许可，两个或者两个以上申请人的申请均符合法定条件、标准的，行政机关应当根据受理行政许可申请的先后顺序作出准予行政许可的决定。但是，法律、行政法规另有规定的，依照其规定。"据此，行政机关实施有数量限制的行政许可应当遵循"申请在先"的原则。

实践中，在特定地域或者特定行政管理领域内，受限于客观条件，行政机关在一定区域、一定时间内，对于申请人从事某种活动只能发放一定数量的行政许可。对于这类许可，行政机关按照规定批准的行政许可事项数量已经达到控制数量的，则在控制数量范围内，不再受理新的申请。以环保领域的行政许可制度为例，按照省、市、县（市、区）制定的规划，有具体数量限制的固体废物（含危险废物、医疗废物）集中处置设施建设与运营、城市污水处理厂等基础设施的建设与运营等行政许可事项，行政机关应当根据受理行政许可申请的先后顺序作出准予行政许可的决定；县级行政区域内主要污染物的排放量已经接近当地排放总量控制指标，行政相对人申请建设项目许可的，在符合国家产业政策的前提下，按照先后顺序准予行政许可。县级行政区域内已超过主要污染物排放总量控制指标，行政相对人申请建设项目行政许可的，应当先由县级人民政府组织削减已有的污染负荷，再按照申请的先后顺序实施行政许可。行政许可额满后，则环境保护行政主管部门不得再作出准予行政许可的决定。

所谓“申请在先”，是指对于有数量限制的行政许可，如果两个或者两个以上的申请人都提出了许可申请，且都符合法定的许可条件和标准的，行政机关应当根据提交行政许可申请的先后顺序做出行政许可决定。这意味着有数量限制的行政许可首先应遵循的是“竞争、择优”的行政许可机制，申请在先是在两个以上的申请人具备同等条件的前提下才考虑申请的时间顺序。此外，法律、法规明确要求行政机关对于少数民族、经济欠发达区域的申请人或者属于社会弱势群体的申请人予以特殊照顾和扶持的，则在同等条件下，行政机关可以将数量有限的行政许可先颁发给他们。

典型案例

邱某等不服某市规划局规划行政许可案[①]

案情简介：

1999年1月11日，某市规划管理局（现为市规划局）作出98J-532号《建设工程规划许可证》，许可D公司、G公司建设项目名称为“泰和花园N1栋”商品房。该许可设定了相应的建设工程规划技术指标，F工程有限公司于1998年设计的关于泰和花园N1栋设计图纸上盖有该市规划管理局建设工程规划许可证图纸审核专用章。1999年10月27日，市建设委员会将《关于泰和花园N1栋初步设计的批

① 中华人民共和国最高人民法院行政审判庭编：《中国行政审判案例》（第3卷），中国法制出版社2012年版，第122—127页。

复》发给D公司与G公司，提出："F公司停业整顿期间，不得继续承担本工程的设计"；"请你公司另行委托符合有关规定的设计单位完善初步设计，并编制施工图。初步设计修改后报我委备案，施工图完成后，可向规划局办理建设工程许可证"。2000年1月，由Z设计院重新对泰和花园N1栋进行设计，并出示相应的图纸。泰和花园N1栋即按照Z设计院的图纸进行施工，但该图纸未报市规划局审核。2005年10月31日，市规划局《建设工程竣工规划验收表》上关于建筑高度及层高表述为"批建基本一致"。验收意见为：同意报备，不符合规划指标部分另案处理。2006年6月28日，D公司与G公司共同向该市规划局申请补办泰和花园N1栋施工图调整手续。2006年7月17日，市规划局作出《关于同意泰和花园N1栋商品房项目局部施工图调整的批复》（以下简称《批复》），原则上同意在调整能满足消防、结构安全等相关规定和要求，向购房业主告知且无异议等前提下补办手续。另查明，被告未举证证明《批复》作出前，已经向泰和花园N1栋的购房者告知规划的变更情况。

法院认为：本案被诉的《批复》，是市规划局接受D公司的申请，对泰和花园N1栋商品房项目规划进行部分调整所作出的规划许可，《批复》应纳入《行政许可法》调整范畴。

根据《行政许可法》第四十六条的规定，法律、法规、规章规定实施行政许可应当听证的事项，或者行政机关认为需要听证的其他涉及公共利益的重大行政许可事项，行政机关应当向社会公告，并举行听证。建设部、国家计委、国家经贸委、财政部、国土资源部、国家工商行政管理总局、监察部《关于整顿和规范房地产市场秩序的通知》（现已失效）规定："房地产开发项目规划方案一经批准，任何单位和个人不得擅自变更。确需变更的，必须按原审批程序报批；城市规划行政主管部门在批准其变更前，应当进行听证。"在行政许可实施程序中设立听证程序，可以提高行政许可决定的公正性、公开性和可接受性。本案被诉的《批复》，系对泰和花园N1

栋商品房已有的规划许可方案的变更，根据上述规定，应当按照行政许可法的规定，适用听证程序后方可作出。

根据《行政许可法》第四十七条的规定，行政许可直接涉及申请人与他人之间重大利益关系的，行政机关在作出行政许可决定前，应当告知申请人、利害关系人享有要求听证的权利。本案争议的规划调整是在泰和花园N1栋商品房项目已建设完毕，D公司已实际将房屋交付买受人的情况下作出的，三原告作为泰和花园N1栋商品房的规划调整的重大利益关系人，D公司作为行政许可申请人，依法享有听证的权利。被告未依法举行听证即作出本案被诉的《批复》，在程序上存在错误。

案例评析：

本案的主要争议焦点在于建设工程规划指标确定后，对部分规划指标进行调整是否应采取听证程序。听证制度作为一项法律制度，是行政机关在作出影响公民、法人或者其他组织合法权益的决定前，向其告知决定理由和听证权利，公民、法人或者其他组织随之向行政机关表达意见、提供证据、申辩、质证以及行政机关听取意见、接纳其证据的程序规定。当前，听证制度已成为现代行政程序法基本制度的核心。我国《行政许可法》亦明确规定，行政许可如涉及他人重大利益，不仅需要告知利害关系人并听取其陈述、申辩意见，还应根据法律、法规、规章的规定以及行政机关自行决定，对拟作出的行政许可主动采取听证程序。首先，从本案的事实来看，涉诉《批复》应视为行政机关根据公民或法人的申请，经审查，准予从事特定活动的一种行为，应纳入《行政许可法》的调整范畴。其次，被告所作的《批复》明显涉及三原告的重大利益，根据《行政许可法》第三十六条的规定，行政机关对行政许可申请进行审查时，发现行政许可事项直接关系他人重大利益的，应当告知该利害关系人。申请人、利害关系人有权进行陈述和申辩。行政机关应当听取申请人、利害关系人的意见。最后，从本案已查明的事实来看，被告的《批复》明显改变了其所作的建设工程规划许可中设定的建设工程规划技术指标，既关系到重要公共利益，也关系到原告（系《批复》的利害关系人）、申请人的重大利益，在《批复》作出前，被告应该主动采取听证程序或者告知原告、申请人有申请听证的权利。

Y公司诉某市政府等行政行为违法案[①]

案情简介：

2000年7月7日，某地建设局以某地建城［2000］10号文批准Y燃气有限公司（以下简称Y公司）为该市管道燃气专营单位。Y公司取得该批准文件后，又先后取得了燃气站《建设用地规划许可证》等批准文件。到本案一审判决为止，Y公司已在该市某区建成燃气调压站并在该区的主要街道和部分小区实际铺设了一些燃气管道。2002年9月20日，面对当时该市两个燃气公司，即Y公司和Z公司并存的状况，市政府常务会议作出停止Y公司管道铺设工作的决议。2003年4月26日，该市发展计划委员会（以下简称市计委）向X集团有限公司（以下简称X公司）等13家企业发出邀标函，着手组织该市天然气城市管网项目法人招标，同年5月2日发出《某市天然气城市管网项目法人招标方案》（以下简称《招标方案》），Y公司在报名后因未能交纳5000万元保证金而没有参加最后的竞标活动。同年6月19日，市计委依据评标结果和考察情况向X公司下发了《中标通知书》，同年6月20日，市政府作出《关于X公司独家经营某市规划区域内城市管网燃气工程的通知》（以下简称54号文），由X公司独家经营该市规划区域内城市天然气管网工程。54号文送达后，X公司办理了天然气管网的有关项目用地手续，购置了输气管道等管

① 《中华人民共和国最高人民法院公报》2005年第8期。

网设施，于2003年11月与中国石油天然气股份有限公司西气东输管道分公司签订了“照付不议”用气协议，并开始动工开展管网项目建设。Y公司认为，市计委、市政府作出的上述《招标方案》《中标通知书》和54号文违反了法律规定，并侵犯了其依法享有的管道燃气经营权，遂向省高级人民法院提起行政诉讼。Y公司不服省高级人民法院的一审判决，向最高人民法院提起上诉。

法院认为：1. 由于某地建城［2000］10号文对整个招标活动始终构成法律上的障碍，故市计委直到对X公司发出《中标通知书》时，仍未对某地建城［2000］10号文作出处理以排除法律上的障碍，属于违反法定程序，且损害了Y公司的信赖利益。

2. 按照《河南省实施招标投标法办法》第十三条规定，政府重点项目原则上应当公开招标，只有符合以下两个要件才能采用邀请招标方式。一是属于以下情形之一：（1）因项目技术复杂或者有特殊要求，只有少数潜在投标人可供选择的；（2）对专有技术和专利权保护有特殊要求的；（3）受自然资源或者环境限制的；（4）采用公开招标方式不符合经济性要求的；（5）法律、法规规定其他不宜公开招标的。二是必须经省发展计划委员会核准后报省人民政府批准。本案所涉招标项目是省重点项目，而市计委在既未说明本案招标活动是否属于上述五种情形之一，也没有依法办理批准手续的情况下，径行采用邀请招标方式，属于违反法定程序。

3. 根据《招标投标法》第二十四条关于“依法必须进行招标的项目，自招标文件开始发出之日起至投标人提交投标文件截止之日止，最短不得少于二十日”之规定，给投标人的准备时间不得少于20日。市计委给投标人的准备时间起自2003年5月2日，截至同年5月12日，共计10日，明显少于法律规定的准备时间，构成违反法定程序。

同时，法院认为，撤销X公司的燃气特许经营权会对该市的公共利益造成较大不利影响，出于公共利益的考量，最终确认被诉行为违法而不予以撤销。对于Y公司的燃气经营权被终止导致的资金投入损失，由该市人民政府根据政府诚信的原则对Y公司施工的燃气工程采取相应的补救措施。

案例评析：

本案涉及行政机关违反公开招投标程序要求授予的行政许可是否合法以及是否应予撤销的问题。本案中第三人X公司的燃气特许经营许可既关系到原告的利益，也关系到公共利益，应从三个层次进行考量。

第一，该市政府等被告的行为存在两处明显瑕疵：一是实体上没有考量原告Y公司的信赖利益保护；二是将燃气特许经营权授予第三人X公司的程序违反了法定的招投标程序，从保护Y公司信赖利益和依法行政原则进行考量，应当撤销X公司的燃气特许经营权。

第二，X公司对于燃气特许经营许可之获得并不存在可归责于己之过错，且被诉行政行为作出后，X公司已进行了较大资金投入，并已与中国石油天然气股份有限公司西气东输管道分公司签订了“照付不议”用气协议，如果撤销被诉行政行为，在招标程序中无过错的X公司将遭受较大经济损失。因此，本案中X公司亦享有值得保护的信赖利益。根据“对第三人产生负担效果的授益行政行为之撤销”的理论，对受益人的信赖保护不得以损害第三人的正当权益为代价，以彰显公平正义。由于X公司的燃气特许经营权损害到Y公司之利益，原则上法院应撤销其特许经营许可，因此给X公司造成财产损害的，予以相应赔偿。

第三，本案中，如果撤销被诉行政行为会对该市的公共利益造成较大不利影响。因此，出于公益优先之考量，应允许X公司的特许经营许可继续有效，法院应做出确认违法之判决，并责令被告对Y公司因此蒙受的不利采取相应补救措施，如财产上的赔偿等。

某公司诉某区工商分局工商行政许可案[①]

案情简介：

2006年6月12日，原告某公司的法定代表人李某向某区工商分局填报《企业变更（改制）登记（备案）申请书》《企业变更（改制）登记（备案）申请表》提出变更公司经营范围的申请。主要申请内容将公司经营范围修改为：技术推广，科技服务，销售工艺美术品、收藏品、文化用品、体育用品、特定地区的特色空气销售（如德国世界杯绿茵场草坪刚打理后，有浓郁的青草香味空气，在家观看世界杯足球赛闻到这种空气犹如置身现场。2006年世界杯足球赛期间，原告CEO李某获悉德国一家公司拟销售"世界杯空气"，原告即与该公司取得联系，准备代理销售该产品）。当天，某区工商分局向原告作出《受理通知书》，认为该公司提交的变更申请材料齐全、符合法定形式。并请原告于2006年6月26日，凭该通知书及身份证件到9号窗口领取相关文书。2006年6月26日，某区工商分局向原告作出《行政许可延期通知书》，表示因实质审查未完结，不能在法定期限内作出行政许可决定。根据《行政许可法》第四十二条第一款的规定，行政许可决定延期至2006年7月6日作出。2006年7月6日，某区工商分局对原告作出《登记驳回通知书》，该局决定对原告的申请不予登记。在该通知理由部分注明：依据《公司登记管理条例》第十五条。

原告认为，被告上述行为违法，具体理由如下：1.依照《公司登记管理条例》的规定，登记机关对申请人提出的申请予以受理的，应当场作出准予登记的决定。被告当天受理了原告的申请，但未作出准予登记的决定，违反了前述法规规定。2.被告对原告申请延期处

① 本节介绍部分的内容编辑性引自郑瑞涛：《不予工商登记行为的合法性审查》，载北京市高级人民法院行政审判庭编：《行政诉讼案例研究》（五），中国法制出版社2009年版，第36—44页。

理的行为不符合《行政许可法》的规定。3.《公司登记管理条例》规定，公司的经营范围用语应当参照而非“依照”国民经济行业分类标准，故即使原告申请增加的经营范围在《国民经济行业分类标准》中没有载明，也不能以此为由驳回原告登记申请。4.目前没有法律、法规规定不能销售“空气”，故被告驳回原告申请没有法律依据。综上，请求法院依法撤销被告对原告作出的《登记驳回通知书》。

被告辩称，原告提出的增加特定地区的特色空气经营范围变更登记事项，不属于《国民经济行业分类标准》确定的范围且含混不清、不明确，故该局作出的《驳回登记通知书》并无不当，请求法院予以维持。

法院认为：一审法院经审理未认同原告的事实理由和支持原告的诉讼请求。二审法院经审理认为：根据《公司法》第十二条的规定，公司的经营范围由公司章程规定，并依法登记；公司可以修改公司章程，改变经营范围，但是应当办理变更登记；公司的经营范围中属于法律、行政法规规定须经批准的项目，应当依法经过批准。根据《公司登记管理条例》第十五条的规定，公司的经营范围由公司章程规定，并依法登记；公司的经营范围用语应当参照国民经济行业分类标准。第五十四条规定，公司登记机关对决定予以受理的登记申请，应当分别情况在规定的期限内作出是否准予登记的决定……公司登记机关需要对申请文件、材料核实的，应当自受理之日起十五日内作出是否准予登记的决定。根据上述有关规定，某公司上诉主张变更公司经营范围的登记申请不属于行政许可事项的意见，法律依据不足，不予采信。一审法院认定《国民经济行业分类标准》是工商部门在核定经营范围时确定经营范围用语的参照依据，也是市场经济秩序相应监管部门确认相关事项的参照依据，并无不妥。某公司申请增加的经营事项为“销售特定地区的特色空气”，该申请内容指向的销售对象具有不确定性，且经营行为所属行业无法参照《国民经济行业分类与代码》予以确认。据此，某区工商分局作出驳回登记申请的通知，符合前述法规的规定，有利于维护现阶段我国市场经济发展水平下的市场经济秩序。某区工商分局在受理某公司变更经营范围的申请后，在合理期限内进行审核，并作出驳回的通知，其执法程序并无不当。综上，一审法院判决认定事实清楚，适用法律正确，审判程序合法，应予维持，某公司的上诉理由不能成立，对其上诉请求应予驳回。二审法院判决驳回上诉，维持一审判决。

案例评析：

《公司登记管理条例》现在已经废止，且被2022年3月1日施行的《市场主体登记管理条例》所替代。《市场主体登记管理条例》第十九条第一款规定："登记机关应当对申请材料进行形式审查。对申请材料齐全、符合法定形式的予以确认并当场登记。不能当场登记的，应当在3个工作日内予以登记；情形复杂的，经登记机关负责人批准，可以再延长3个工作日。"由于本案发生的时间为2006年，因此评析其时限还是应该以《公司登记管理条例》的规定为准。

2006年6月12日，申请人向某区工商分局提交申请材料并申请变更公司经营范围登记。当天，工商分局收取了申请资料并予以审理。在审查材料的过程中，因工商分局未能在《公司登记管理条例》规定的十五日的期限内完成，所以，工商分局依照法定程序延长十日。同年6月26日，工商分局向原告作出《行政许可延期通知书》。2006年7月6日，工商分局向原告作出《登记驳回通知书》。

从期限来看，工商分局向原告作出《行政许可延期通知书》时，离受理的时间有十四日，并未超过十五日的规定。6月26日，工商分局向原告作出《行政许可延期通知书》时，离受理的时间有二十四日，并未超过二十五日的规定。因此，某区工商分局遵守了法定的期限要求。

思考题

1. 行政机关在受理行政许可前有哪些义务?

2. 如何确定行政机关在审查申请行政许可材料时应该进行形式审查还是实质审查?行政机关是否尽到了对行政许可申请材料的审查义务?

3. 行政机关的许可期限如何计算?

4. 行政许可听证制度的意义是什么?何种行政许可事项需要听证?

5. 行政许可变更与行政许可延续有何不同?是否所有的行政许可都可以申请延续?

6. 违反行政许可实施程序授予的行政许可是否必然无效?

第六章　行政许可的费用

本章知识要点

- □ 行政许可费用的概念、分类与特征
- □ 行政许可费用的性质
- □ 行政许可费用的原则
- □ 行政许可收费的监管

第一节　行政许可费用的概念、分类与特征

一、行政许可费用的概念

“行政许可的费用”是《行政许可法》第五章的标题，虽然该章只有两个条款，但立法上将其作为独立的一章来规范，足以看出“费用”在行政许可中的重要性和特殊性。在《辞海》中，“费用”一词有三种含义：一是指“花费的钱”；二是指“开支”；三是作为“会计要素之一”，指活动中发生的、导致所有者权益减少的经济利益的流出。综合三种含义来看，费用有一个核心的指向，即意味着成本、负担或不利益。在这个意义上，行政许可的费用，就意味着在行政许可活动中发生的成本、负担或不利益。从学理来看，**行政许可的费用，是指行政机关实施行政许可和对行政许可事项进行监**

督检查所发生的费用。[①]

二、行政许可费用的分类

由于行政许可行为主要涉及行政机关和行政相对人两方主体，行政许可的费用只能由二者中的一方单独承担或双方分别承担。**按照费用的承担主体或分配方式不同，《行政许可法》把行政许可的费用分为两大类：一是行政许可经费；二是行政许可收费。**

（一）行政许可经费

行政许可经费是由行政机关承担的行政许可费用。按照《政府会计准则——基本准则》第四十五条的规定，对行政机关而言，费用是指报告期内导致政府会计主体净资产减少的、含有服务潜力或者经济利益的经济资源的流出。在行政许可活动过程中，行政许可的费用需要由行政机关来承担时，行政许可费用就可称作行政许可经费，即行政机关因实施行政许可和对行政许可事项进行监督检查所必需的行政经费支出。[②]《行政许可法》第五十八条第三款规定："行政机关实施行政许可所需经费应当列入本行政机关的预算，由本级财政予以保障，按照批准的预算予以核拨。"行政许可经费是保障行政许可活动正常开展的财政支出，无须向行政相对人分配成本，完全由行政机关自行负担。

（二）行政许可收费

行政许可收费是由行政相对人承担的行政许可费用，指行政机关实施行政许可和对行政许可事项进行监督检查过程中，按照法律、行政法规规定，向公民、法人和其他组织收取的费用，包括从行政

① 胡建淼：《行政法学》，法律出版社2015年版，第300页。

② 黄晓亮、吕留献编著：《行政许可法概论》，中国人事出版社2004年版，第126页。

许可的申请与受理到审查与决定的全过程以及准予许可后的监督过程中，行政许可实施机关以及监督机关所收取的费用。[①]由此可见，**与行政许可经费不同，行政许可收费由行政相对人承担成本或不利益，且由实施行政许可的行政机关向行政相对人收取。**

三、行政许可费用的特征

行政许可费用具有财政约束性、主体分担性和法定规制性三大特征。

（一）财政约束性

行政许可费用是行政许可正常进行的必要保障。所谓财政约束性，是指行政许可费用均应当纳入国家财政收支范围，受国家财政制度的规范和制约。一方面，行政许可费用中的行政许可经费由行政机关列入财政预算，成为财政支出的一部分；另一方面，行政许可费用中的行政许可收费必须全部上缴国库，成为财政收入的一部分。无论是行政许可经费，还是行政许可收费，均在国家财政之列。

（二）主体分担性

主体分担性是指行政许可费用在行政许可行为涉及的行政机关和行政相对人两大主体间进行分配负担的特征。由行政机关承担的行政许可费用称为行政许可经费，由行政相对人承担的行政许可费用称为行政许可收费。需要强调的是，行政许可费用是《行政许可法》使用的一个概括性的法律用语，无论是在学理探讨中，还是在实务操作中，既不能因为行政许可中存在乱收费的现象，就简单地将行政许可费用与行政许可收费画等号；也不能因为行政许可经费

---

① 汪永清主编:《行政许可法教程》，中国法制出版社2011年版，第193页。

已纳入财政预算，就不再将其作为行政许可费用来看待。

（三）法定规制性

行政许可费用具有鲜明的法定规制性。无论是行政许可经费，还是行政许可收费，都受法律法规的强制性制约和规范，不得在法律法规规定之外列支行政许可经费，也不得在法律法规规定之外进行行政许可收费。一方面，行政许可经费既要按照《行政许可法》的明确规定列入实施行政许可的行政机关本级财政预算，又要遵守《预算法》有关预算和决算的编制、审查、批准、监督以及预算的执行和调整等的规定，做到依法列支行政许可经费。另一方面，行政许可收费要严格按照《行政许可法》的规定收取，实施任何行政许可收费必须有明确的法律、行政法规依据，应当公布并严格执行法定收费项目和收费标准，不得在法律、行政法规规定之外滥设项目，随意设定收费标准，超范围超标准胡乱收费。

第二节　行政许可费用的性质

行政许可费用包括行政许可经费和行政许可收费，二者的承担主体不同，因此在性质上有显著区别。

一、行政许可经费的性质

作为行政支出，行政许可经费具有全额保障性和财政预算性的特点。

（一）全额保障性

根据《行政许可法》第五十八条第三款的规定，行政机关在实施行政许可过程中所需要的各种费用，均应当列入本行政机关的预算之中，进而由同级财政给予保障。这里的各种费用，从广义上包括实施行政许可的行政机关的人员经费、办公经费、设施设备修缮费等所有与行政许可有关的直接费用和间接费用。行政许可收费和行政许可经费性质完全不同，二者不可混为一谈，这也是《行政许可法》第五十九条特别强调“收取的费用必须全部上缴国库”，财政部门不得向行政机关返还或变相返还行政许可收费的意义所在。

（二）财政预算性

按照法律规定，行政许可经费必须纳入财政预算中，受《预算法》的调整。因此，财政预算性成为行政许可经费的鲜明属性。财政预算性要求，行政许可经费作为行政支出编入财政预算，经法定批准程序通过后，按照批准的预算额度拨付到相应的行政许可实施机关，进而由行政机关按照批准的预算额度和项目开支，从而维持该行政机关正常开展行政许可活动。财政预算性既为行政许可经费提供了法律上、财政上的坚实保障，也为行政许可经费设定了一系列内容上、程序上的规范约束，未经批准不得擅自改变预算或超出预算范围。

二、行政许可收费的性质

作为行政性收费，行政许可收费具有法定强制性、非税收入性和非营利性等特点。

（一）法定强制性

法定强制性是行政许可收费的首要属性。行政机关在实施行政许可中对哪些项目收费、收费多少、如何收费、收费用途等均应依法确定。具体而言，**行政机关实施行政许可收取费用，必须有明确的法律、行政法规作为依据。**《行政许可法》强化了行政许可收费的法定性，明确实施行政许可收取费用必须根据法律、行政法规的规定，其他规范性文件的规定不得作为收费依据。[①]同时，行政许可收费具有强制性，申请行政许可的行政相对人应当依法足额缴纳相应费用，除法律法规另有规定外，不得以各种理由拒缴或少缴，否则将受到法律的追究和制裁。[②]

（二）非税收入性

行政许可收费作为行政性收费，属于政府的非税收入，**不仅受《行政许可法》的规范，也受《预算法》等财政会计方面法律法规的制约**。非税收入的属性决定了行政许可收费一经收取就应当尽缴国库，成为国家财政收入的组成部分，不得直接转化为行政许可经费。

（三）非营利性

行政许可收费的非营利性是由行政机关的公务属性和行政许可的授益属性决定的。一方面，行政机关实施行政许可的行为属于公务行为，旨在为行政相对人提供公共服务，故公务行为的费用原则上应由国家财政统一承担。另一方面，行政许可是行政机关对行政相对人的授益性行为，由获益方承担一定的费用符合通常认识和理解。行政许可收费应当合理适当，过高就会加重行政相对人负担，也有悖于行政机关的职能定位。

第三节　行政许可费用的原则

行政许可费用的原则，是贯穿行政许可经费保障和行政许可收

① 黄晓亮、吕留献编著：《行政许可法概论》，中国人事出版社2004年版，第126页。

② 汪永清主编：《行政许可法教程》，中国法制出版社2011年版，第194页。

费行为，指导相关行政许可法律规范并由其体现出来的基本精神和行为准则。[①]根据《行政许可法》第五十八条和第五十九条的规定，可将行政许可费用的主要原则归纳为三个方面：一是收费禁止原则；二是收费法定原则；三是财政保障原则。鉴于收费禁止原则与财政保障原则之间有一定的内在关联性，且规定在同一个法条中，因此将财政保障原则放在收费禁止原则中加以说明。

一、收费禁止原则

行政许可费用的收费禁止原则，主要是指行政机关实施行政许可和对行政许可事项进行监督检查，不得收取任何费用。这是一项基本的、普遍的原则，贯穿行政许可费用制度的全过程。[②]这一原则充分体现在《行政许可法》第五十八条中，主要有以下三层含义。

（一）收费禁止贯穿行政许可始终

从《行政许可法》的规定来看，行政机关在实施行政许可行为的事前、事中和事后，均不得向行政相对人收取费用。事前的收费禁止具体表现在行政机关向行政相对人提供行政许可申请书格式文本，不得收费。事中的收费禁止要求行政机关在实施行政许可过程中不得向行政许可的申请人收费。《行政许可法》第四十七条第二款规定："申请人、利害关系人不承担行政机关组织听证的费用。"事后的收费禁止要求行政机关作出行政许可后，在对行政许可事项进行监督检查时，也不得收费。由此可见，收费禁止原则是贯穿行政许可始终的。

（二）收费禁止不排除特定的例外

行政许可费用的收费禁止原则并非完全绝对，当满足一定条件

---

① 胡建淼：《行政法学》，法律出版社2015年版，第42页。

② 周佑勇主编：《行政许可法理论与实务》，武汉大学出版社2004年版，第171页。

时，收费禁止原则可不适用，可视为收费禁止原则的例外。主要有两种情形：一是法定的例外，根据《行政许可法》第五十八条第一款的规定，**当法律、行政法规规定行政许可应当收费时，收费禁止原则将不再适用，行政许可收费就成为行政许可费用的具体表现形态**。此时，行政许可费用就会受制于收费法定原则。二是主体的例外，**当收费方不是实施行政许可的主体时，此时的收费并不受制于收费禁止原则**。如在行政许可中，作为实施行政许可的方式、手段或者是取得行政许可必备条件的检验、检测、检疫等，当由实施行政许可主体之外的专业技术组织承担时，承担检验、检测、检疫等的专业技术组织可以向行政许可的申请人收费。

（三）收费禁止与财政保障相结合

从行政许可立法的初衷来看，之所以要对行政许可费用作出明确规范，特别是明确了收费禁止原则，很大程度上是为了防止实施行政许可的行政机关以支定收，用行政许可收费弥补或维持机关运行经费的缺口，从根本上消除设定行政许可的经济动因。[①]在收费禁止的原则下，实施行政许可所需要的经费只能通过财政来保障，从而使财政保障成为行政许可费用的原则之一。财政保障原则体现在《行政许可法》第五十八条第三款，具体包括三层意思：一是行政机关实施行政许可所需经费应当列入本行政机关的预算；二是行政机关将经费预算报本级财政，由本级财政批准行政机关的全部或部分预算；三是本级财政保障行政许可所需经费，按批准的预算予以核拨。[②]

二、收费法定原则

在行政许可费用的原则中，收费法定是与收费禁止相对应的原

① 乔晓阳主编：《中华人民共和国行政许可法释义》，中国物价出版社2003年版，第176页。
② 姜明安主编：《行政许可法条文精释与案例解析》，人民法院出版社2003年版，第195页。

则。所谓收费法定，是指除非法律、行政法规对行政许可收费作出明确规定，实施行政许可的行政机关不得以任何方式、任何名目向行政许可申请人收取行政许可费用。[①]根据《行政许可法》第五十八条第一款和第五十九条的规定，收费法定原则可从以下三个方面来理解。

（一）收费法定之“法”的特定性

根据《行政许可法》第五十八条第一款规定，行政许可收费所依据的“法”只能是法律和行政法规，除二者之外的地方性法规、自治条例、单行条例、部门规章和地方政府规章以及其他规范性文件，都不得规定行政许可的收费。从效力位阶来看，法律和行政法规的效力仅次于宪法，足见对行政许可收费的慎重。从立法主体来看，法律由全国人大及其常委会制定，行政法规由国务院制定，也就是说，行政许可收费的设定权专属于全国人大及其常委会和国务院。但无论是全国人大及其常委会还是国务院，均不得以法律、行政法规之外的形式设定行政许可收费。

在《行政许可法》实施之初，国务院以“决定”的形式（即《国务院对确需保留的行政审批项目设定行政许可的决定》）对法律、行政法规以外的国务院部门规范性文件设定的行政许可事项予以确认。新疆维吾尔自治区人民政府在执行该决定时提出疑问，请示“对应的该规范性文件中设定的行政许可收费内容是否一并有效”。原国务院法制办在复函中重申了收费法定原则的特殊性，指出国务院部门规范性文件不能就行政许可的收费问题作出规定。“决定”仅对行政许可予以保留，无权就其中涉及的行政许可收费给予确认，根据《行政许可法》第八十三条第二款的规定，国务院部门制定的

---

① 周佑勇主编：《行政许可法理论与实务》，武汉大学出版社2004年版，第173页。

规范性文件有关行政许可收费的规定，应当停止执行。[①]可见，在作为设定依据的“法”之特定性上，收费法定比许可法定更严格。

（二）收费法定之“费”的限定性

根据《行政许可法》第五十九条的规定，行政机关实施行政许可，依照法律、行政法规收取费用的，应当按照公布的法定项目和标准收费。项目法定、有明确标准并且公开发布就是对收费法定之“费”的限定性。财政部发布的《关于严格按照行政许可法审批管理行政许可收费的通知》对行政许可收费范围作了列举，包括申请费、审批费、审查费等。但上述各项费用能否收取，要符合收费法定对“费”的限定性要求，不能在公布的法定项目范围之外，巧立项目，擅自增加或者修改收费项目；也不能在公布的标准以外，擅自提高收费标准。[②]

（三）收费法定之“收”的规定性

如果说，收费法定之“法”的特定性回答了“依什么法收费”，收费法定之“费”的限定性回答了“依法对什么收费”，那么，收费法定之“收”的规定性要回答的则是“依法怎么收费”。对此，《行政许可法》第五十九条和第七十五条从三个方面作了规定：一是依法收费上缴。即在实施行政许可和对行政许可事项进行监督检查过程中，按照法律、行政法规规定，根据公布的法定项目和标准，应当将相关行政许可收取的费用全额上缴国库。二是违法收费禁止。严禁行政机关在没有法律、行政法规规定作为依据的情况下擅自收费，严禁在公布的法定项目和标准之外收费，严禁对实施行政许可依法收取的费用进行截留、挪用、私分或变相私分。三是

---

① 胡建淼：《行政法学》，法律出版社2015年版，第300页。

② 周佑勇主编：《行政许可法理论与实务》，武汉大学出版社2004年版，第173页。

严守收支分离。要求不得将行政机关的预算经费与行政许可收费挂钩，禁止行政机关为解决办公经费、人员福利等进行行政许可收费，财政部门也不得以任何形式向行政机关返还或变相返还实施行政许可所收取的费用，这有助于从源头上预防和治理腐败，保护行政相对人的合法权利，避免出现因物质利益驱动而造成滥用行政许可权的情况。[①]

第四节　行政许可收费的监管

一、行政许可收费的管理

行政许可收费必须遵守收费法定原则，在法律、行政法规规定的行政许可事项中收取费用。然而，即使法律、行政法规规定实施行政许可可以收取费用，实施机关也不得自行收取费用，必须按照法定程序报经有关部门批准，核定收费项目和标准。随着国家的强力清理和规范，特别是财政部、国家发展改革委发布《关于进一步完善行政事业性收费项目目录公开制度的通知》和《行政事业性收费标准管理办法》以来，行政事业性收费项目和标准的管理日趋完善。作为行政性收费的一种，行政许可收费也受益于此；行政许可收费项目被纳入清单管理，行政许可收费标准的管理更加严格规范。

（一）行政许可收费项目的清单管理

行政许可收费项目的清单管理实现了收费项目的全覆盖、目录编制的分级化、清单公开的常态化。具体来说，一是所有行政许可收费项目同其他行政事业性收费项目均被纳入收费项目目录清单管

① 姜明安主编：《行政许可法条文精释与案例解析》，人民法院出版社2003年版，第197页。

理，收费项目目录清单包括各项收费的具体项目名称、执收单位、资金管理、政策依据等内容。二是收费项目目录清单实行分级编制。中央批准设立的行政许可收费项目，由财政部会同国家发展改革委编入清单；各省、自治区、直辖市人民政府及其财政、价格主管部门批准设立的行政许可收费项目，由省级财政部门会同价格主管部门编入清单。三是实行常态化的收费项目目录清单公开。按照中央和省分级编制分工，收费项目目录清单分别由财政部和省级财政部门在其官方网站上实行常态化公开。在执行过程中，收费项目有取消、停征、名称和执收单位变更等情形发生时，应当按照规定程序及时更新目录清单相关内容。收费目录清单的建立和实施，将依法设立的行政许可收费项目全部纳入清单并主动公开，满足社会的知情权，接受社会的监督，有助于从源头上防止各类乱收费、乱摊派。

（二）行政许可收费标准的严格管理

行政许可收费标准是进行行政许可收费的直接依据，也是规范行政许可收费最重要的制度性防线。因此，行政许可收费标准成为最需要严格管理的对象，目前主要从四个方面对其进行管理：一是严格将收费标准的审批与收费目录清单挂钩。只有列入行政事业性收费目录清单的行政许可收费项目，才能依据相关规定申请制定或修改收费标准；未列入行政事业性收费目录清单的行政许可收费项目，一律不得审批收费标准。二是实行中央和省两级审批制度。由国务院和省级人民政府的价格、财政部门按照规定权限集中行使行政许可收费标准审批权，其他任何政府和部门均无权审批。三是全过程管理行政许可收费标准。使行政许可收费标准的申请、受理、调查、论证、审核、决策、公布、公示、监督、检查等均有章可循。四是加强行政许可收费标准的事中事后监管。取消收费许可证和年审制度，同步建立收费单位情况及其收支状况年度报告制度，逐步建立收费政策及执行情况后评估制度。

二、行政许可收费的监督

（一）对擅自收费的监督

根据《行政许可法》第五十八的规定，**除非法律、行政法规另有规定，行政机关实施行政许可和对行政事项进行监督检查，不得收取任何费用；行政机关提供行政许可申请书格式文本，不得收费；行政机关实施行政许可所需经费应当列入本行政机关的预算，由本级财政予以保障，按照批准的预算予以核拨**。据此，下列情形均属擅自收费：逾越法律、行政法规规定，自我设定收费项目的；不具有法律、行政法规规定的收费主体资格，向行政相对人收取行政许可费用的；无论是在实施行政许可过程中，还是在对许可事项进行监督检查过程中，没有任何法律、行政法规依据的收费行为。[①]如果有擅自收费的行为，根据《行政许可法》第七十五条第一款的规定，应当由其上级行政机关或者监察机关责令退还非法收取的费用，对直接负责的主管人员和其他直接责任人员依法给予行政处分。

（二）对违反法定项目和标准收费的监督

根据《行政许可法》第五十九条的规定，行政机关实施行政许可，依照法律、行政法规收取费用的，应当按照公布的法定项目和标准收费。特别是实行行政事业性收费目录清单制度以来，行政许可收费的项目和标准实现了集中向社会公示公开，可以更好地受到社会监督。如果有不按照法定项目和标准收费的行为，根据《行政许可法》第七十五条第一款的规定，应当由其上级行政机关或者监察机关责令退还非法收取的费用，对直接负责的主管人员和其他直接责任人员依法给予行政处分。

---

① 周佑勇主编：《行政许可法理论与实务》，武汉大学出版社2004年版，第176页。

（三）对截留、挪用、私分或者变相私分收费的监督

根据《行政许可法》第五十九条的规定，行政机关实施行政许可所收取的费用必须全部上缴国库，任何机关或者个人不得以任何形式截留、挪用、私分或者变相私分。所谓截留、挪用，是指行政机关没有应缴尽缴所有收费，把本该上缴国库的行政许可收费款项留在本机关，并将其挪作他用。所谓私分、变相私分，是指行政机关将截留的行政许可收费款项，分给个人或者变相变为个人所有。对于截留、挪用、私分或者变相私分实施行政许可收取的费用的，《行政许可法》第七十五条第二款规定了明确的法律责任，截留、挪用、私分或变相私分实施行政许可依法收取的费用的，予以追缴；对直接负责的主管人员和其他直接责任人员依法给予行政处分；构成犯罪的，依法追究刑事责任。

典型案例

某公司诉某县住房和城乡建设局行政许可纠正决定违法案[①]

案情简介：

2014年2月13日，某公司依法向某县人民防空办公室[②]（以下简称县人防办）缴纳了防空地下室易地建设费292553.20元，并于次日取得相应地块防空地下室易地建设许可证。后该房地产工程建设竣工、备案，销售完毕。2018年11月13日，县人防办查看档案时发现涉案工程许可的易地建设费缴纳标准为每平方米20元，但当时

① 山东省德州市中级人民法院（2020）鲁14行终211号行政判决书。

② 经法院查明，某县人民防空办公室依法行使的易地建设费行政追缴职能由某县住房和城乡建设局依法履行。故该案被告为某县住房和城乡建设局。

的法定标准为每平方米2000元，遂根据《山东省行政程序规定》有关规定启动行政纠错程序。经过调查、审批、审核、集体讨论、行政许可纠正告知等程序，于2018年12月26日作出行政许可纠正决定，对该公司防空地下室易地建设许可中的易地建设费缴纳标准部分“20元每平方米”纠正为“2000元每平方米”。该公司认为，原行政许可已经发生法律效力，不存在违法事实，纠正决定没有法律依据，遂向法院提起行政诉讼，请求判决撤销被诉行政许可纠正决定书。法院一审支持了该公司的诉讼请求。该县住房和城乡建设局不服，提起上诉。

法院认为：本案的争议焦点为县人防办作出的行政许可纠正决定是否合法。第一，根据《人民防空法》第二十二条和第五十二条、《山东省实施〈中华人民共和国人民防空法〉办法》第十六条第一款、《人民防空工程建设管理规定》第四十八条和第五十条的规定，易地建设费的收取标准由省人民政府价格主管部门会同财政、人民防空主管部门按照当地防空地下室的造价制定，县人防办具有征缴防空地下室易地建设费的法定职权。第二，按照《山东省物价局、山东省财政厅、山东省人民防空办公室关于规范人防建设费征缴有关问题的通知》第一条规定，防空地下室易地建设费具体标准为：6级以上防空地下室，每平方米2000—3000元；6B级防空地下室，济南等8市（不含德州）每平方米1300—1800元，其他城市每平方米1100—1500元，具体收费标准由各市物价部门会同有关部门制定，报省物价局、财政厅、人民防空办公室备案。根据德州市物价局、德州市财政局、德州市人防办联合下发的《关于人防地下室易地建设费收费标准的通知》规定，人防地下室易地建设费收费标准为：6级以上防空地下室，每平方米2000元；6B级防空地下室，每平方米600元。但是，县人防办提供的证据均无法证实涉案建筑建设的是何种级别的防空地下室，因此，行政许可纠正决定将缴费标准变更为每平方米2000元的主要事实依据不足。最终，二审法院判决：驳回上诉，维持原判。

案例评析：

行政许可收费是行政机关依照法律、行政法规的规定，在实施行政许可和对行政许可事项进行监督检查过程中，向行政许可的申请人或行政许可事项的被许可人收取的费用。本案涉及人防地下室易地建设的行政许可和人防地下室易地建设费的收取，在实际工作中，有的行政机关将缴纳建设费视为行政许可，有的行政机关则将其作为行政征收。从二审法院对本案的裁判来看，该项建设费并没有法律、行政法规上的明确依据，但有中央规范性文件和地方性法规的明确规定，故未将其归入行政许可收费之列，否则违反收费法定原则。因此，应将前述行政许可和建设费收取作为两个独立的行政行为，可将缴纳易地建设费视为获取行政许可的前置条件。值得注意的是，本案法院对收费标准类别予以严格把控，没有支持行政机关未明确类别的收费。这就提醒行政机关在进行行政许可收费时，应当严格按照公布的法定项目和标准收费。

J公司诉某公路养护中心行政强制执行及行政赔偿纠纷案[①]

案情简介：

2013年10月28日，J广告有限公司（以下简称J公司）取得南宁市城市管理局发放的《南宁市户外广告设置证》，该证显示：设置权人为J公司；设置地点为南宁市机场高速路K17+261处；设置期限为2012年10月10日至2015年10月9日。某公路养护中心（以下简称养护中心）巡查时发现位于其管养范围内的县道001线5K+000右侧处（与设置证所载设置地点为同一位置）设立有一高杆广告牌。

① 广西壮族自治区南宁市中级人民法院（2019）桂01行终292号行政判决书。案件来源于中国裁判文书网。

2013年3月11日，经现场勘查和调查取证，养护中心认定该广告牌业主未经公路部门批准，在公路用地范围内设置非交通标志牌，违反了《公路法》第五十四条的规定，但由于该广告牌上无业主地址及联系方式，无法查明广告牌业主具体情况及联系方式。同日，养护中心作出《违法行为通知书》，张贴于该广告牌的高杆上，并拍照记录。2013年4月15日，养护中心作出《行政处罚决定书》。2013年5月16日、6月16日，分别作出《行政强制执行催告书》《行政强制执行决定书》。2013年7月1日，作出《行政强制执行公告》，并将其张贴于该广告牌的高杆以及所在镇政府公告栏处。2013年11月18日，养护中心对该广告牌实施了强制拆除。J公司不服提起诉讼，一审法院判决养护中心强制拆除行为违法，但驳回了J公司对包括行政许可费在内的全部经济损失的赔偿请求。J公司不服，遂上诉至南宁市中级人民法院。

法院认为：本案涉及两个问题：一是被诉强拆行为的合法性如何认定的问题。因J公司未提供证据证明其架设广告牌获得相关主管部门同意，其架设案涉广告牌明显属于违法行为，因此养护中心依据《公路法》有关规定认定其违法并无不妥。二是赔偿请求有无事实和法律依据的问题。《国家赔偿法》对行政赔偿的范围、方式和标准作了具体规定。所主张行政赔偿应系被诉行政行为导致的直接损失。所主张损失因多个不同行政行为所致，应正确厘清不同行政行为所分别导致的损失范围并分别主张。无论设置广告牌是否获得行政许可，该广告牌本身并非非法财物，被依法拆除后亦应将其交由J公司处置，养护中心违反法定程序拆除导致广告牌灭失，应予赔偿。至于J公司主张的行政许可费等损失，即主张其已获得《南宁市户外广告设置证》，有关行政机关对其信赖利益应予充分保障的问题，依照《行政许可法》第五十九条、第六十九条的规定，系行政许可行为导致的另案问题。该责任应由作出相应行政许可行为的行政机关承担。二审法院判决：撤销一审判决，确认强制拆除行为违法，赔偿直接经济损失，驳回其他诉讼请求。

案例评析：

本案涉及广告位的行政许可收费是否应当给予国家赔偿的问题。作为行政许可的受益人，广告位的经营者J公司依法取得设置广告位的行政许可，并为此支付了行政许可费用，享有相应的行政许可上的信赖利益保护。然而，本案涉及两个行政行为：一是广告位的许可机关南宁市城市管理局向J公司颁发《南宁市户外广告设置证》的行政许可行为；二是养护中心强制拆除J公司广告牌的行政强制行为。J公司的诉讼请求因养护中心的行政强制行为而引发，但并不能由养护中心对其损失进行全部赔偿。一方面，这与J公司所主张的非直接损失不受《国家赔偿法》保护有关；另一方面，这与J公司的损失如行政许可费用并非由行政强制行为直接造成有关。从本质上看，南宁市城市管理局颁发给J公司的《南宁市户外广告设置证》违法了，但事实上行政许可已经作出，并收取了相关行政许可费用。因此，对于行政许可费用的赔偿，需要另行解决。

思考题

1.《行政许可法》对行政许可的费用是如何界定的？设专章规定“行政许可的费用”有什么意义？

2.行政许可经费与行政许可收费存在哪些异同？

3.如何理解“收费禁止原则”？

4.如何理解“收费法定原则”？在实际工作中，如何更好地落实这一原则？

5.如何有效治理行政许可中的“乱收费”现象？

第七章　行政许可的监督检查

本章知识要点

- □ 行政许可监督检查的概念
- □ 行政机关内部的层级监督
- □ 对被许可人的监督
- □ 行政许可的撤销与注销

第一节　行政许可监督检查概述

随着社会现代化程度的不断提高，行政权由微观管理逐步向宏观调控转变，公民、法人和其他组织在社会活动中的自主性不断提高。加强行政许可的监督检查，可以保障被许可的公民、法人和其他组织在有关法律、法规范围内行事，从而达到维护社会秩序，促进社会发展的目的。行政许可制度的有效实施，有赖于行政许可法律关系的双方主体，即行政许可机关和被许可人。行政许可机关根据被许可人提交行政许可申请时的情况作出许可决定，此时被许可人还没有开展行政许可事项，因此被许可人是否一直满足被许可的条件，能否依法履行法定义务，这些都有待后续的监督检查进行检验。行政许可的后续监督检查制度能够保障行政许可的依法实施，保障行政许可落到实处。

一、行政许可监督检查的概念

行政许可监督检查的概念有广义和狭义之分。广义的行政许可监督检查是指有权机关对行政许可决定机关的许可行为和被许可人从事行政许可事项活动的监督检查。狭义的行政许可监督检查仅指行政许可机关对被许可人实施行政许可的行为进行监管的措施。《行政许可法》第六章规定的行政许可监督检查则是广义上的监督检查。其包括两方面内容：一是上级行政机关对下级行政机关实施行政许可活动的监督；二是行政许可决定机关对被许可人从事行政许可事项活动的监督检查。前者是行政机关内部的层级监督，后者主要是对被许可人是否依法在行政许可的条件和范围内从事许可事项进行的监督。

《行政许可法》第六十条规定："上级行政机关应当加强对下级行政机关实施行政许可的监督检查，及时纠正行政许可实施中的违法行为。"该条明确了上级行政机关监督检查的主体地位，同时强调了其监督检查的职权职责。从性质上说，**行政许可的监督检查是一种行政监督**。上级行政机关的监督属于政府内部的层级监督，是内部监督检查的一种。上级行政机关的监督检查可以是常规的、例行的，也可以是非常规的、临时的。行政许可机关的监督检查是一种外部监督，两者性质不同。此时需要明晰"执法"和"监督"概念的不同："执法"指的是法律的应用，而"监督"则是针对法律适用的行为；"执法"是法律的首次适用，"监督"可以认为是法律的再次适用。对相对人从事被许可事项的监督属于行政机关对行政相对人守法情况的法制监督，属于行政执法的范畴，而行政机关的层级监督检查则更偏向于"监督"。行政许可机关的监督检查不仅是常规的、例行的，而且对其监督检查的方式、程序以及结果的处理都有严格的要求。

二、行政许可监督检查的必要性

（一）行政许可实践的需要

近些年来，我国许可制度适用范围日益广泛，在社会危险控制、资源合理配置和为社会提供信息、认证、信誉等方面发挥了重要作用。但是也暴露出不少问题，最突出的就是行政许可缺乏监督制约。具体表现为：一是某些行政许可机关乱发、滥发行政许可，上级行政机关对下级行政机关缺乏监督和纠错机制；二是被许可人的行为缺乏制约，存在出卖或出借许可证、超出许可范围活动、怠于履行行政许可的附带性义务等现象；三是行政许可监督检查制度不够健全，监督检查随意性较强，且效果不佳；四是监督检查中仍然存在乱收费和腐败现象等。

（二）行政许可正确实施的需要

行政许可的获得和具体实施直接反映了行政许可法的价值和功能，但任何个人或组织行为的确定与执行始终是无法完全吻合的。这主要是由执行主体具体的认知和接受的差异性导致的。因此，有必要通过一定的机制和体系来及时防止和迅速消除系统或个人的偏离行为。通过行政许可的监督检查能够保持行政许可行为的目的和结果之间的一致性和统一性。行政许可监督检查不仅通过各种监督方式和途径对各种已经发生的失范或违法的行政行为进行监督，更为重要的是，通过行政许可监督检查制度的设立，增强了被许可人实施行政许可行为的可预见性，使人们对某一行为的后果有比较明确和清醒的认识，从而使被许可人的行为控制在合法有效的范围内。行政许可监督检查能通过监督提前发现在行政系统中潜在的或显现的各种弊端，从而达到防患于未然的目的。

（三）行政许可制度完善的需要

行政许可监督检查通过对行政许可行为和被许可人行政许可活动的评判，而后将评判结果进行反馈，其为行政许可主体和被许可人提供了改进工作的依据。行政许可监督检查在整个行政许可体系中充当了媒介的作用，它在整个行政许可系统运行中发挥着不可替代的作用。它的纠正和预防功能提升了行政许可体系的合法性和合理性，促进了行政许可工作及制度的完善。

三、行政许可监督检查的分类

以监督对象是否特定为标准，可以将行政许可监督检查分为**一般监督和特定监督**。前者是指行政许可机关针对不特定管理对象进行的普遍的监督检查，如卫生管理部门对所有饭店的卫生情况进行检查；后者是指行政许可机关依法对特定组织或个人进行的检查，如环保部门对某些获得排污许可证的工厂治理排污情况作专门检查。行政许可机关采取这两种监督形式时，往往交互进行。

以监督权力来源不同为标准，可以将行政许可监督检查分为**依职权的监督和依授权的监督**。前者是指行政许可机关依照宪法、组织法和有关法律、法规规定的职责权限对相对人进行的监督检查，如海关对进出口货物有无进出口许可证的检查；后者是指某些行政许可机关依据法律、法规授予的本身职责权限范围以外的权力进行的监督检查，如港务监督和渔政监督管理机构根据授权进行环保监督检查。

以采取监督的时间先后为标准，可以将行政许可监督检查分为**事前监督、事中监督和事后监督**。事前监督是指在相对人的某一行为进行之前进行的监督；事中监督是指许可机关对相对人实施许可事项的过程进行监督，这是行政监督检查中大量存在、普遍采用的一种监督；事后监督是指许可机关在相对人完成某一许可事项后进行的监督。事前监督可以防患于未然；事中监督可以及时尽早发现问题，随时制止和纠正出现的违法行为；事后监督可以对问题及时进行补救处理。《行政许可法》在规范行政许可设定权和对行政许可程序加强事前监督的同时，突出强化对行政许可实施的事中和事后监督。

以监督主体的职能为标准，可以将行政许可监督检查分为**专门监督和业务监督**。前者是指专门行使监督检查职能，本身没有其他管理任务的国家行政机关进行的监督；后者是指某一行政机关就其管理范围内的事务进行的监督，实施业务监督的行政机关都担负着管理与监督的双重任务。

四、实行监督检查的主体

《行政许可法》第六章中规定有行政许可监督检查权的主体是上级行政机关和行政许可决定机关，其实也就是指具有行政主体资格的机构和组织。行政主体资格是指行政机关和法律、法规授权的组织具有的以自己名义行使行政许可权并承担相应的法律后果的资格和能力。[①]**行政许可监督检查权行使主体不仅要能够以自己的名义行使权力，而且要能够独立地对外承担权力行使引起的法律后果**。

对行政机关行政许可行为的监督是多方共同发力的结果：一是权力机关的监督。由于行政机关由人民代表大会产生，对它负责，受它监督，权力机关的监督能够促进行政机关依法行政，其具有非常重要的地位。受会议期限和次数的限制，这种监督不是经常性的。二是司法机关的监督。司法机关的监督主要是人民法院通过司法审判方式监督、人民检察院通过法律监督进行的。但是其具有消极性、被动性和不全面性等缺点。三是行政机关的监督。其是一种内部监督，具体包括层级监督和审计监督。受我国行政领导体制的影响，层级监督是主

---

① 徐颂陶主编：《行政许可法概论》，中国人事出版社2004年版，第136页。

要的监督方式。四是监察机关的监督。监察委员会是我国的专责监督机关，通过对行使公权力的公职人员的监督，从而对行政机关依法行政起到间接的监督效果。五是社会公众的监督。社会公众可以通过批评、建议、检举、申诉等方式对行政许可活动进行监督。

第二节　行政机关内部的层级监督

《行政许可法》第六十条规定的是行政许可的层级监督，而且得益于行政隶属关系，上级行政机关在对行政许可行为监督检查中起主要作用。

一、层级监督的概念

行政机关内部的层级监督是指行政机关凭借自身的行政权力建立的一种内部控制机制，是行政系统内的上级行政机关依照法定权限、程序和方式，对下级行政机关及其工作人员以及法定授权、委托的组织是否严格执行法律、法规和有关决定、命令等所实施的监督活动。其建立在行政系统内部，是上级权力对下级权力的监督，因此属于内部监督。**上级行政机关对下级行政机关的行政许可行为进行监督也是其权力行使的题中应有之义，加之其并不是行政系统内部专门设立的监督机关，因此该种监督属于一般监督。**

与其他形式的监督相比，行政机关内部的层级监督具有自身的特点：（1）隶属性。上级行政机关对下级行政机关的监督，是基于隶属关系的监督，没有隶属关系的行政机关不得监督，不能超出自己的职权管辖范围进行监督。（2）广泛性。权力机关受职能、能力所限，一般只作宏观指导。司法机关对行政机关的监督受受案范围等因素的制约。上级行政机关则有权对下级行政机关几乎所有的行为进行监督，具有全面性，不仅可以对违法行为进行监督，还可以对不当行为进行监督。上级机关不仅可以进行经常性的监督，也可以进行临时性的监督。（3）直接性。上级行政机关对下级行政机关进行层级监督时，如果发现下级行政机关有违法或者不当行为，可以直接命令下级行政机关限期改正，或者直接纠正，较权力机构的监督和司法监督具有更直接的效力。（4）更加合理、优越。行政业务的专业性越来越强，其他机关的监督会受到专业性的制约，而上级机关对下级机关的业务非常熟悉，故不受专业性的限制，所进行的监督会更加合理、优越。

二、层级监督的必要性

行政机关能否依法实施行政许可，与人民群众的利益息息相关，同时直接影响到政府的形象，关系到能否建立一个廉洁、权威、高效和法治的政府。长期以来，行政机关在实施行政许可行为的过程中，存在不规范甚至违法的现象。究其原因，就是缺乏一套对行政许可机关的健全、完善和有效的监督机制。与其他监督方式相比，上级行政机关对下级行政机关实施行政许可的监督是更重要、更日常、更具体和更实际有效的监督。

上级行政机关对下级行政机关的监督也具有许多优势：一是监督资源的多样性。上级行政机关对下级行政机关的监督，其监督手段与监督资源的多样性是其他职权监督无法比拟的。二是监督的日常性和全面性。来自权力机关或司法机关的监督具有偶发性，而上级行政机关的监督具有日常性，其监督范围也覆盖行政许可的方方面面。三是业务的专一性。行政活动的专业性越来越强，其他机关进行的监督势必受到专业性的制约，而上级机关对下级的业务非常熟悉，所进行的职权监督也会更加到位。

三、层级监督的依据

上级行政机关对下级进行监督检查的直接法律依据是《行政许

可法》第六十条。规定上级行政机关对下级行政机关实施行政许可的监督检查，主要是由行政机关上下级之间的领导体制决定的。根据宪法和地方组织法的规定，我国行政机关上下级之间的领导体制主要有以下特点：地方各级人民政府对上一级国家行政机关负责并报告工作；全国地方各级人民政府都是国务院统一领导下的行政机关，都服从国务院；县级以上的地方各级人民政府领导所属各工作部门和下级人民政府的工作，有权改变或者撤销所属各工作部门的命令、指示和下级人民政府不适当的决定、命令；人民政府的各工作部门受人民政府的统一领导，并依照法律或者行政法规的规定受上级人民政府主管部门的业务指导或者领导。人民政府上下级之间的领导体制，决定了上级行政机关有权对下级行政机关实施行政许可的行为进行监督和检查。

四、层级监督的具体方式

从监督检查的主体来说，实行监督检查的上级行政机关包括各级人民政府和上级业务主管部门。其既包括各级人民政府对所属职能部门的监督，又包括上级政府对下级政府的监督，还包括上级业务主管部门对下级部门的监督。同时，还有以下几种特殊情况：一是法律、法规授权的具有管理公共事务职能的组织，在法定授权范围内以自己的名义实施行政许可，对其的监督检查由法定的上级行政机关负责。二是行政机关依照法律、法规和规章的规定，可以委托其他行政机关实施行政许可，委托行政机关对受委托行政机关实施行政许可的行为应当负责监督检查，并对该行为的后果承担法律责任。三是对于一个行政机关行使有关行政许可权的情况，本级人民政府和上级人民政府都有权对该行使行政许可权的行政机关进行监督检查，上级人民政府对原来和现在具有业务主管或者指导关系的部门也有权进行监督检查。

上级行政机关对下级行政机关进行监督检查的方式灵活多样。

既可以进行不定期的抽样检查、抽点检查、抽部门检查，也可以进行定期检查、定点检查或者定行业、定部门检查；既可以对行政许可的具体行为进行检查，也可以对行政许可的总体情况进行检查。总的来说，行政机关内部的层级监督可以采取的形式主要包括：（1）听取报告。上级行政机关听取下级行政机关就某一时期或某一方面工作的书面或者口头汇报，了解下级行政机关的工作，通过书面或者口头询问对下级行政机关进行监督检查。（2）执法监督检查。上级行政机关主动深入下级行政机关，就其执行行政许可相关法律法规的情况听取汇报、查阅行政机关工作记录档案、实地考察等，分为定期执法监督检查和不定期执法监督检查。执法监督检查能使上级行政机关深入全面地了解下级行政机关执行法律、法规和政策的情况，但较为耗时耗力。（3）审查批准。上级行政机关依法对下级行政机关报送的有关实施行政许可的重大政策举措予以审查和批准，未经批准不得进行该项活动。审查批准是一种事前的预防措施。（4）备案。下级行政机关以规章形式设定或者实施行政许可时，依法应当将规章送交上级行政机关备案审查，上级行政机关发现有问题的可以纠正。（5）行政复议。当事人对下级行政机关实施行政许可的行为提起行政复议的，作为复议机关的上级行政机关可以通过复议对下级行政机关的行政许可行为进行监督。

上级行政机关可以对下级行政机关行政许可行为的合法性和合理性进行监督，其中主要针对其合法性进行检查。对于合法性的检查，上级行政机关主要考虑以下两点：一是实施行政许可的行政主体和权限是否合法。行政主体是否具有相应的行政许可权限以及权限的大小，都取决于法律、法规和规章的规定。二是实施行政许可的程序是否合法。没有程序正义就没有实体正义。行政主体应严格依照法定程序进行许可，否则就有违公平原则。同时上级行政机关还要审查下级行政机关行政自由裁量权的行使，以观其是否合理。

第三节　对被许可人的监督

在行政许可法律关系中，行政机关享有法定的职权职责，行政相对人也被赋予法定的权利义务。被许可人享有的权利主要是程序上的参与权和实体上的获得许可权，以及在从事许可事项过程中受行政机关保护的权利。行政相对人的义务主要有：遵守行政法规范、服从行政管理、执行行政决定等。[①]行政许可属于授益行政行为，但在赋予被许可人合法权益后，还要通过后续的监督机制确保其合法行使。要监督检查其是否仍然具有被授予行政许可时的条件和优势，是否在被授予的权限范围内行使权利，是否履行行政许可的附带性义务等。

一、一般性要求

（一）依法实施监督检查

行政机关实施监督检查必须遵守法律、符合法律规定，监督检查的手段也必须有法律依据，同时要严格依照法定程序进行。

（二）监督工作制度化

《行政许可法》第六十一条第一款规定："行政机关应当建立健全监督制度，通过核查反映被许可人从事行政许可事项活动情况的有关材料，履行监督责任。"这一规定要求行政机关建立有效实施的监督制度，只有将对行政许可的监督检查制度化、规范化，才能够最大限度地发挥监督合力，推动行政许可的法治化。具体包括：一是要明确行政机关对被许可人的监督管理义务，不承担监督管理义务，就不能

---

① 周佑勇：《行政法原论》，中国方正出版社2002年版，第23页。

行使行政许可权力。二是要明确行政机关对被许可人的各项具体监督管理职责，比如行政机关对被许可人是否真正享有应予许可的相关权利、是否在行政许可所确定的范围内活动等事项，明确进行监督管理的具体方式和程序。三是要明确行政机关中实施行政许可的具体部门和工作人员的责任，比如不履行监督管理义务应承担的责任。

（三）严格监督检查程序

行政机关在进行监督检查的过程中要注意依循法定程序，要坚持在法定的轨道上进行。具体包括：监督检查的人员和人数的规定，监督检查的时间、地点、对象和内容的规定，监督检查基本过程的规定等。同时，监督检查的情况和处理结果应当予以记录，由监督检查人员签字后归档，而且公众有查阅的权利。

（四）物质保障

为提高行政机关监督检查的效率和增加监督检查的透明度，《行政许可法》第六十一条规定要建立互联网监督检查制度和公众查阅监督检查记录制度。为充分利用信息化时代高新技术带来的成果，实行信息共享，推行电子政务，行政机关应当创造条件，实现与被许可人、其他有关行政机关的计算机档案系统互联，以便提高工作效率。公众监督是督促和保证行政机关依法行政的重要力量。行政机关对被许可人的监督管理情况应当是公开的，公众有权查阅行政机关的监督检查记录和有关档案，行政机关应当为其查阅提供便利，这能有效地防止监督检查中的各种违法现象。

二、监督检查的一般方式

（一）书面检查

根据《行政许可法》第六十一条的规定，行政机关对被许可人的监督，原则上应当通过书面检查的方式进行，凡是能够书面检查的，要优先以书面检查方式进行检查。

书面检查是行政机关通过检查反映被许可人从事行政许可事项活动情况的有关材料来履行监督责任的一种方式。行政机关对被许可人的生产经营等活动，除非必须通过实地检查，原则上应当都通过书面检查的方式进行监督检查，书面检查是基础性的制度。通过检查反映被许可人从事行政许可事项活动情况的有关材料，行政许可机关能够判断被许可人是否按照被许可的条件、范围、程序等从事被许可事项。同时，这也能够避免干扰被许可人的正常经营活动，防止执法扰民。书面检查还能够减少行政执行成本，提高行政管理效率。

（二）监督检查的记录归档

根据《行政许可法》第六十一条第二款的规定，行政机关依法对被许可人从事行政许可事项的活动进行监督检查时，应当将监督检查的情况和处理结果予以记录，由监督检查人员签字后归档。这样规定，一方面便于对实施监督检查的行政机关及其有关工作人员本身进行监督，行政机关领导和公众可以对其履行监督职责是否勤勉、作出的处理决定是否合理合法随时进行审查，从而增强其责任心；另一方面是为了建立被许可人的信用档案，增强其依法从事行政许可事项活动的自觉性，有利于减少欺诈现象，增强交易活动的安全性，保护交易的对方当事人。

归档的内容应当包括行政机关进行监督检查的人员和人数，监督检查的理由、目的、结果和基本过程等。公众应当有权查阅行政机关监督检查记录，这是政务公开以及保障公众知情权、参与权和监督权的具体体现。这样做能够加强行政机关及其工作人员进行自我监督，提高工作的责任心，推进依法行政。同时，也能够增强被许可人的法律意识和道德意识，促使其依法开展生产经营活动。

但是监督检查记录中包含的法律法规规定不应当公开的内容，不得公开。

（三）依法进行抽样检查、检验、检测

《行政许可法》虽然规定了以书面检查为主的监督方式，但是仅靠书面检查远远不够，还无法适应形式多样的行政许可。因此，行政机关还可根据情况采取抽样检查、检验、检测等方式。这是针对被许可人生产经营的产品进行的监督检查，主要适用于对日常生产经营的产品和一些特殊许可事项，如直接关系生命安全的产品的监督检查。具体内容是选择检查对象的某些部分、某些要素进行采样的检查、检验、检测，根据采样的情况来判断整个客体的情况。检查、检验和检测既是行政许可的前执行条件和行政许可的特殊种类，也是行政许可实施后行政机关对被许可人从事行政许可进行监督管理的重要方式。

行政机关在具体使用上述手段时要注意：不得收取任何监督费用；必须随机抽样；抽样数量要有限制；应尽量对处于流通中的商品进行抽样检查；应该公布抽查结果。根据《行政许可法》第三十九条和第五十五条的规定，对重要设备、设施检验合格的，行政机关应当发给证明文件。

（四）实地检查

实地检查是行政机关亲临被许可人的生产经营场所，对被许可人的行政许可活动事项进行监督检查的一种方式。实地检查适用于两种情况：一是被许可人经营的是服务性行业，如对饭店卫生情况的检查；二是被许可人生产经营的产品本身不能反映其制作过程是否符合条件，或者产品本身不能反映其是否依然具备被授予行政许可时的条件和能力，如对于一些食品是否符合卫生标准，需要进入生产经营场所进行检查。

（五）定期检验

根据《行政许可法》第六十二条第二款的规定，对于直接关系公共安全、人身健康、生命财产安全的重要设备、设施，行政机关可以根据法律、行政法规的规定进行定期检验。直接关系公共安全、人身健康、生命财产安全的重要设施、设备，如汽车、船舶、火车、航空器、锅炉、电梯、高空缆车、轨道、消防器材等，其使用寿命有限，且这类设备的安全性通过一次或几次检验是不能得到长期保障的，因此必须进行定期检验，才能及时掌握这些设备、设施的安全状况，及时发现隐患、排除故障、更新淘汰，以保障运营活动的安全与稳定。同时，行政机关只有根据法律、行政法规的规定才能进行定期检验，对于检验结果合格的，行政机关要发给相应的证明文件。证明文件是对被许可人信誉、运营资质和运营条件的确认，也是消费者对被许可人信任、放心消费的重要条件，还能避免重复检验。

（六）督促建立自检制度

根据《行政许可法》第六十八条的规定，行政机关应当督促重要设备、设施的设计、建造、安装和使用单位建立自检制度，并对监督检查中发现的安全隐患及时采取措施。有些设备或设施，如船舶、建筑物等，在设计和建造中就需要实施监督检查，否则等建成之后再去改正错误就为时已晚，往往会造成难以恢复的财产损害，甚至会严重影响个人的生命健康。且行政机关的人力、物力和财力是有限的，不可能所有的监督都亲力亲为，也不可能对所有的设备都派专人监管。因此，自检能够提高行政效率，也能够建立起维护安全的第一道防线。行政机关应当加大督促这些单位建立健全自检制度的力度，争取将安全隐患消灭于摇篮之中。

三、监督检查的特殊方式

（一）对负有开发利用有限自然资源，依法利用有限公共资源义务的被许可人的监督处理

《行政许可法》第六十六条规定："被许可人未依法履行开发利用自然资源义务或者未依法履行利用公共资源义务的，行政机关应当责令限期改正；被许可人在规定期限内不改正的，行政机关应当依照有关法律、行政法规的规定予以处理。"这主要是因为对有限自然资源的开发利用及公共资源的配置都是有数量限制的，或者自然资源不可再生、再生周期很长等，行政机关只能将这些事项的许可授予有限的申请人，比如海域使用许可、无线电频率许可、排污许可等。对于这些事项的许可，主要功能是分配稀缺资源，以提高资源利用的效益。因此，行政机关在实施许可时，往往要求被许可人在从事行政许可事项的生产经营活动时，履行相应的附带性义务。该附带性义务是指被许可人依法取得开发利用自然资源以及利用公共资源的行政许可后，有按时、积极地从事行政许可事项的生产经营活动的义务，不可荒废、闲置有限的资源，不得对已经取得的行政许可弃之不用。如果获得这类行政许可的被许可人不依法履行义务，其他希望利用这些资源的人却因没有取得行政许可而无法介入，将会造成社会资源的严重闲置与浪费，严重背离设定这类行政许可的目的。对于不积极履行附带性义务的被许可人，行政机关应当依法责令被许可人限期改正。如果被许可人在规定期限内不改正，行政机关应当依照有关法律、行政法规的规定予以处理：根据法律、行政法规的规定，依法需要收回行政许可的，收回行政许可；依法不能收回的，行政机关应当依法采取其他有效措施确保被许可人履行义务。

（二）对取得直接关系公共利益的特定行业的市场准入行政许可的被许可人的监督处理

《行政许可法》第六十七条第一款规定："取得直接关系公共利益的特定行业的市场准入行政许可的被许可人，应当按照国家规定的服务标准、资费标准和行政机关依法规定的条件，向用户提供安全、方便、稳定和价格合理的服务，并履行普遍服务的义务；未经作出行政许可决定的行政机关批准，不得擅自停业、歇业。"直接关系公共利益的特定行业，就是通常所称的自然垄断行业，如铁路交通、民航、电信、邮政、电力以及城市供水、供气等行业。这些行业关系国计民生，申请人需通过严格的招标、投标等特别程序获得市场准入。授予被许可人行政许可权，就是因为根据其申请材料及实际条件，该申请人比其他申请人条件更优，能够提供更为便捷、安全、稳定的服务。

出于这些行业的重要性和特殊性，法律规定这些行业应当履行以下义务：一是这些行业应当按照国家规定的服务标准、资费标准和行政机关依法规定的条件向用户提供服务。二是这些行业应当向用户提供安全、方便、稳定和价格合理的服务，要保证用户的安全使用，且不得违反规定定价。三是这些行业应当向用户履行普遍服务的义务，不得歧视不同的用户或对不同的用户提供不同的服务。四是未经作出行政许可决定的行政机关批准，不得擅自停业、歇业。有特殊原因的，也必须报经原作出许可决定的行政机关批准，并有相应的替代其履行公共服务职能的方案。对于不履行上述义务的被许可人，行政机关一般责令限期改正，或者依法采取有效措施督促其履行义务。出于一旦收回行政许可，至少在短期内将没有其他企业能够替代其履行公共服务义务的原因，不能简单地规定收回或撤销行政许可。同时，对于这些行业也要适度地引入竞争机制，促使其改善服务态度和质量。

（三）对直接关系公共安全、人身健康、生命财产安全的重要设备、设施的监督

根据《行政许可法》第六十八条第二款的规定，行政机关在监督检查时发现安全隐患的，应当责令有关单位停止建造、安装或者使用，并要求其立即消除隐患。上述规定说明，对直接关系公共安全、人身健康、生命财产安全的重要设备、设施，除了依赖被许可人的自检外，行政机关还应当通过定期检验、不定期巡查，及时发现违法行为。这些行政许可事项中的安全隐患一旦变成安全事故，将造成严重财产损失甚至是生命损害。因此，法律规定将监督重点放在预防安全隐患上，重在制止违法行为的产生。行政机关发现这些设备、设施存在安全隐患的，应当责令被许可人停止建造、安装和使用，并要求消除隐患，不得以罚款来替代。

四、行政机关监督检查的辅助性监督机制

（一）个人和组织举报制度

对行政机关决定行政许可的事后监督，仅仅靠行政机关自身还不够，必须广泛依靠社会力量的作用。其原因在于：一是行政机关自身的人员和力量有限，做不到时时刻刻对被许可人的监督，且行政机关的日常管理活动和被许可人的生产经营活动也比较丰富和复杂。二是从事生产经营活动的个人或者组织分散在社会各处，渗透于人们的日常生活中。对个人或者组织从事行政许可事项活动最广泛、最直接的感受者和接触者还是社会群众，社会力量是个人或者组织从事行政许可事项活动是否违法的最直接的发现者，是行政机关最好的监督辅助力量。三是行政许可的监督检查是一项细致的工作，这就更加少不了践行群众路线，要贯彻群众路线、信赖群众、依靠群众、广泛听取群众的意见。根据《行政许可法》第六十五条的规定，个人和组织发现违法从事行政许可事项的活动，有权向行

政机关举报，行政机关应当及时核实、处理。

举报范围主要包括：被许可人虽然已经取得行政许可，但没有按照行政许可所要求的范围、条件和程序从事生产经营等活动的；行为人未取得行政许可而从事应当取得行政许可后方可从事的活动的。同时，行政机关根据个人或者组织的反映和举报，应当及时对所反映和举报违法行为的有关情况进行核实和处理。核实指的是对相关违法情况的查证和落实，处理指违法情况查证落实后的责任承担环节。行政机关还应当将处理结果告知举报人，并应当为举报人保密。

（二）异地协助告知

原则上，作出行政许可决定的行政机关负有对被许可人从事行政许可事项的活动进行监督检查的责任，因为作出行政许可决定的机关了解被许可人的实际情况。然而，个人或企业在一个行政区域内取得的行政许可，往往在其他区域内也发生效力。加之根据宪法和地方组织法的规定，行政区划内的行政机关在该行政区划内从事日常的行政管理活动，且我国行政处罚法确立了违法行为属地管辖原则，这就造成了被许可人在异地受到行政处罚甚至被吊销营业执照，而本行政区域行政许可决定机关并不知晓的情况。此时，行政机关之间的抄告制度就显得尤为重要。

《行政许可法》第六十四条规定："被许可人在作出行政许可决定的行政机关管辖区域外违法从事行政许可事项活动的，违法行为发生地的行政机关应当依法将被许可人的违法事实、处理结果抄告作出行政许可决定的行政机关。"该条明确规定了抄告制度，所谓抄告制度是指没有隶属关系的国家机关之间互相抄送文件、告知情况的制度。抄告制度只适用于不同行政管辖区之间的行政机关，抄告的内容包括被许可人的违法事实和对被许可人的处理结果两方面。行政机关应当充分利用计算机系统互联的优势，充分借助大数据的便利来进行不同机关间的抄告。抄告制度有利于不同区域的行政机关在日常监督管理中的信息沟通，也有利于保持行政管理工作的连续性、统一性和效率性。

五、监督检查的廉洁纪律要求

《行政许可法》第六十三条规定："行政机关实施监督检查，不得妨碍被许可人正常的生产经营活动，不得索取或者收受被许可人的财物，不得谋取其他利益。"本条规定了行政机关在实施监督检查时应当廉洁，并不得影响被许可人正常生产经营，这是对行政机关监督检查的廉洁纪律要求。行政机关对被许可人实施监督检查，目的在于监督被许可人严格依照行政许可要求的范围和条件进行生产经营。但由于行政机关的监督检查与行政机关的职责、利益以及被许可人的利益密切相关，因此在实践中会出现行政机关对被许可人的监督检查失当，甚至超越权限，干预被许可人正常的生产经营活动的问题。综上所述，行政机关在监督检查中应当有时间限制，不得过于频繁；同时应当精简人员，不得兴师动众，大造声势；行政机关应当严格依法以实施行政许可时要求的范围和条件为依据，不得节外生枝；行政机关还应当借助大数据的便利进行监督检查，最大限度地便利被许可人。

行政机关监督检查是公共权力的行使，应当以公共利益为根本的出发点和落脚点。不廉洁行为主要是受自身利益的驱动，其动机往往是以权谋私，将国家权力化为自身利益。行政机关及其工作人员实施监督检查时的不廉洁行为，导致的直接结果是，失去工作原则，进而作出不公正甚至虚假的检查结论。轻则违纪违法，重则玩忽职守、徇私枉法。在行政许可监督的过程中必须保持廉洁，同时不能妨碍被许可人的正常经营生活，这有助于提升行政管理的廉洁性和效率性。

六、监督检查的处理结果

行政机关监督检查中发现违法行为的，应当视情况的不同分别做出如下处理。

（一）责令停止违法行为

行政机关监督检查中发现被许可人违法从事行政许可事项，或者发现自然人、法人或其他组织没有取得许可而从事应当取得许可的事项的，应当责令其停止违法行为。紧急情况下，还可以采取有效措施，防止危害后果的进一步扩大。如水利部门责令自然人停止非法采砂行为。

（二）责令继续履行义务

对于事关公共利益的特殊行业市场准入的行政许可，被许可人负有不得擅自停业、歇业的附带性义务。如取得供电许可的企业，未经行政机关批准擅自停业、歇业的，行政机关应当责令其继续履行义务。

（三）责令限期或立即改正

被许可人违法从事被许可事项的活动，或者自然人、法人或其他组织未取得相应行政许可而从事应取得许可事项的活动的，行政机关应当责令限期或立即改正。如被许可人未依法履行开发、利用土地义务的，国土资源部门应当责令其限期改正。

（四）依法撤销行政许可

撤销行政许可是行政机关纠正错误违法行为的一种行政处理措施，不是行政处罚。行政机关在监督检查时发现行政许可行为违法的，可以撤销行政许可。撤销行政许可的，应当作出书面决定，并且应当事前告知撤销的理由和依据，并认真听取被许可人的意见，被许可人对撤销行为可以通过申请复议、提起行政诉讼来寻求救济。

（五）依法注销行政许可

注销是行政机关宣布行政许可失去效力。行政机关注销行政许可应当作出决定、说明理由、收回已经颁布的行政许可证件，并在行政许可证件上加注使其失去效力，或者公告注销。具体情形下文将会详细论述。

（六）依法给予行政处罚

对取得行政许可后违法从事行政许可事项活动的被许可人，或者未经许可擅自从事依法应当取得行政许可的活动的自然人、法人或其他组织，监督检查机关可以按照《行政处罚法》和有关法律、法规、规章给予行政处罚。其违法行为构成刑事犯罪的，行政机关应当移交司法机关，追究其刑事责任。

第四节　行政许可的撤销与注销

在行政许可的监督检查过程中，主要的检查结果就是撤销和注销，二者是容易混淆的两个概念。本节着重阐述《行政许可法》关于行政许可撤销与注销规定的具体含义，明确撤销与注销的适用情形、程序及可能发生的赔偿责任。

一、撤销

行政许可的撤销是指在行政许可决定作出后，由于特定违法事由的出现，由行政机关作出决定使其自始无效的行为。[①]按照依法

① 周佑勇主编：《行政许可法理论与实务》，武汉大学出版社2004年版，第192页。

行政、有错必纠的原则，行政机关发现其作出行政许可的行为存在违法情形时，应当撤销该行政许可。但是，与民事行为不同的是，行政机关作出的行政行为具备公定力，公民、法人或其他组织对行政决定合法性的信赖应当受到法律保护。同时，被许可人取得行政许可决定后，他人据此而与被许可人开展生产、经营活动而形成的社会关系的稳定性也应予以考虑。如果行政许可决定作出后，只要其违法就予以撤销，特别是因行政机关自己未履行审查责任而导致行政许可决定违法被撤销的，被许可人、社会公众实际上承担了行政机关违法行为的法律责任。因此，行政机关行使行政许可撤销权应当慎重，必须依法进行。

为防止行政机关随意撤销行政许可，《行政许可法》第六十九条从两个方面规范了行政机关行使撤销权的行为：一是明确了撤销权行使的不同适用情形，对行政机关违法作出的行政许可事项，行政机关可以撤销，但应当衡量各种利益后决定是否行使撤销权；对被许可人以不正当手段获得的行政许可，行政机关应当予以撤销；但是撤销可能对公共利益造成重大损害的，不予撤销。二是因行政机关的原因导致行政许可决定被撤销时，行政机关应当赔偿被许可人因此受到的损害。

（一）适用情形

1. 可以撤销

《行政许可法》第六十九条明确了可以撤销行政许可的五种情形，均属由于行政机关及其工作人员违法作出的行政许可。

第一，行政机关工作人员滥用职权、玩忽职守作出的准予行政许可决定。所谓滥用职权、玩忽职守，是指行政机关工作人员在没有按照法定程序、根据法定条件对被许可人的材料和情况进行审查的情况下作出的行政许可决定。如本地企业和外地企业同时申请有数量限制的行政许可时，行政机关工作人员不审查申请人的申请材料，也不根据受理行政许可的先后顺序，仅因申请人是本地企业就赋予其行政许可权。行政机关工作人员没有遵守法定的程序、没有审查申请人是否符合法定的条件，一方面构成违法，另一方面其决定的正确性、合理性也很难获得保障。

第二，超越法定职权作出的准予行政许可决定。行政机关实施行政许可行为，必须遵守职权法定和不得越权的原则。行政机关只能在自己的法定权限范围内实施行政许可行为，对于不属于自己职权范围内的行政许可事项不得实施许可行为。行政机关是否超越法定职权，其标准只能是法律、法规以及符合法律、法规的规章。超越法定职权主要有三种情况：超越法定的事项管理权、超越法定的地域管理权、超越法定的级别管理权。

第三，违反法定程序作出的准予行政许可决定。程序是行政机关作出行政决定的步骤、方式、方法等的总称。违反法定程序作出的准予行政许可决定，是指违反法律规定的程序要件实施行政许可，包括违反法定形式、省略或者颠倒行政步骤等。违反法定程序的认定也必须以法律、法规、规章为依据，包括《行政许可法》和有关规定行政机关实施行政许可应当遵守的程序性的法律、法规、规章。

第四，对不具备申请资格或者不符合法定条件的申请人准予行政许可。行政机关只能对符合法定条件、标准的申请人作出准予行政许可的决定。申请人的申请资格是申请人提出行政许可申请的条件，申请人不具备申请资格的，行政机关不得受理其行政许可申请，自然谈不上是否符合取得行政许可的条件了。申请人不符合法定条件，依法不应当取得行政许可，行政机关准予行政许可的，当属违法。但需要注意的是，认定申请人是否符合法定条件的依据也只能是法律、法规和符合法律规定的规章，行政机关在无法定授权的情况下自行规定的条件不能作为认定申请人是否应当取得行政许可的条件。

第五，依法可以撤销行政许可的其他情形。行政许可种类繁多、事项各异，为避免列举不全，从立法技术上考虑，《行政许可法》在列举了四项可以撤销行政许可的情形外，规定了一项兜底条款。当然，按照依法行政的要求，可以撤销行政许可的其他情形，也得由法律、法规、规章作出规定，而不能由行政许可的实施机关自己说了算。

2.应当撤销

对于被许可人以欺骗、贿赂等不正当手段获得行政许可的，行政机关应当予以撤销。所谓欺骗手段，是指被申请人明知自己的申请不符合行政许可的条件，故意采取弄虚作假的方法，造成行政机关在审查过程中的错觉，骗取行政机关作出准予行政许可的决定。所谓贿赂手段，是指申请人的申请不符合行政许可的资格或者条件，却通过向行政机关及其工作人员行贿金钱、财物等方式，取得行政机关作出准予行政许可的决定的行为。保护公民、法人或者其他组织的信赖，其前提是其信赖具备正当性，值得保护。对于被许可人以欺骗、贿赂等不正当手段取得行政许可的，行为本身就违反了信赖原则的要求，其基于行政许可取得的利益自然不受保护，对于此种情形，行政机关应当撤销该行政许可。[①]

3.不予撤销

撤销该行政许可可能对公共利益造成重大损害的，即使行政许可符合“可以撤销”或“应当撤销”的适用情形，**行政机关也不能予以撤销**。

4.对“可以”“应当”“不予”的理解

法条规定的撤销情形是行政机关撤销一个已经生效的行政许可必须具备的条件，但具备撤销条件的行政许可并不一定会被撤销。《行政许可法》作出如此规定，主要是考虑到撤销行政许可行为的复杂性，需要行政机关结合具体情况、考虑相关因素决定是否撤销行政许可。

---

① 乔晓阳主编：《中华人民共和国行政许可法释义》，中国物价出版社2003年版，第199页。

第一，考虑撤销行政许可决定对相关各方利益的影响。**撤销行政许可不仅涉及行政机关与被许可人的利益，有的还直接涉及第三人利益与社会公共利益。行政机关应当在公共利益、被许可人的信赖利益以及该行政许可所涉及的第三人利益之间平衡、抉择。**原则上，行政许可行为作出之后不得撤销，即使是违法行政行为也不宜轻率地撤销，这是维护政府行为的公信力以及保护公民、法人或其他组织信赖利益的要求。但如果被许可人取得了不应当取得的许可，可能给公共利益和他人的合法权益造成损害，当撤销行政许可所能维护的积极利益大于被许可人基于该行政许可的信赖利益及维护社会关系稳定所体现的利益时，行政机关应当作出撤销的决定。实践中，行政机关应慎重行使撤销权，必须权衡各种利益后再作出是否撤销行政许可的决定：撤销行政许可可能对公共利益造成重大危害的，不予撤销；撤销行政许可维护的公共利益明显小于被许可人基于该行政许可的信赖利益及维护社会关系稳定所体现的利益的，不予撤销；只有当撤销行政许可保护的公共利益明显大于维持行政许可体现的利益时，行政机关才可以撤销行政许可。

第二，考虑引起行政许可决定违法的原因。行政机关作出的行政许可决定违法，其原因是多样的。有的是由被许可人的原因造成的，如被许可人以欺骗、贿赂等不正当手段取得行政许可；有的是由行政机关的原因造成的，如行政机关工作人员没有准确理解法律或者错误认定事实，对不符合法定条件的人准予行政许可。按照责任自负的原则，行政机关应当对其审查行为负责，申请人应当对其申请材料、提供情况的真实性负责。对被许可人以欺骗、贿赂等不正当手段取得行政许可的，行政机关应当予以撤销，但可能对公共利益造成重大损害的情形除外；对因行政机关审查不严造成行政许可决定违法的，则要结合利益衡量原则决定是否撤销，而不能一律予以撤销。

第三，考虑行政许可决定违法的性质及程度。行政许可决定违法表现形式多样，有的是实体违法，有的是程序违法。对程序违法但不影响行政许可决定正确性的，如果通过事后补正能够纠正行政许可程序违法，就没有必要撤销行政许可决定；但如果是实体违法，申请人不符合条件的，则有撤销行政许可的必要。如行政机关对不符合生产条件的申请人发放了药品生产许可证，若不加以纠正，许可证持有人就可能根据许可的权利生产出不符合要求的药品，这必然损害人们的身体健康乃至生命，损害社会公共利益，必须及时予以撤销。

第四，考虑行政许可颁发的时间。在起草《行政许可法》的过程中，有一种意见认为，应当对撤销违法行政许可的时限作出规定，以保持社会关系的稳定性，比如以一年为期。虽然《行政许可法》未对此作出规定，但根据《行政许可法》第六十九条规定的立法原意，行政机关应当考虑违法行为存续时间的长短这一因素，并决定是否撤销行政许可决定。

（二）启动及程序

作出行政许可决定的行政机关或者其上级行政机关，撤销行政许可有两条启动途径：一是根据利害关系人的请求撤销行政许可。行政许可不仅关系被许可人的利益，也涉及其他公民、法人或者其他组织的利益与公共利益。利害关系人既有动力举报违法行为，也能够较为方便地发现违法行为。因此，由利害关系人提起撤销行政许可的申请是一条重要途径，也是通过社会力量监督行政机关管理行政许可活动的重要方式。二是行政机关依职权撤销行政许可。发现依法可以撤销行政许可情形的，作出行政决定的行政机关有权力也有责任依法决定是否撤销行政许可。对依法应当撤销行政许可的事项，行政机关不撤销的，其上级行政机关有权撤销，这也是上级行政机关对下级行政机关实施监督的内容之一。

《行政许可法》第六十九条对行政机关撤销行政许可的程序未作

规定，具体程序应当依照其他有关法律、行政法规的规定执行。为防止行政机关滥用撤销权，行政机关实施行政许可应当遵循公开、公正、公平的原则要求，行政机关在作出撤销行政许可前，应当听取被许可人申辩和陈述；决定撤销行政许可的，应当作出书面决定，并说明理由、告知救济途径。

（三）行政许可的信赖保护

根据《行政许可法》第六十九条第四款的规定，**行政机关撤销行政许可损害被许可人的合法权益的，应当依法予以赔偿**。这一规定主要是为了保护自然人、法人或者其他组织对行政行为合法性的信赖。

信赖保护原则是行政机关诚信原则的延伸。行政机关的诚信原则是指行政机关对公众的行为应当具有稳定性和可预测性，不得变化无常，不得溯及既往。表现在行政许可上，就是行政机关一旦作出行政许可的决定，就不能随意更改或者撤销，并有责任依法采取措施保证被许可人顺利地从事行政许可事项的生产经营等活动。[①] 由诚信原则引申而来的一条重要原则就是信赖保护原则，行政机关作出行政许可决定后，发现行政许可决定违法予以撤销时，被许可人可能已经基于信赖行政许可决定的合法而投入大量的人力、物力、财力开展该许可所准许的活动了。如果行政机关骤然撤销行政许可，势必损害被许可人的利益，行政机关应当对被许可人因此受到的实际损害予以赔偿。而**对于被许可人以欺骗、贿赂等不正当手段取得行政许可的，由于该行为不符合信赖原则，其基于行政许可取得的利益自然不受保护。因此，行政机关依法撤销被许可人取得的行政许可后，即使对被许可人造成财产损害的，也应由被许可人自负，**

---

① 全国人大常委会法制工作委员会国家法行政法室：《〈中华人民共和国行政许可法〉释义及实用指南》，中国民主法制出版社2003年版，第277页。

行政机关不予赔偿。

值得注意的是，本款规定的赔偿责任适用的前提是行政机关实施的行政许可行为存在违法因素。行政许可行为合法，但因情势变化和公共利益需要而撤回或者变更，以致给公民、法人或其他组织造成财产损失的，行政机关应当依法给予补偿。

（四）关于行政许可撤销后的重新申请

撤销对被许可人的行政许可不是一种永久性处罚，在撤销行政许可后，被许可人仍然有权就同一行政许可事项再向行政机关提出许可申请。行政机关对被许可人的再申请，经依法审查，可以重新作出准予行政许可或者不予行政许可的决定。但是，《行政许可法》第七十九条规定被许可人以欺骗、贿赂等不正当手段取得直接关系公共安全、人身健康、生命财产安全事项的，申请人在三年内不得再次申请该行政许可。[①]

二、注销

行政许可的注销是指基于特定事实的出现，而由行政机关依据法定程序收回行政许可证件或者公告行政许可失去效力的行为。行政许可注销制度肩负着保障行政机关对行政许可实施进行有效监管、实现有限自然资源或公共资源的最大化利用、降低交易成本、确保交易安全等价值功能。[②]行政许可作为行政机关行使公权力作出的行政行为之一，其公信力高、权威性强。被许可人从事依法应当取得行政许可的活动的，行政机关的行政许可决定、行政许可证件是证明其行为合法性的重要凭证；被许可人以外的其他人是基于被许

① 乔晓阳主编：《中华人民共和国行政许可法释义》，中国物价出版社2003年版，第201页。

② 吕长城：《行政许可注销制度的实施困境与体系建构》，载《中国行政管理》2021年第7期。

可人取得的行政许可决定、持有的行政许可证件而信任其具备法定条件，从而与其开展生产经营活动的。为了维护正常的行政管理秩序，维护市场交易安全，在出现特定事实而使行政许可失去效力的时候，行政机关就应该办理有关手续，注销行政许可，向社会公示行政许可失去效力的事实，方便其余市场主体或者交易第三人及时查询到行政许可的当下状态，并据此安排自己的生产生活。

行政许可的注销与撤销的不同之处在于：首先，二者的事由不同，行政许可的注销事由不限于违法事实，还包括其他一些被许可人终止从事行政许可活动的情形；而行政许可的撤销是因违法事由而发生。其次，二者的效力不同，行政许可的注销是往后不发生法律效力，意味着注销前被许可人从事的许可活动是有效的；而行政许可的撤销是自始不发生行政许可的法律效力。最后，行政许可如因行政机关的违法而被撤销会发生国家赔偿问题；而注销只是行政许可予以终结的一个手续，不存在国家赔偿问题。[①]

实践中，经常出现的问题主要是：行政机关随意注销行政许可，对尚未失去效力的行政许可也予以注销；有的注销行政许可后不收回行政许可证件，或者只通知被许可人、不向社会公示，导致注销行政许可后被许可人仍然可以从事有关应当取得行政许可的活动。为了保护被许可人的合法权益、维护社会公共利益，行政机关注销行政许可必须依法进行。为此，《行政许可法》第七十条规定了注销行政许可适用的情形以及行政机关应当依法办理有关行政许可注销手续的义务。

（一）适用情形

注销的前提是出现了使行政许可失去效力的特定事实。这一事实，有的是被许可人违法从事有关活动；有的只是客观事实，而与

---

① 周佑勇主编：《行政许可法理论与实务》，武汉大学出版社2004年版，第192页。

被许可人行为违法与否无关。为防止行政机关滥用权力，侵害被许可人的合法权益，《行政许可法》总结实践经验，规定了应当注销行政许可的六种情形。

第一，行政许可有效期届满未延续的。行政许可有效期届满后，被许可人拟继续从事有关活动的，应当依法向作出行政许可决定的行政机关提出延续行政许可的申请。行政机关应当根据《行政许可法》第五十条的规定，结合有关法律、法规的具体规定，对被许可人的申请作出处理。被许可人未申请延续行政许可的，或者其延续行政许可的申请未被行政机关核准，或者不属于依法被视为准予延续的，其已经取得的行政许可自有效期届满之日起失去效力。出现这种情形时，行政机关应当依法注销该行政许可。

第二，赋予公民特定资格的行政许可，该公民死亡或者丧失行为能力的。赋予公民特定资格的行政许可，即对人的行政许可，是基于被许可人的自身条件作出的，如取得律师资格是因为个人符合法律规定的条件。有关这类资格的行政许可，只能证明被许可人具备取得行政许可的条件。该行政许可既不能转让，也不能继承，是与该公民的人身联系在一起的。公民取得特定资格，都是为了从事一定的活动，既然公民死亡或者丧失了行为能力，他就不能从事与该特定资格有关的行为了，其取得的行政许可也不再具有效力，应予注销。

第三，法人或者其他组织依法终止的。行政许可是与法人或者组织联系的，法人或者其他组织终止后，既然该法人或者组织终止了，其取得的行政许可也相应失去效力，应予注销。

第四，行政许可依法被撤销、撤回，或者行政许可证件依法被吊销的。不具备取得行政许可条件而取得行政许可的，应当依法由有关行政机关予以撤销；具备取得行政许可的条件但因行政许可所依据的法律、法规、规章修改或者废止，或者准予行政许可所依据的客观情况发生重大变化，基于公共利益的需要，行政机关可以依法撤回行政许可；被许可人取得行政许可后从事违法活动，依法需要吊销行政许可证件的，行政机关应当吊销行政许可。以上三种情况都意味着被许可人取得的行政许可不再具有法律效力，应予注销。

第五，因不可抗力导致行政许可事项无法实施的。不可抗力是指不可预见、不能避免、不能克服的客观情况。在这种情况下，被许可人不可能再实施该行政许可行为，维持该行政许可的效力已经毫无意义，应予注销。

第六，法律、法规规定的应当注销行政许可的其他情形。这是一项兜底条款，为避免前述适用情形列举不全。如基于政府机构改革中政府职能事项的调整，行政许可的主管机关可能发生变化，行政许可的实施机关发生改变可能需要换证的。换证后，被许可人取得的由先前行政机关颁发的行政许可决定就不再有法律效力，应予注销。

（二）程序

根据注销的性质和行政许可法的规定，注销的主体只能是作出准予许可决定的行政许可实施机关。注销行政许可可以由实施机关依职权主动实施，也可以依利害关系人的申请而实施。出现依法应当注销行政许可情形的，行政机关应当依法办理有关行政许可的注销手续，如收回颁发的行政许可证件，或者在行政许可证件上加注发还；对找不到被许可人的或者注销行政许可事项需要周知的，还应当公告注销行政许可。根据原国务院法制办发布的《撤回、撤销、注销、吊销行政许可的适用规则》，注销行政许可，行政机关应当说明理由，收回行政许可证件或者予以公告。

为保护被许可人的合法权益，规范行政机关注销行政许可的行为，行政机关注销行政许可，应当作出书面决定，告知申请人注销行政许可的依据、理由，听取公民、法人或其他组织的陈述申辩，并告知公民、法人或其他组织救济途径。

（三）注销的性质：程序性行为

区别于导致行政许可效力终止的法律行为（实体法上的法律行为），注销仅仅是行政程序法上的事实行为，这意味着行政许可的效力终止于法定条件成就之日，而不是许可证或执照的注销之时。注销并不具有终止行政许可效力的制度功能，它仅仅是在行政许可的效力因法定事由丧失后，行政机关办理的一种手续，该手续发生的时间不可能先于行政许可效力的丧失。例如，在因许可期限届满而未依法续期的情形下，行政许可效力终止的时间是许可期限届满之时，而不是注销之时；在被许可人死亡或组织终止的情形下，行政许可效力终止的时间是公民死亡之时或法人、其他组织终止之时，而不是注销之时；等等。

所以，当行政许可终止的法定条件成就时，即使行政主体没有依法履行注销手续，被许可人因行政许可而取得的某种法律权利或法律资格也随即终止，被许可人在行政许可终止之后继续从事须经许可方可从事的活动，就构成行政违法，应当承担法律责任，即使此时该行政许可还未得到注销。①

典型案例

L县Z电站诉某省林业厅撤销行政许可案②

案情简介：

2006年7月，H市林业局作出《林业行政处罚决定书》（以下简

① 应松年主编：《行政许可法教程》，法律出版社2012年版，第229页。

② 最高人民法院（2016）最高法行再104号行政判决书。

称06号处罚决定书），对林某民（工作单位L县Z电站，以下简称Z电站）于2003年至2005年超出批准擅自占用林地以及毁坏林木的行为予以罚款。2007年11月，Z电站向该省林业厅提出使用林地申请。省林业厅经审核，于2008年2月向Z电站作出《使用林地审核同意书》，同意Z电站使用L县生态旅游区管理委员会的林地3.87公顷（58亩），并要求Z电站按照有关规定办理建设用地审批手续，依法缴纳有关占用、征用林地的补偿费用，建设用地批准后，需要采伐林木的，要依法办理林木采伐许可手续。

2013年3月29日，群众向该省林业厅反映：2006年L县生态旅游区管理委员会和Z电站非法占用林地、盗伐林木事项。省林业厅经过审查，于2014年4月15日对H市林业局作出通知，决定撤销上述06号处罚决定书，请H市林业局将案件移交森林公安机关侦查处理。2014年4月23日，省林业厅对Z电站作出《撤销行政许可决定书》，内容为："本机关于2008年2月29日准予你单位水电站建设项目使用林地3.87公顷的许可事项。后经调查，发现你单位2007年申请办理使用林地手续时存在以下问题：未经批准便擅自使用该处林地；擅自使用的林地面积已达到刑事立案标准；H市林业局对你单位作出的06号处罚决定（该行政处罚决定已于2014年4月15日被撤销）存在以行政处罚代替刑事处罚的情形。根据《行政许可法》第六十九条第一款第四项之规定，现决定撤销该行政许可事项。撤销该行政许可后，已根据原行政许可建设的项目保留现状，待刑事案件结案后再作处理。"

2014年5月21日，L县公安局对H市林业局作出不予立案通知书，其中内容为："你单位于2014年4月25日提出移送的Z电站非法占用农用地案，我局经审查认为Z电站的行为不构成犯罪，根据《刑事诉讼法》第一百一十条之规定，决定不予立案。"Z电站对省林业厅作出的上述撤销行政许可决定不服，提起本案诉讼，请求撤销该决定。

法院认为：一审法院审理认为，根据《最高人民法院关于审理破坏林地资源刑事案件具体应用法律若干问题的解释》第一条的规定，省林业厅认为Z电站违法使用林地面积58.2亩的行为已涉嫌犯罪。在尚未依法接受刑事处罚的情况下，省林业厅作出《使用林地审核同意书》属于对不符合法定条件的申请人准予行政许可的情形，遂作出被诉《撤销行政许可决定书》，决定撤销前述《使用林地审核同意书》，属于自我纠错行为，亦符合前述规定，并无不当。Z电站以省林业厅未给予其陈述权、申辩权以及其符合林地使用条件为由主张撤销被诉的《撤销行政许可决定书》理据不足，不予支持。Z电站如认为省林业厅的上述行为损害其合法权益，可另循其他法律途径予以解决。综上，依照《行政诉讼法》第六十九条之规定，判决驳回Z电站的诉讼请求。

二审法院认可一审法院判决。同时，关于该省林业厅作出撤销许可决定是否程序违法的问题，其认为《行政许可法》第四章严格规定了行政许可及其变更、延续的程序，而有关撤销许可的内容规定在该法第六章中，没有规定相应的程序。省林业厅在作出涉案撤销许可决定时，如果给予Z电站陈述意见和申辩的机会，将会更符合正当程序的要求，但其未事先通知Z电站，未给予Z电站陈述意见和申辩的机会，亦未明显违反法律规定，故二审法院对省林业厅的撤销决定不作程序违法的认定，也不采纳Z电站据此提出的撤销主张。Z电站在相关处罚程序终结后，可另行提出占用林地的许可申请。

最高人民法院在再审判决中撤销了一审、二审判决，同时撤销省林业厅《撤销行政许可决定》。本案的争议焦点是该撤销行政许可的行为是否合法，涉及以下两个问题：第一，本案被诉撤销许可决定是否适用法律错误，涉及“涉嫌犯罪”是否属于《行政许可法》第六十九条第一款第四项规定的“不具备申请资格或者不符合法定条件”的问题。第二，被诉撤销许可行为是否违反法定程序。

案例评析：

首先，行政行为具有公定力、确定力，对于行政机关和相对人都产生约束力。对于行政机关而言，其自我纠错将会受到严格限制，只有符合法定情形的，行政机关才有权予以撤销或变更。本案中，该省林业厅未考虑Z电站已获得许可多年的实际情况，于2014年作出被诉撤销行政许可决定，有违信赖利益保护原则。此外，省林业厅在作出涉案撤销行政许可决定时，未将原国家林业局《关于涉嫌犯罪的非法占用林地项目办理征占用林地审核审批手续有关问题的通知》作为认定“不具备申请资格或不符合法定条件”的依据，在诉讼中提出以该通知为依据明显不当。且原国家林业局已于2016年4月25日决定将该通知废止。

其次，在已经作出行政许可的情况下，撤销许可应当受到更加严格的限制。对当事人权利存在瑕疵但已经取得许可后的撤销决定，人民法院对该行为合法性的审查标准应更加严格，非基于合理理由，行政机关不得撤销已经作出的行政行为。就本案而言，省林业厅作出许可后发现原已存在的超审批范围占用林地事实，在何种情况下才能撤销是审查撤销许可行为合法性的必要内容。是否构成犯罪以及如何处理并不当然影响已被处罚后的非法占地实际使用问题，“涉嫌犯罪”不足以构成撤销许可的事由。故该省林业厅以涉嫌犯罪为由撤销已经核准的许可缺乏法律依据。

最后，《行政许可法》对撤销行政许可的程序虽未作出具体规定，但该法第五条第一款规定，“设定和实施行政许可，应当遵循公开、公平、公正、非歧视的原则”；第七条规定，“公民、法人或者其他组织对行政机关实施行政许可，享有陈述权、申辩权……”。撤销行政许可亦属于实施行政许可。本案中，该省林业厅在未事先告知的情况下，即作出撤销Z电站行政许可的决定，严重侵犯了Z电站依据前述法律规定享有的陈述权、申辩权，同时违反了前述法律规定的公开原则，属于严重违反法定程序。

殷某诉司法部撤销行政许可决定及行政复议上诉案[①]

案情简介：

2016年6月24日，原秦皇岛市抚宁区监察局作出《关于给予殷某开除公职处分的决定》，给予本案当事人殷某开除公职处分。2017年，殷某报名参加当年国家司法考试，承诺无《国家司法考试实施办法》规定的不能报名参加考试的情形，所填内容属实，提供材料真实，并承担相应法律后果。2017年12月18日，殷某在填制《2017年国家司法考试法律职业资格授予申请表》时，亦承诺无《国家司法考试违纪行为处理办法》第七条、第八条、第九条、第十条规定的情况，无被国家机关开除公职等情形。后殷某取得了法律职业资格。2020年1月3日，河北省司法厅向司法部报送《关于撤销殷某法律职业资格的请示》，建议司法部撤销殷某法律职业资格，收回、注销其《法律职业资格证书》。司法部先后向殷某作出《国家司法考试违纪行为处理权利告知书》和《听证通知书》，并向殷某送达。2021年1月15日，司法部通过视频方式举行听证会并制作听证记录。

2021年1月21日，因殷某存在隐瞒被开除公职的事实、提供虚假证明材料骗取报名并获得法律职业资格的行为，依据《行政许可法》第六十九条、第七十条及《国家司法考试违纪行为处理办法》第五条的规定，司法部对其作出《撤销行政许可决定书》，决定撤销授予殷某法律职业资格，收回、注销其法律职业资格证书。殷某不服被诉撤销决定，向司法部申请行政复议。2021年6月17日，司法部作出《行政复议决定书》维持被诉撤销决定。殷某仍不服，向一审法院提起行政诉讼，请求撤销被诉复议决定、被诉撤销决定，并请求审查《国家司法考试违纪行为处理办法》第五条。

① 北京市高级人民法院（2021）京行终9805号行政判决书。

法院认为：一审法院审理认为，根据《国家司法考试违纪行为处理办法》第五条的规定，针对报名人员提供虚假证明材料或者以其他形式骗取报名，已经取得法律职业资格的，司法部具有作出本案被诉撤销决定的法定职权。根据《国家司法考试实施办法》第四章第十六条的规定，“曾被国家机关开除公职或者曾被吊销律师执业证、公证员执业证的”人员不能报名参加国家司法考试。因此，殷某不符合参加2017年国家司法考试的报名条件，报名无效。根据《行政许可法》第六十九条第二款的规定，被许可人以欺骗、贿赂等不正当手段取得行政许可的，应当予以撤销。同时，根据《行政许可法》第七十条第四项规定，行政许可依法被撤销、撤回，或者行政许可证件依法被吊销的，行政机关应当依法办理有关行政许可的注销手续。本案中，殷某在参加2017年国家司法考试过程中，存在隐瞒曾被开除公职的情况，后于2017年12月取得法律职业资格C证，属于以欺骗、贿赂等不正当手段取得法律职业资格，司法部依据前述规定决定撤销授予殷某的法律职业资格，收回、注销其法律职业资格证书，事实清楚，证据确凿。

案例评析：

首先，本案被诉撤销决定属于行政许可的撤销而非行政处罚。关于殷某提出的本案应当适用行政处罚法相关规定的主张，全国人大常委会法制工作委员会于2017年2月23日作出的《关于公司法第一百九十八条“撤销公司登记”法律性质问题的答复意见》中答复：“行政许可法第六章监督检查第六十九条第一款对行政机关违法履行职责而准予行政许可的撤销作了规定，第二款对被许可人以欺骗、贿赂等不正当手段取得行政许可的撤销作了规定。第七章法律责任第七十九条规定，被许可人以欺骗、贿赂等不正当手段取得行政许可的，行政机关应当依法给予行政处罚。依照行政许可法的上述规定，撤销被许可人以欺骗等不正当手段取得的行政许可，是对违法行为的纠正，不属于行政处罚。”参照上述答复，本案被诉撤销决定属于《行政许可法》第六十九条所规定的撤销行政许可行为，不具有行政处罚的性质。

其次，关于本案新旧法律规范的选择适用问题。关于殷某提出的本案应当适用《国家统一法律职业资格考试实施办法》等法律规范的相关主张，《立法法》第一百零四条规定："法律、行政法规、地方性法规、自治条例和单行条例、规章不溯及既往，但为了更好地保护公民、法人和其他组织的权利和利益而作的特别规定除外。"据此，在行政诉讼领域，行政相对人的行为发生在新法施行以前，行政行为作出在新法施行以后，人民法院审查行政行为的合法性时，实体问题适用旧法规定，程序问题适用新法规定，但法律、法规或规章另有规定的，或者适用新法对保护行政相对人的合法权益更为有利的，或者按照行政行为的性质应当适用新法的实体规定的除外。本案中，殷某存在隐瞒被开除公职的事实、提供虚假证明材料骗取报名并获得法律职业资格的行为，在《国家司法考试违纪行为处理办法》等法律规范的时间效力范围之内，并不存在新法即《国家统一法律职业资格考试实施办法》对保护殷某的合法权益更为有利等应该适用新法的情况。

最后，本案的审理参照适用规章，当事人无权要求人民法院对规章进行审查。关于殷某请求审查《国家司法考试违纪行为处理办法》第五条的主张，因《行政诉讼法》第五十三条只规定公民、法人或者其他组织认为行政行为所依据的国务院部门和地方人民政府及其部门制定的规范性文件不合法，在对行政行为提起诉讼时，可以一并请求对该规范性文件进行审查，但上述规范性文件不含规章。《国家司法考试违纪行为处理办法》属于规章，因此，殷某无权以提出诉讼请求的方式要求人民法院对上述规章进行审查。《行政诉讼法》第六十三条第三款规定，人民法院审理行政案件，参照规章。《国家司法考试实施办法》《国家司法考试违纪行为处理办法》关于报名条件、对提供虚假证明材料或者以其他形式骗取报名行为的处理等内容不违反《行政许可法》《法官法》《检察官法》《律师法》等上位法的规定，故本案可以依据参照适用上述规章及规范性文件。

思考题

1.行政许可的监督检查的具体方式有哪些？在实际工作中各种方式需要注意哪些事项？

2.行政许可的监督检查如何体现行政法上的信赖保护原则？

3.行政许可的撤销适用情形以及程序是怎样的？

4.行政机关在作出撤销行政许可时，应当考虑哪些因素？

5.行政许可的撤销与注销的差别在哪儿？

第八章　行政许可的法律责任

本章知识要点

- □ 行政许可机关及其工作人员的法律责任
- □ 行政相对人的法律责任

为确保行政许可机关及其工作人员对行政许可的设定、实施与监督，乃至行政相对人从事的行政许可事项相关活动在法律的框架内进行，《行政许可法》第七章对行政许可机关及其工作人员以及行政相对人的违法行为施加了相应的法律责任。行政许可法律责任主要是一种行政法律责任，既包括行政许可机关及其工作人员的法律责任，也包括行政相对人的法律责任。

第一节　行政许可机关及其工作人员的法律责任

行政许可机关及其工作人员作为行政许可权力的行使主体，其行政许可权的行使范围涵盖前端的行政许可设定、中端的行政许可实施乃至末端的行政许可监督。相应地，行政许可机关及其工作人员的法律责任，作为对行政许可权力的监督，同样包括行政许可的设定、实施与监督三个环节。

一、行政许可设定的法律责任

行政许可设定的法律责任指在行政许可设定环节，行政机关及其工作人员因行政违法行为而导致了具有强制性的不利法律后果。根据《行政许可法》第十四条、第十五条、第十七条的规定，只有法律、行政法规、地方性法规、省一级地方政府规章以及国务院有普遍约束力的决定有权设定行政许可。国务院有普遍约束力的决定，只有在法律、行政法规没有规定而有必要的情况下，才可以发布决定的方式设定行政许可。如此一来，有权设定行政许可的机关包括全国人大及其常委会、国务院、有权制定地方性法规的地方人大及其常委会以及省、自治区、直辖市人民政府。在行政许可设定中，行政违法行为包括实体违法与程序违法。

行政许可设定的实体违法主要指无设定权的主体行使了许可设定权，以及有设定权的主体超越事项范围而设定行政许可。关于前者，有权设定行政许可的主体是有限的。国务院各部委、除省级人民政府以外的其他地方各级人民政府及其工作部门，以及没有地方性法规制定权的地方各级人大及其常委会，均无权设定行政许可。这些无权设定行政许可的主体设定行政许可，构成行政实体违法。关于后者，《行政许可法》第十二条、第十三条分别规定了可以设定行政许可的事项范围，这划定了行政许可设定权的边界。

行政许可设定的程序违法主要指有权设定行政许可的法律、法规与规章未能遵守一般性的立法程序以及专门适用于行政许可设定的特殊性程序。关于前者，行政许可的设定在实质上是法律、法规与规章的制定。关于法律、法规与规章的制定，《立法法》规定了一系列立法程序，行政许可的设定未能遵守即构成程序上的违法。关于后者，行政许可的设定未能遵守《行政许可法》第十九条的规定，同样构成程序上的违法。

在行政许可设定中，无论是实体性违法还是程序性违法，均会导致法律责任的产生。《行政许可法》第七十一条规定："违反本法第十七条规定设定的行政许可，有关机关应当责令设定该行政许可的机关改正，或者依法予以撤销。"设定行政许可的机关既包括行政机关，也包括权力机关，因此有权责令改正或者撤销违法设定的行政许可的机关主要有两类：违法设定行政许可的机关的上级行政机关，以及对违法设定行政许可的机关行使监督权的权力机关。关于前者，如上级人民政府可以责令下级人民政府改正或者撤销违法设定的行政许可；关于后者，如人大及其常委会可以责令同级人民政府或者下级人大及其常委会改正或者撤销违法设定的行政许可。

作为一种"立法"行为，根据《立法法》以及《行政诉讼法》的相关规定，主要有以下三种途径可以发现违法设定的行政许可。

第一，**备案审查**。根据《立法法》第一百零九条的规定，行政法规、地方性法规、自治条例和单行条例、规章应当在公布后的三十日内依照规定报有关机关备案。

第二，**国家机关、企事业单位和公民提出审查要求或建议**。《立法法》第一百一十条规定："国务院、中央军事委员会、国家监察委员会、最高人民法院、最高人民检察院和各省、自治区、直辖市的人民代表大会常务委员会认为行政法规、地方性法规、自治条例和单行条例同宪法或者法律相抵触，或者存在合宪性、合法性问题的，可以向全国人民代表大会常务委员会书面提出进行审查的要求，由全国人民代表大会有关的专门委员会和常务委员会工作机构进行审查、提出意见。前款规定以外的其他国家机关和社会团体、企业事业组织以及公民认为行政法规、地方性法规、自治条例和单行条例同宪法或者法律相抵触的，可以向全国人民代表大会常务委员会书面提出进行审查的建议，由常务委员会工作机构进行审查；必要时，送有关的专门委员会进行审查、提出意见。"

第三，**其他规范性文件的附带性司法审查**。对于那些借由其他行政规范性文件设定的行政许可，人民法院的司法审查同样是一个有效的发现途径。《行政诉讼法》第五十三条规定："公民、法人或者其他组织认为行政行为所依据的国务院部门和地方人民政府及其部门制定的规范性文件不合法，在对行政行为提起诉讼时，可以一并请求对该规范性文件进行审查。前款规定的规范性文件不含规章。"

值得注意的是，有关机关在责令违法设定行政许可的机关改正或者撤销违法设定的行政许可的同时，对于违法设定行政许可的负有直接责任的人员可依法追究其法律责任。

二、行政许可实施的法律责任

行政许可实施是指行政许可机关依据行政相对人的申请，作出准予许可或者不予许可之决定。在行政许可实施中，行政违法行为除了包括程序违法与实体违法两个面向之外，还包括对收费规定的违反。根据《行政许可法》之规定，行政机关及其工作人员的程序违法、实体违法以及对收费规定的违反，均应承担相应的法律责任。

在行政许可实施中，程序违法主要是指行政机关及其工作人员在作出准予许可或者不予许可之决定中，违反了《行政许可法》设定的一系列可操作的程序制度。《行政许可法》第七十二条针对许可实施中的主要程序违法行为进行了列举，分别针对的是《行政许可法》关于行政许可实施程序的具体要求，这一系列具体要求分布在《行政许可法》的第三十条、第三十二条、第三十六条、第三十八条、第四十二条、第四十六条、第四十七条等诸多规定中。

在行政许可实施中，实体违法主要是指行政机关及其工作人员在作出准予许可或者不予许可之决定中，违反了《行政许可法》设定的法定条件。《行政许可法》第七十四条对行政机关及其工作人员违反法定条件实施行政许可的行为进行了规定。此外，《行政许可法》还专门规定了违反收费规定这一行政许可实施违法行为。《行政许可法》中的以上规定旨在解决行政许可实施实践中长期存在的乱收费问题。

在行政许可实施中，针对不同形式的行政违法行为，《行政许可法》分别对其匹配了相应的法律责任，其责任主体既包括行政机关，也包括行政机关工作人员。

在行政许可实施中，行政机关的法律责任主要是补救性法律责任。一方面是改正违法行为。改正违法行为在内容上包括退还乃至追缴非法收取的费用，是上级行政机关或检察机关责令改正的结果。责令改正是指责令有违法行为的行政机关及其工作人员改正其违法行为。如对于程序违法与实体违法，根据《行政许可法》第七十二条、第七十四条的规定，由实施违法行政许可的行政机关的上级行政机关或者监察机关责令改正。对于违反收费规定之行政许可实施行为，《行政许可法》第七十五条规定，行政机关实施行政许可，擅自收费或者不按照法定项目和标准收费的，由其上级行政机关或者监察机关责令退还非法收取的费用。此外，截留、挪用、私分或者变相私分实施行政许可依法收取的费用的，予以追缴。另一方面是行政赔偿。根据《行政许可法》第七十六条的规定，行政机关违法实施行政许可，给当事人的合法权益造成损害的，应当依照国家赔偿法的规定给予赔偿。此外，根据《行政许可法》第六十九条的规定，除了被许可人采取欺骗、贿赂等不正当手段取得行政许可的情形以外，行政许可因行政机关违法实施而被撤销，导致被许可人的合法权益受到损害的，行政机关应当依照国家赔偿法的有关规定给予赔偿。

在行政许可实施中，行政机关工作人员的法律责任包括以下三种类型。

第一，行政处分。对于程序违法、实体违法乃至违反收费规定之行政许可实施违法行为，《行政许可法》第七十二条、第七十四条、第七十五条均规定，对直接负责的主管人员和其他直接责任人员依法给予行政处分。此外，根据《行政许可法》第七十三条的规定，行政机关工作人员办理行政许可、实施监督检查，索取或者收受他人财物或者谋取其他利益，尚不构成犯罪的，依法给予行政处分。

第二，刑事责任。《行政许可法》第七十三条、第七十四条、第七十五条对行政许可实施中行政机关工作人员的刑事责任作了规定。这方面的犯罪主要包括以下几种罪名：一是受贿罪。行政许可实施中，实施机关工作人员办理行政许可，索取或收受他人财物，为他人牟利的，所得数额在5000元以上，或数额不到但情节严重的，即符合《刑法》关于受贿罪的构成要件。二是滥用职权罪与玩忽职守罪。符合《行政许可法》第七十三条、第七十四条、第七十五条规定的情形，造成“公共财产、国家和人民利益遭受重大损失”的结果，可能构成滥用职权罪与玩忽职守罪。三是挪用公款罪与贪污罪。这主要发生在违反收费规定这一行政许可实施违法行为之中。在行政许可实施中，实施机关工作人员不按规定收费或者不按规定处理所收费用的，即可能构成挪用公款罪或者贪污罪。

第三，行政追偿责任。行政机关违法实施行政许可或者行政许可因行政机关违法实施而被撤销，使当事人合法权益受到损害的，应依照国家赔偿法的规定给予赔偿。在此基础上，《国家赔偿法》第十六条第一款规定：“**赔偿义务机关赔偿损失后，应当责令有故意或者重大过失的工作人员或者受委托的组织或者个人承担部分或者全部赔偿费用**。”换言之，在行政许可实施中行政机关对行政相对人所赔偿之费用，最终会由有故意或者重大过失的工作人员或者受委托的组织或者个人部分乃至全部承担。

三、行政许可监督的法律责任

如果说行政许可的设定与实施分别是行政许可的事前行为与事中行为，那么行政许可的监督则是行政许可的事后行为。关于行政许可的监督，根据《行政许可法》第十条的规定，行政许可监督在内容上既包括对实施行政许可的行政机关的监督，也包括对作为被许可人的行政相对人的监督。前者是一种内部行政监督，涉及上下级行政机关之间的监督法律关系。后者是一种外部行政监督，涉及行政机关与行政相对人之间的监督法律关系。

在理论上，行政许可监督中的违法行为有两种不同的表现形式：一是消极的不作为，即行政机关不依法履行《行政许可法》第十条规定的对行政许可的监督职责。二是积极的乱作为，即行政机关虽履行了《行政许可法》第十条规定的对行政许可的监督职责，但履行监管职责不力。对于以上两种不同形式的违法行为，《行政许可法》第七十七条规定："行政机关不依法履行监督职责或者监督不力，造成严重后果的，由其上级行政机关或者监察机关责令改正，对直接负责的主管人员和其他直接责任人员依法给予行政处分；构成犯罪的，依法追究刑事责任。"该条是关于行政机关对行政许可事项不依法履行监督职责应当承担法律责任的规定。对于行政机关在实施行政许可中违法行为的法律责任，《行政许可法》第七十二条、第七十四条、第七十五条作出了规定。《行政许可法》第七十七条是专门针对行政许可监督中违法行为的法律责任。值得注意的是，《行政许可法》第七十三条规定，行政机关工作人员办理行政许可、实施监督检查，索取或者收受他人财物或者谋取其他利益，构成犯罪的，依法追究刑事责任；尚不构成犯罪的，依法给予行政处分。这一规定针对的是行政机关工作人员的法律责任。依据这一规定，在行政许可监督中同样存在的一种违法行为是违反收费规定，其法律责任形式与行政许可实施中行政机关工作人员违反收费规定之法律责任形式一致。

在行政许可监督中，行政机关承担的法律责任形式主要是补救性法律责任。一方面，改正违法行为。此处的改正违法行为，既包括针对消极不作为的积极履行对行政许可的监督职责，还包括针对积极乱作为的停止乃至撤销行政许可监管违法行为。当然，改正违法行为是上级行政机关或者监察机关责令改正的结果。另一方面，行政赔偿。尽管《行政许可法》第六十九条、第七十六条专门规定了行政许可实施中的行政赔偿，而未明确对行政许可监督中违法行为的行政赔偿，但这不妨碍被许可人因行政机关的行政许可监督违法行为——如违法撤销或者中止行政许可——导致合法权益受损的，依照《国家赔偿法》规定向行政机关主张行政赔偿。至于行政机关工作人员的法律责任，其与行政许可实施中行政机关工作人员违法的法律责任在形式上高度一致，包括行政处分、刑事责任与行政赔偿。关于刑事责任，除了包括因违反收费规定而可能构成的挪用公款罪与贪污罪之外，还包括受贿罪、滥用职权罪与玩忽职守罪。当然，行政机关工作人员不依法实施监督或者监督不力，还可能构成其他一些专属于行政许可监督的罪名。如环境监管失职罪、放纵制售伪劣商品罪、商检徇私舞弊罪、商检失职罪等。这些罪名一般发生在行政许可监督环节，而非行政许可实施环节。

第二节 行政相对人的法律责任

行政相对人的法律责任主要包括两个方面：一是行政许可申请人与被许可人的法律责任；二是行政许可申请人与被许可人之外的行政相对人的法律责任。行政相对人的法律责任在责任形式上以行政处罚为原则，以刑罚为例外。以上内容在《行政许可法》第七十八条、第七十九条、第八十条、第八十一条中有专门规定。

一、行政许可申请人的法律责任

行政许可申请人是向行政机关提起行政许可申请的行政相对人。在行政机关作出准予许可之决定后，行政许可申请人即转变为被许可人。《行政许可法》第七十八条、第七十九条规定了行政许可申请人的法律责任。依据这两条规定，行政许可申请人的违法情形主要有两大类：一是隐瞒有关情况或者提供虚假材料申请行政许可；二是以欺骗、贿赂等不正当手段取得行政许可。

关于前者，面对行政相对人的申请，行政机关作出准予许可或者不予许可之决定，取决于行政相对人的行政许可申请是否满足法定的条件。因此，行政许可申请必然内含申请人关于其符合行政许可条件的一个证明。然而，不排除本不符合行政许可法定要件的行政相对人，为获得行政许可而隐瞒有关情况或者提供虚假材料。其中，隐瞒有关情况主要指隐瞒不符合行政许可法定要件的事实，提供虚假材料则往往指编造符合行政许可法定要件之事实。二者的后果是，行政机关依据错误的事实而对不符合行政许可法定要件的行政许可申请，作出了准予行政许可的决定。值得注意的是，隐瞒有关情况或者提供虚假材料申请行政许可这一违法情形，招致法律责任的前提是该违法情形在行政许可机关作出准予行政许可决定之前即被发现。换言之，行政许可机关并未因行政许可申请人隐瞒有关情况或者提供虚假材料而错误地作出准予许可之决定。

关于后者，以欺骗、贿赂等不正当手段取得行政许可，招致法律责任的前提是此违法情形是在行政机关作出准予许可决定之后被发现的。无论是隐瞒有关情况还是提供虚假材料申请行政许可，本质上皆是一种欺骗行为。当然，此处所谓的“欺骗”不限于隐瞒有关情况或者提供虚假材料。在准予许可决定作出后，行政机关发现行政许可申请人隐瞒了有关情况或者提供虚假材料的，行政许可申请人同样应承担相应法律责任。此外，在申请行政许可过程中本不符合行政许可法定要件的行政相对人，除了隐瞒有关情况或者提供虚假材料之外，还可能采取贿赂等不正当手段以确保行政机关作出准予行政许可之决定。行政许可申请人之所以采取贿赂等手段，本质在于不符合行政许可之法定要件。因为贿赂，行政机关对于本不符合行政许可法定要件的行政许可申请，将错误地作出准予行政许可之决定。

根据《行政许可法》第七十八条的规定，对于前一种情形的行政许可申请人的违法行为，其招致的法律责任主要有以下两种：第一，行政机关对行政许可申请人的申请不予受理，或者虽受理但拒绝准予许可，并对行政许可申请人作出警告之行政处罚。第二，倘若行政许可申请直接关系公共安全、人身健康、生命财产安全，除对行政许可申请人作出警告之行政处罚外，还要进一步禁止行政许可申请人在一年内再次申请该行政许可。原因在于，对于直接关系公共安全、人身健康、生命财产安全事项的行政许可，一旦行政机关因为行政许可申请人隐瞒情况或者提供虚假材料而错误作出准予许可之决定，可能造成严重的危害。对于这一情节严重之违法行为，有必要在警告的基础上实质性地限制行政许可申请人的申请资格，进而增加行政处罚的惩戒属性，以威慑行政许可申请人，使其不敢再犯。

根据《行政许可法》第七十九条的规定，对于后一种情形的行政许可申请人的违法行为，其招致的法律责任主要有三种：第一，直接对行政许可申请人给予行政处罚，至于给予何种类型的行政处罚，取决于《行政许可法》之外的其他单行法的具体规定。第二，倘若行政许可直接关系公共安全、人身健康、生命财产安全，除依据其他单行法之具体规定，对行政许可被许可人作出行政处罚外，还要进一步禁止其在三年内再次申请该行政许可。相较于《行政许可法》第七十八条针对行政许可申请人的一年行政许可申请资格之限制，《行政许可法》第七十九条对行政许可被许可人三年行政许可申请资格之限制更为严格。原因是，尽管二者均是涉及公共安全、人身健康、生命财产安全之行政许可，但前者之规定适用于行政违法“未遂”的场景，后者规定适用于行政违法“既遂”之场景，行政违法“既遂”相较于“未遂”在危害后果上更为严重。第三，构成犯罪的，依法追究刑事责任。关于行政许可被许可人以欺骗、贿赂等不正当手段取得行政许可的这一违法情形，相关罪名主要是伪造、变造公文、印章罪与行贿罪。

二、行政许可被许可人的法律责任

行政许可被许可人的法律责任是指因行政许可被许可人的违法行为而招致的法律责任，其违法行为发生在行政机关作出准予行政许可决定之后。相较于此，规定行政许可申请人法律责任的《行政许可法》第七十八条、第七十九条涉及的违法行为发生在行政许可申请中，即以欺骗、贿赂等不正当手段取得行政许可这一违法情形是在行政机关作出准予行政许可决定之后才被发现的。

规定行政许可申请人的法律责任，主要是为了避免因为行政许可申请人的违法行为导致行政许可机关错误地作出准予许可之决定。然而，即便行政相对人在申请行政许可中并无任何违法行为，即因符合行政许可的法定条件而被行政机关作出准予许可之决定，从行政许可申请人转变为被许可人的行政相对人同样存在违法的可能性。《行政许可法》第八十条规定了行政许可被许可人的四种违法情形：一是涂改、倒卖、出租、出借行政许可证件，或者以其他形式非法转让行政许可的；二是超越行政许可范围进行活动的；三是向负责监督检查的行政机关隐瞒有关情况、提供虚假材料或者拒绝提供反映其活动情况的真实材料的；四是法律、法规、规章规定的其他违法行为。

就第一种违法情形而言，涂改行政许可证件是指抹除证件原有的文字与图形，同时增加新的文字与图形。倒卖、出租与出借行政许可证件是指将本人取得的行政许可暂时或者永久性地供他人使用。行政许可不仅具有属人性，即被许可人是特定的，而且被许可人准予从事的活动也是特定的。涂改、倒卖、出租、出借行政许可证件必然减损行政许可的属人性与从事活动的特定性。涂改既可能是对被许可人的变动，也可能是对被许可人准予从事特定活动的更改，而倒卖、出租、出借行政许可证件则主要是对被许可人的变动。在此意义上，根据《行政许可法》第九条的规定，依法取得的行政许可，除法律、法规规定依照法定条件和程序可以转让之外，一律不得转让。

就第二种违法情形而言，超越行政许可范围进行活动的，与前述涂改行政许可证件这一违法情形相关。原因在于，涂改行政许可证件的主要目的是超越行政许可范围非法进行生产经营活动。超越行政许可范围进行活动，不符合《行政许可法》第二条关于行政许可被许可人准予从事活动的特定性要求。

就第三种违法情形而言，向监督检查的行政机关隐瞒有关情况、提供虚假材料或者拒绝提供反映其活动情况的真实材料，作为一种"欺骗"手段，发生在准予行政许可决定后，不同于《行政许可法》第七十八条规定的发生于许可决定作出前的隐瞒有关情况或者提供虚假材料申请许可。当然，行政许可被许可人的违法情形不限于以上三种类型，还可能规定于其他法律、法规与规章中。

根据《行政许可法》第八十条的规定，行政许可被许可人有违法情形的，其责任形式主要有两种：一是直接对行政许可申请人给予行政处罚，至于给予何种类型的行政处罚，应当取决于《行政许可法》之外的其他单行法的具体规定。二是构成犯罪的，依法追究刑事责任。具体而言，涂改、倒卖、出租、出借行政许可证件这一违法行为主要涉及的是伪造、变造、买卖证件罪。超越行政许可范围进行活动的实质是未经行政许可擅自从事依法应当取得行政许可的活动，其可能构成的罪名在其他行政相对人的法律责任中有专门论述。至于向监督检查的行政机关隐瞒有关情况、提供虚假材料或者拒绝提供反映其活动情况的真实材料的行为，可能构成伪造、变造公文、印章罪。

三、其他行政相对人的法律责任

在行政许可活动中，除了行政许可申请人与被许可人，其他行政相对人的违法行为同样会招致法律责任的承担。其他行政相对人的违法行为主要是指未经行政许可而擅自从事依法应当取得行政许可的活动。

根据《行政许可法》第八十条的规定，超越行政许可范围进行活动，实质是未经行政许可而擅自从事依法应当取得行政许可的活动，只不过责任主体是行政许可被许可人。相较于行政许可被许可人超越行政许可范围进行活动，其他行政相对人未经行政许可擅自从事依法应当取得行政许可的活动在实践中同样普遍存在。对此，根据《行政许可法》第八十一条的规定，其他行政相对人未经行政许可擅自从事依法应当取得行政许可的活动的，其责任形式有两种：一是行政法律责任，主要表现为行政处罚以及采取措施予以制止。同样，给予何种类型的行政处罚，取决于《行政许可法》之外的其他单行法的具体规定。二是刑事法律责任。未经许可而擅自从事依法应当取得行政许可的活动的，可能构成的罪名具有多样性，既包括前述伪造、变造、买卖证件罪，还包括非法行医罪与非法进行节育手术罪，擅自设立金融机构罪，擅自发行股票、公司、企业债券罪，非法采矿罪等。

典型案例

林某诉某区市场监督管理局等工商登记行政许可决定撤销案[①]

案情简介：

2012年4月17日，H塑化有限公司向K市市场监管局提出变更登记、备案申请，并提交夏某、朱某身份证，《H塑化有限公司股东会决议》《H塑化有限公司股权转让协议》《H塑化有限公司章程》等申请材料。次日，K市市场监管局作出《准予变更（备案）登记通知

① 上海市铁路运输法院（2020）沪7101行初739号行政判决书。

书》，变更后股东为夏某、朱某，法定代表人、执行董事为夏某，监事为朱某。

夏某、朱某不服2012年4月18日核准的H塑化有限公司的变更登记，向K市市场监管局提出撤销行政许可申请。受理后，K市市场监管局调取了H塑化有限公司的涉税证明材料、夏某户籍证明、报警记录、某区人民法院《民事裁定书》及证据交换笔录、谈话笔录、庭审笔录、补充质证笔录、破产清算申请书、证据交换材料中的H塑化有限公司股东会决议、H塑化有限公司股权转让协议等材料。经审核，K市市场监管局认定，H塑化有限公司于2012年4月17日申请变更股东、股权、法定代表人、监事的行为违反了《行政许可法》第三十一条的规定，构成以欺骗手段取得行政许可的行为，遂于2019年7月9日作出《撤销行政许可决定书》（以下简称被诉撤销许可决定），根据《行政许可法》第六十九条第二款的规定，决定撤销K市市场监管局于2012年4月18日核准的H塑化有限公司的变更登记许可。

2020年6月1日，林某向S市市场监管局提出行政复议的申请。2020年8月11日，S市市场监管局作出行政复议决定，认为K市市场监管局作出的行政行为并无不当，林某的复议理由不能成立，依据《行政复议法》第二十八条第一款第一项的规定，维持K市市场监管局作出的被诉撤销许可决定。

法院认为：夏某身份证遗失证明、证据交换笔录、谈话笔录、庭审笔录等证据，能够证明2012年4月18日核准的H塑化有限公司变更登记中H塑化有限公司提交的夏某已经遗失的身份证件且《H塑化有限公司股东会决议》《H塑化有限公司股权转让协议》《H塑化有限公司章程》不是由夏某、朱某本人签名，即H塑化有限公司于2012年4月17日提交虚假的申请材料取得公司变更登记，故K市市场监管局作出被诉撤销许可决定认定事实清楚。根据《行政许可法》第六十九条第二款之规定，被许可人以欺骗、贿赂等不正当手段取得行政许可的，应当予以撤销。H塑化有限公司于2012年4月17日提交虚假的申请材料骗取公司变更登记，违反了《行政许可法》的上述规定，相应的2012年4月18日核准的H塑化有限公司变更登记应予撤销。K市市场监管局依据上述规定作出被诉撤销许可决定，适用法律正确。

案例评析：

从行政许可法律责任的角度观之，这一案例主要涉及行政相对人的法律责任问题。行政相对人的法律责任包括两种：行政许可申请人的法律责任与行政许可被许可人的法律责任。前者的违法行为发生在行政机关作出准予行政许可决定之前，后者的违法行为发生在行政机关作出准予行政许可决定之后。在本案例中，违法行为——提交虚假的申请材料取得公司变更登记发生在行政机关作出准予行政许可决定之前，故其指涉的是行政许可申请人的法律责任。在作出行政许可决定之后，行政机关发现行政许可申请人采取了欺骗的不正当手段，自应撤销这一错误的行政许可决定。在此种情形下，对错误行政许可决定的撤销，是采取欺骗手段的行政许可申请人所应承担的法律责任之一。

思考题

1.《行政许可法》专章规定了法律责任，行政许可法律责任的作用与意义是什么？

2.行政许可法律责任既包括行政法律责任，也包括刑事法律责任，应当如何理解这两种不同法律责任的关系？

3.在实际工作中遇到违法设定行政许可的情形应当如何处理？

4.除了《行政许可法》中的规定，在实践中还可从哪些方面强化对行政许可的监督？

第九章　行政许可制度的改革

本章知识要点

- □ 行政许可制度改革历程
- □ 行政许可制度改革取得的成效

第一节　行政许可制度改革历程

一、行政许可制度改革的开端

我国传统的行政许可制度蕴含于计划经济体制之中，最突出的弊端在于政府“一切都要管”，对经济社会主体自由施加了许多不必要的限制，在一定程度上遏制了市场和社会的效率与活力，使其难以适应市场经济发展和我国加入WTO以后的新经济形势的需求，行政许可制度的改革势在必行。[①]2000年10月，党的十五届五中全会通过的《中共中央关于制定国民经济和社会发展第十个五年计划的建议》提出“减少对经济事务的行政性审批”，开启了行政许可制度改革的序章。2000年12月，十五届中央纪委第五次全会进一步提出“改革行政审批制度，规范行政审批权力”，这是首次在国家层面正式提出行政审批制度改革的目标。2001年9月，党的十五届六中全会通过了

① 李洪雷：《〈行政许可法〉的实施：困境与出路》，载《法学杂志》2014年第5期。

《中共中央关于加强和改进党的作风建设的决定》，提出“改革行政审批制度，规范行政审批行为”，把行政许可制度改革提到党的作风建设的高度，列入中央全会决定。与此同时，国务院成立了行政审批制度改革工作领导小组，并于2001年10月批转了《关于行政审批制度改革工作实施意见》，全面启动全国范围内的行政审批制度改革。

2002年4月，国务院行政审批制度改革工作领导小组办公室发布《关于对建立与社会主义市场经济体制相适应的审批制度进行课题研究的实施方案》，确定在15个大中城市率先开展行政审批制度改革课题研究，此后又组织国务院各部门开展改革。2002年11月至2004年5月，国务院共发布第一批至第三批共三个批次的取消、改变、下放行政审批项目1772项，其中取消1604项、改变管理方式121项、下放47项。[①]为了巩固改革成果、进一步清晰界定政府和市场的关系，2003年8月27日，十届全国人大常委会第四次会议通过了《行政许可法》，自2004年7月1日起施行。《行政许可法》在中国的应时而生，成为推进行政许可制度改革的一个全新历史节点。

二、行政许可制度改革的探索

（一）深化行政审批的取消、下放与调整

《行政许可法》实施后，大量的法律、法规、规章和其他规范性文件按照《行政许可法》的规定和精神进行了清理和修改，政府职能有了很大转变，行政许可实施程序的规范化程度得到大幅提升。[②]同时，行政许可改革的步伐也逐步加快。2008年10月，国务院办

---

① 2002年11月1日，《国务院关于取消第一批行政审批项目的决定》取消789项行政审批项目；2003年2月27日，《国务院关于取消第二批行政审批项目和改变一批行政审批项目管理方式的决定》取消406项行政审批项目，另将82项行政审批项目作改变管理方式处理；2004年5月19日，《国务院关于第三批取消和调整行政审批项目的决定》取消和调整495项行政审批项目（其中，取消409项、改变39项、下放47项）。

② 李洪雷：《〈行政许可法〉的实施：困境与出路》，载《法学杂志》2014年第5期。

公厅转发监察部等部门《关于深入推进行政审批制度改革意见的通知》，提出了“行政审批事项进一步减少”的总体目标。2007年10月至2012年10月，国务院发布了第四批至第六批取消、下放和调整的行政审批项目684项，其中取消412项、下放217项、改变或减少审批部门17项、合并38项。[①]至此，国务院已分六批共取消和调整了2497项行政审批项目，占原有总数的69.3%。[②]这一时期，改革体现出“合并同类事项”“改变或减少审批部门”等特征，行政审批事项的稳定性、标准性以及规范性得到提升。这一时期，行政审批制度改革工作部际联席会议共召开了6次全体会议，明确了下一阶段行政审批制度改革的工作思路和主要任务，并多次强调进一步减少和简化行政审批，继续深入推进行政审批制度改革。

（二）相对集中行政许可权改革

《行政许可法》第二十五条为相对集中行政许可权提供了法律支撑。这一时期的相对集中行政许可权改革经历了从行政服务中心模式到行政审批局模式的变革。首先，根据精简、统一、效能的原则，行政服务中心在各地政府纷纷建立，集中处理行政审批事项，这一模式以物理方式的程序性集中为特征。其次，在中央的积极推进和地方的有益探索下，行政审批局开始建立，实现了行政许可权由“物理性集中”向“实质性集中”的转移。[③]例如2008年12月，成都市武侯区成

---

① 2007年10月9日，《国务院关于第四批取消和调整行政审批项目的决定》取消行政审批项目128项，调整行政审批项目58项（下放管理层级29项、改变实施部门8项、合并同类事项21项）；2010年7月4日，《国务院关于第五批取消和下放管理层级行政审批项目的决定》取消的行政审批项目113项，下放管理层级的行政审批项目71项；2012年9月23日，《国务院关于第六批取消和调整行政审批项目的决定》取消行政审批项目171项，调整143项（其中，下放管理层级的117项、减少审批部门的9项、合并的17项）。

② 《国务院10年来共取消调整2497项行政审批项目》，载人民网，http://politics.people.com.cn/n/2013/0625/c70731-21969235.html，最后访问时间：2022年12月23日。

③ 卢超：《行政审批局改革的组织创新及其公法启示》，载《浙江学刊》2021年第6期。

立了我国第一个行政审批局，武侯区政府将辖区内二十多个行政机关的许可权限统一划转至新成立的行政审批局名下，使得行政审批局成为一个统一行使许可权的实体部门。此后，行政审批局也在各地逐步建立，相对集中行政许可权的改革在全国其他地方逐渐展开。

三、行政许可制度改革的深化

（一）构建权力清单制度

党的十八届三中全会通过的《中共中央关于全面深化改革若干重大问题的决定》首次提出要**“推行地方各级政府及其工作部门权力清单制度，依法公开权力运行流程”**。国务院随后发布通知，要求国务院部门制定行政许可目录，目录内容包含各部门负责的许可事项，并向社会公开发布，同时强调目录内容要紧扣行政许可项目的增加、调整、变更等情况，确保目录更新准确、及时。2014年政府工作报告再次明确要建立权力清单制度，同时提出**“清单之外无审批”**的要求。结合行政审批制度改革的推进，2014年年底，国务院部门基本完成了行政审批事项清单的编发工作，中央编办首次在官网上公布了“国务院各部门行政审批事项汇总清单”。2015年3月，中共中央办公厅、国务院办公厅印发《关于推行地方各级政府工作部门权力清单制度的指导意见》，三十多个省级人民政府与市县两级政府分别在2015年、2016年年底前完成了各自的权力清单制作与公布工作。

（二）清除非行政许可审批

非行政许可审批在本质上属于变相审批，一些于法无据、不适合用来规制外部管理相对人的行政审批项目借助这一概念脱离了《行政许可法》的规制范围。2014年4月，国务院印发《关于清理国务院部门非行政许可审批事项的通知》，提出要在统一的标准指导下，在一年内循序渐进、分门别类地对国务院各部门的非行政许可审批事项进行清理。从2013年3月至2014年年底，国务院先后分7批对非行政许可审批进行清理，共取消了209项非行政许可审批事项。[①]2015年5月，国务院发布《关于取消非行政许可审批事项的决定》，采用取消和调整为内部审批事项两种方式对剩余的非行政许可审批事项进行了清理，全部取消了非行政许可审批，为行政审批制度回归《行政许可法》的法治轨道扫清了障碍。

（三）持续深化行政审批改革

2013年9月，国务院印发《关于严格控制新设行政许可的通知》，切实防止行政许可事项的边减边增、明减暗增。2014年2月，国务院办公厅发布《关于公开国务院各部门行政审批事项等相关工作的通知》。2015年1月，国务院发布《关于规范国务院部门行政审批行为改进行政审批有关工作的通知》，在程序上进一步规范行政审批行为。2013年至2017年，国务院分9批审议通过了取消和下放的国务院部门行政审批事项共618项，其中取消491项、下放127项，不断削减行政审批事项，持续向市场与社会放权。[②]同时，行政审批制度改革也成为政府职能转变的重点，国务院分别印发了《2015年推进简政放权放管结合转变政府职能工作方案》《2016年推进简政放权放管结合优化服务改革工作要点》，要求继续深化行政审批改革，规定了削减一批生产许可证、经营许可证，建立国家职业资格目录清单管理制度等具体措施。2017年6月，国务院办公厅发布《全国深化简政放权放管结合优化服务改革电视电话会议重点任务分工方案》，提出“再压减50%的工业产品生产许可证。对管理目的相同或类似的不同部门许可事项，要加快清理合并”。

---

① 《“非行政许可审批”退出历史舞台》，载中国政府网，http://www.gov.cn/xinwen/2015-06/26/content_2884417.htm，最后访问时间：2022年12月24日。

② 《国务院2013年以来取消下放了哪些“审批权”？》，载中国政府网，http://www.gov.cn/xinwen/2017-02/10/content_5166968.htm，最后访问时间：2022年12月24日。

四、行政许可制度改革的新发展

（一）告知承诺制

告知承诺制是政府职能转变背景下行政许可程序的重要革新模式，告知承诺制下的许可审查机关采取形式审查模式，只要申请人作出合规承诺，便可以当即作出许可决定，行政许可行为就此即时生效。[①]告知承诺制最初在上海地区进行政策试验，经过不断发展成熟，2018年，上海市政府发布《上海市行政审批告知承诺管理办法》，明确了告知承诺制的各项规定，该办法也成为首个关于告知承诺制的地方政府规章。国务院根据上海市的经验，逐渐在全国范围内的多个领域开展告知承诺制。2019年，国务院公布的《优化营商环境条例》提出可以采取告知承诺的方式办理许可事项。在新型冠状病毒感染疫情防控期间，国务院办公厅下发《关于进一步精简审批优化服务精准稳妥推进企业复工复产的通知》，指出“有条件的地方可将复工复产审批制改为备案制或告知承诺制”。2021年8月，中共中央、国务院印发《法治政府建设实施纲要（2021—2025年）》，专门提到“推行行政审批告知承诺制”。随着一系列政策及文件的施行，行政许可告知承诺制已在全国范围内全面铺开。

（二）“互联网+政务服务”

“互联网+政务服务”是深化政府职能转变的创新举措。2018年7月，国务院出台《关于加快推进全国一体化在线政务服务平台建设的指导意见》，提出要深入推进“互联网+政务服务”，吸纳了“只进一扇门”“最多跑一次”“不见面审批”等改革举措，推动实现政务服务事项全国标准统一、全流程网上办理，整合优化企业开办及投资项目审批、工程建设项目审批、不动产登记等涉及多个部门、

① 卢超：《行政许可承诺制：程序再造与规制创新》，载《中国法学》2021年第6期。

地区的事项办理流程，积极推进多证合一、多图联审、多规合一、告知承诺、容缺受理、联审联办，精简行政审批流程。

（三）市场准入负面清单制度

2018年12月，国家发改委、商务部首次发布了适用于全国的《市场准入负面清单（2018年版）》，只要是该清单之外的领域，各类投资者均可进入，这标志着我国基本完成了市场准入负面清单制度在全国范围内的构建工作。2019年3月通过的《外商投资法》与市场准入负面清单制度进一步形成合力，为优化营商环境、深化行政审批制度改革提供了有力支撑。在制定负面清单时，必须对其中的内容进行识别，将涉及市场准入的内容梳理出来，依据《行政许可法》等法律法规的规定，按照政府职能转变和负面清单管理的要求，对这些内容进行合法性和合理性审查。不符合要求的事项不仅不会被列入负面清单，且应作为取消行政审批事项的依据，纳入下一步行政审批事项取消的范畴。

第二节　行政许可制度改革取得的成效

行政许可制度改革是行政体制改革的重要组成部分，是我国全面履行加入WTO承诺的重要举措。[①]行政许可制度改革实施以来，从中央到地方不断推进行政审批制度改革，正确处理政府与市场关系，明晰行政许可权力的边界，转变政府职能。随着政府职能转变的纵深发展，行政许可制度改革各方面都有了重大调整，在许可事项数量、许可审批服务、许可审批标准化和规范化程度方面更是取得了全方位的改革成效。

---

① 关保英主编：《行政许可法教程》，中国政法大学出版社2011年版，第7页。

一、许可事项数量大幅缩减

受计划经济管理体制的惯性作用，许可事项数量过多一直是我国行政许可制度改革亟待解决的问题。早在行政审批制度改革启动之初，国务院行政审批制度改革工作领导小组便指出，要“研究提出国务院各部门需要取消和保留的行政审批项目并拟定有关规定”[①]。经过20年的行政许可制度改革，通过大幅减少、严格限制、全面清理等手段，行政许可事项数量在整体上大幅缩减。

第一，行政许可事项数量大幅缩减。在许可事项数量的改革方面，对不属于、不适宜由政府许可的行政许可事项全面清理并下放至其他适格主体。数据显示，自党的十八大以来至2020年9月，国务院已经分16批取消下放了1094 项行政许可事项，其中，由国务院部门实施的行政许可事项清单的压减比例达到 47%。[②]行政许可事项数量的大幅减少并非某个领域或某个方面的单向减少，而是一场全领域、全方位、全覆盖的综合减少，具体而言，表现在以下六个方面:（1）从涉及的部门上看，减少的行政许可事项与多个政府业务指导部门有关（如国家市场监督管理总局、国家药品监督管理局等）；（2）从涉及的内容上看，减少的行政许可事项几乎涉及所有行业和社会活动（如企业生产经营许可、水生野生动物进出口初审、药监新药初审等）；（3）从涉及主体的级别上看，减少的行政许可事项涉及国家行政系统的各个层级，需要国务院和地方政府在各自的职权范围内共同完成，其中有相当数量的行政许可事项直接由国务院下放至省、市、县三级进行改革；（4）从涉及的改革方式上看，减少行政许可事项的方式并不单一，而是由取消、下放、合并、改许

---

① 参见《国务院办公厅关于成立国务院行政审批制度改革工作领导小组的通知》。

② 《十八大以来，国务院已分16批取消下放1094项行政许可事项》，载中国政府网，http://www.gov.cn/xinwen/2020-09/29/content_5548218.htm。因2021年以来，中央对于行政许可数量的控制主要通过“实行行政许可清单管理”的方式进行，故本书对此之后的数据未做统计。

可为备案等多种改革方式综合推进的；（5）从涉及的名称上看，减少的行政许可事项名称多样，有批准、核准、审核、同意、注册、许可、认证、鉴证等；（6）从涉及的结果上看，减少的行政许可事项优化了企业营商环境、提高了市场发展活力、完善了政府服务模式，促进了社会生活各方面的高质量发展。

第二，确需保留的行政许可事项被严格控制。行政许可制度改革要求政府转变职能，精简行政许可数量，但并不等于完全消灭许可制度，尤其是对那些在法律、行政法规以外确需保留且符合《行政许可法》第十二条之规定的行政许可事项，还需予以继续保留，以免陷入“政府失灵”的现实困境。**首先，通过建立行政许可清单制度遏制“变相许可”。**2022年，国务院办公厅发布《关于全面实行行政许可事项清单管理的通知》，要求编制国家、省、市、县四级行政许可事项清单，将依法设定的行政许可事项全部纳入清单管理，并随文发布了《法律、行政法规、国务院决定设定的行政许可事项清单（2022年版）》对清单内的行政许可事项逐项规范。[①]**其次，通过明确行政许可设置权限主体严格新设行政许可条件。**2013年，《国务院关于严格控制新设行政许可的通知》明确提出，今后起草法律草案、行政法规草案一般不新设行政许可，确需新设的，应当严格设定标准，并明确了一律不得设定、原则上不得设定、不得重复设定等三类11项不得设定的情形。[②]

第三，“非行政许可审批事项”得到全面清理。在清理“非行政许可审批事项”之前，对其进行严格规范。“非行政许可审批事项”在我国政府管理领域内长期存在，在条件不成熟时，直接消灭“非行政许可审批事项”面临着一定的可行性困境。因而，改革初期对“非行政许可审批事项”的规范主要采取了严格限制加有限保留的态

① 参见《国务院办公厅关于全面实行行政许可事项清单管理的通知》。

② 参见《国务院关于严格控制新设行政许可的通知》。

度，如2006年，深圳市人民政府出台《深圳市非行政许可审批和登记若干规定》，旨在严格规范“非行政许可审批事项”。2015年5月，**国务院发布《关于取消非行政许可审批事项的决定》，启动全面取消“非行政许可审批事项”改革，将84项非行政许可审批事项调整为政府内部审批事项，不再保留“非行政许可审批”这一审批类别，至此，“非行政许可审批”这一概念退出历史舞台。**同时，考虑到“非行政许可审批事项”极易变形，甚至损害我国行政许可改革的成果，国务院和各级政府都积极推进各种改革方案，全面肃清实践中的“非行政许可审批事项”。

二、许可审批服务更加高效便民

《行政许可法》第六条规定：“实施行政许可，应当遵循便民的原则，提高办事效率，提供优质服务。”高效便民原则是我国法治政府建设的重要原则之一，包括“行政效率”和“便利当事人”两部分内容。各级许可审批服务部门将高效便民的法治精神贯穿许可审批服务的各个环节，取得了重要成就。

（一）行政效率显著提升

1.行政许可审批时间缩短

行政许可审批时间的缩短在建设工程领域体现得尤为明显，据2017年世界银行对全球190个经济体的营商环境的评价，我国“办理施工许可”的时间为247.1天，排名第172位；在国家统计局作为第三方对34个城市“办理施工许可”的专项调查中，我国“办理施工许可”的平均审批时间为249天。[①]行政许可审批时间过长这一困境在2019年之后得到明显改善，继国务院办公厅发布《关于全面开

① 艾琳、王海熙：《“深圳90”对工程建设项目审批制度改革的启示》，载《中国行政管理》2018年第10期。

展工程建设项目审批制度改革的实施意见》要求全国工程建设项目审批时间压缩至120个工作日，同年6月，湖南、安徽、贵州等地便将工程建设项目审批时间压缩至120个工作日以内。

2.行政许可审批流程减少

（1）行政许可告知承诺制。告知承诺制以程序简化与效率价值为核心要义，将事前许可流程压缩至极致。按照告知承诺制的程序设计，只要许可申请人作出符合许可条件的书面承诺，行政许可机关便不需要再进行实质审查，而可以直接作出准予许可的决定。[①]

（2）行政许可流程整合。例如，上海市制定了产业项目行政审批流程优化方案，将产业项目开工前的审批流程整合为土地取得和立项、设计文件、开工手续三个阶段，使相关产业项目的落地速度有较大提高，有的项目的审批时限缩短了一半以上。[②]

（3）相对集中行政许可权。行政审批服务中心、行政审批大厅（中心）、行政审批局等机构的设立打破了以往行政审批部门之间的界限，改变了行政许可的实施机关，避免了行政审批过程中的重复审批、交叉审批、循环审批乱象，有效提高了行政许可审批的效率。

（二）当事人办事更为便利

通过改革，“最多跑一次”的理念得到普遍实践。发端于浙江省的“最多跑一次”改革，其核心内容是指群众和企业（自然人、法人和其他组织）到政府办理一件事情，在申请材料齐全、符合法定受理条件时，从受理申请到作出决定，形成办理结果的全过程一次上门或零上门。[③]“最多跑一次”改革直接面向民众在行政审批服务中反

---

① 卢超：《行政许可承诺制：程序再造与规制创新》，载《中国法学》2021年第6期。

② 上海市行政审批制度改革领导小组办公室：《加大简政放权　强化政府效能——上海开展行政审批制度改革情况综述》，载《上海人大月刊》2014年第12期。

③ 李文峰：《浙江“最多跑一次”的创新实效——基于“第三方评估”的报告》，载《浙江学刊》2018年第5期。

映最为强烈的改革难点和痛点（如“行政服务中心的法律地位”“重复提交材料、转嫁责任证明、办事时间长”“信息孤岛”等），通过行政许可制度改革，重新梳理行政审批流程、归纳高频服务事项、整合各类事项权力、建立政务服务事项清单制度，贴近民众在行政审批服务中的直接需求。

三、行政许可审批的标准化、规范化程度提升

党的十八大之后，党中央、国务院从行政许可的事项管理、流程、服务、受理场所、监督检查等方面全面规范行政许可审批行为。改革通过行政许可清单制度、行政审批局的设立等途径，显著提升了行政审批的标准化、规范化程度。

第一，行政许可事项清单管理制度，要求对保留的行政审批事项以清单的形式（包括名称、编码、类型、依据、行使主体、流程图和监督方式等）在政府网站等载体公布，清单之外一律不得违法实施行政许可；并根据行政审批设定依据的变化，及时修改和调整审批事项的一系列程序和内容。[①]行政许可事项清单管理制度对改善营商环境、激发市场活力、厘清市场与政府边界具有重要意义，是实现国家治理体系和治理能力现代化过程“可视化”的重要路径。

第二，各级政府通过成立行政审批局，大力推动相对集中许可权改革，推动“一枚印章管审批”，提高了行政许可审批的标准化和规范化程度。行政审批局是我国相对集中行政许可权改革过程中的又一重要成就和机制创新，其主要依托行政审批中心模式演进形成，核心是相对集中行政审批权，即把分散在各部门的审批职权相对集中到行政审批局，原则上由其行使有关本级政府的行政审批权。行政审批局人员的编制独立，完全由该部门进行派遣、管理与

---

① 王克稳：《行政审批（许可）权力清单建构中的法律问题》，载《中国法学》2017年第1期。

考核。[①]行政审批局作为政府行政许可制度改革的重要内容和政府职能转变的主要着力点，自创设以来，在机构设置方面，以标准化的改革手段推动行政审批服务朝着纵深方向发展。在行政审批局设立前，我国的行政审批工作一直面临着审批部门多、审批职能分散、审批效率不高等现实困境；设立行政审批局后，审批部门和审批职能合并至同一机关，多项行政许可信息共享。如此，便为政府出台统一行政审批规范性文件提供了机构依托。行政审批局按照统一的文件精神，由上向下逐级下达审批政策、指令或任务，逐级指挥、协调和控制，统一工作模式，实现“一枚印章管审批”，极大地提高了行政许可审批的标准化和规范化程度。

三 典型案例

杭州市发展和改革委员会、杭州市行政审批服务管理办公室“亲清在线”无感智慧审批[②]

相关经验：

杭州市全面升级“亲清在线”数字化平台，按照全程在线、流程再造、数据协同的建设理念，围绕企业办事全生命周期，以“一键直达”为导向、“一件事”联办为标准，引入信用承诺机制，构建“1+10+2”应用场景，实现了政策兑付“一键到账”、许可事项“一键审批”、企业诉求“一键直达”、政企交流“一窗对话”、绩效评价“多维量化”，为企业提供全生态、全链条的线上政务服务，打造具有杭州辨识度的国际一流营商环境。

---

① 胡税根、结宇龙：《行政审批局模式：何以有效，何以无效？——基于市场主体视角的政策效果实证》，载《上海行政学院学报》2022年第1期。

② 浙江省发展改革委：《2021年度全省营商环境改革创新十佳案例》，载国脉电子政务网，http://www.echinagov.com/info/316316，最后访问时间：2022年6月1日。

流程再造。在线打破部门职能边框，以企业视角重塑业务流程，推动“一件事”全流程“零跑次”办结，并在审批规则标准化的基础上实现系统自动判别、智慧审批。政企交互全程在线完成，实现线上服务替代窗口坐班。

集成贯通。以统一社会信用代码为标记，依托一体化智能化公共数据平台，联结50多个中央、省、市职能部门，协同372个数据接口，市、区/县、街/镇三级共用，实现了平台的横向集成、纵向贯通。

赋能基层。建设市、区/县（市）、街/镇（园区）三级“亲清驾驶舱”体系，在确保企业信息和个人隐私数据安全的前提下，通过一体化数字资源系统推送企业画像和服务数据直达各区/县基层治理“141”工作台，为街/镇、社区等基层单位加强企业服务、招商引资、政策研究、风险防范提供数据支撑，实现碎片化管理向整体智治的提档升级。

制度创新。先后出台《杭州亲清在线平台建设指南》《惠企数字平台应用规范（地方性标准）》《关于建立“亲清在线”平台“亲清D小二”工作机制的实施意见》《“亲清D小二”日常管理办法（试行）》等文件，推动改革向制度层面深化。

案例评析：

杭州市打造“亲清在线”无感智慧审批的相关经验，不仅集成了“告知承诺”“电子证照”“网上办”“智慧办”“信息共享”等一系列改革举措，而且从申请人的视角出发，推动政务服务实现了“好用”“慧用”“爱用”，通过深层次创新改革，优化智能方式，形成了审批服务监管、监管支撑审批的审管衔接工作格局。通过改革，行政许可审批的效率大幅提高，群众、企业的改革体验感和获得感进一步增强，在推进治理体系和治理能力现代化方面展现了“重要窗口”的示范价值。同时，这一实践也为建设整体政府提供了有益经验。我国长期按照职能划分进行条块分割管理，碎片化的分割式管理因分工过细产生了部门林立、职责交叉和多头指挥、整体效能低下等问题。杭州市打造“亲清在线”无感智慧审批平台，依托一体化智能化公共数据平台，市、区/县、街/镇三级共用，实现了平台的横向集成、纵向贯通；在线打破了部门职能边框，政企交互全程在线完成，突出体现了“以整治碎”的价值取向，以需求为导向，以协同合作为运行机制，强调提供全方位、无缝隙的服务供给。

思考题

1. 行政许可制度改革取得了哪些重要成效？请举例论述。
2. 当前我国的行政许可审批制度是否存在亟待解决的问题？
3. 未来我国行政许可制度改革应从哪些方面予以完善？

附　录

中华人民共和国行政许可法

（2003年8月27日第十届全国人民代表大会常务委员会第四次会议通过　根据2019年4月23日第十三届全国人民代表大会常务委员会第十次会议《关于修改〈中华人民共和国建筑法〉等八部法律的决定》修正）

目　　录

第一章 总 则

第一条 为了规范行政许可的设定和实施，保护公民、法人和其他组织的合法权益，维护公共利益和社会秩序，保障和监督行政机关有效实施行政管理，根据宪法，制定本法。

第二条 本法所称行政许可，是指行政机关根据公民、法人或者其他组织的申请，经依法审查，准予其从事特定活动的行为。

第三条 行政许可的设定和实施，适用本法。

有关行政机关对其他机关或者对其直接管理的事业单位的人事、财务、外事等事项的审批，不适用本法。

第四条 设定和实施行政许可，应当依照法定的权限、范围、条件和程序。

第五条 设定和实施行政许可，应当遵循公开、公平、公正、非歧视的原则。

有关行政许可的规定应当公布；未经公布的，不得作为实施行政许可的依据。行政许可的实施和结果，除涉及国家秘密、商业秘密或者个人隐私的外，应当公开。未经申请人同意，行政机关及其工作人员、参与专家评审等的人员不得披露申请人提交的商业秘密、未披露信息或者保密商务信息，法律另有规定或者涉及国家安全、重大社会公共利益的除外；行政机关依法公开申请人前述信息的，允许申请人在合理期限内提出异议。

符合法定条件、标准的，申请人有依法取得行政许可的平等权利，行政机关不得歧视任何人。

第六条 实施行政许可，应当遵循便民的原则，提高办事效率，提供优质服务。

第七条 公民、法人或者其他组织对行政机关实施行政许可，享有陈述权、申辩权；有权依法申请行政复议或者提起行政诉讼；其合法权益因行政机关违法实施行政许可受到损害的，有权依法要求赔偿。

第八条 公民、法人或者其他组织依法取得的行政许可受法律保护，行政机关不得擅自改变已经生效的行政许可。

行政许可所依据的法律、法规、规章修改或者废止，或者准予行政许可所依据的客观情况发生重大变化的，为了公共利益的需要，行政机关可以依法变更或者撤回已经生效的行政许可。由此给公民、法人或者其他组织造成财产损失的，行政机关应当依法给予补偿。

第九条 依法取得的行政许可，除法律、法规规定依照法定条件和程序可以转让的外，不得转让。

第十条 县级以上人民政府应当建立健全对行政机关实施行政许可的监督制度，加强对行政机关实施行政许可的监督检查。

行政机关应当对公民、法人或者其他组织从事行政许可事项的活动实施有效监督。

第二章 行政许可的设定

第十一条 设定行政许可，应当遵循经济和社会发展规律，有利于发挥公民、法人或者其他组织的积极性、主动性，维护公共利益和社会秩序，促进经济、社会和生态环境协调发展。

第十二条 下列事项可以设定行政许可：

（一）直接涉及国家安全、公共安全、经济宏观调控、生态环境保护以及直接关系人身健康、生命财产安全等特定活动，需要按照法定条件予以批准的事项；

（二）有限自然资源开发利用、公共资源配置以及直接关系公共利益的特定行业的市场准入等，需要赋予特定权利的事项；

（三）提供公众服务并且直接关系公共利益的职业、行业，需要确定具备特殊信誉、特殊条件或者特殊技能等资格、资质的事项；

（四）直接关系公共安全、人身健康、生命财产安全的重要设备、设施、产品、物品，需要按照技术标准、技术规范，通过检验、检测、检疫等方式进行审定的事项；

（五）企业或者其他组织的设立等，需要确定主体资格的事项；

（六）法律、行政法规规定可以设定行政许可的其他事项。

第十三条 本法第十二条所列事项，通过下列方式能够予以规范的，可以不设行政许可：

（一）公民、法人或者其他组织能够自主决定的；

（二）市场竞争机制能够有效调节的；

（三）行业组织或者中介机构能够自律管理的；

（四）行政机关采用事后监督等其他行政管理方式能够解决的。

第十四条 本法第十二条所列事项，法律可以设定行政许可。尚未制定法律的，行政法规可以设定行政许可。

必要时，国务院可以采用发布决定的方式设定行政许可。实施后，除临时性行政许可事项外，国务院应当及时提请全国人民代表大会及其常务委员会制定法律，或者自行制定行政法规。

第十五条 本法第十二条所列事项，尚未制定法律、行政法规的，地方性法规可以设定行政许可；尚未制定法律、行政法规和地方性法规的，因行政管理的需要，确需立即实施行政许可的，省、自治区、直辖市人民政府规章可以设定临时性的行政许可。临时性的行政许可实施满一年需要继续实施的，应当提请本级人民代表大会及其常务委员会制定地方性法规。

地方性法规和省、自治区、直辖市人民政府规章，不得设定应当由国家统一确定的公民、法人或者其他组织的资格、资质的行政许可；不得设定企业或者其他组织的设立登记及其前置性行政许可。其设定的行政许可，不得限制其他地区的个人或者企业到本地区从事生产经营和提供服务，不得限制其他地区的商品进入本地区市场。

第十六条 行政法规可以在法律设定的行政许可事项范围内，对实施该行政许可作出具体规定。

地方性法规可以在法律、行政法规设定的行政许可事项范围内，对实施该行政许可作出具体规定。

规章可以在上位法设定的行政许可事项范围内，对实施该行政许可作出具体规定。

法规、规章对实施上位法设定的行政许可作出的具体规定，不得增设行政许可；对行政许可条件作出的具体规定，不得增设违反上位法的其他条件。

第十七条 除本法第十四条、第十五条规定的外，其他规范性文件一律不得设定行政许可。

第十八条 设定行政许可，应当规定行政许可的实施机关、条件、程序、期限。

第十九条 起草法律草案、法规草案和省、自治区、直辖市人民政府规章草案，拟设定行政许可的，起草单位应当采取听证会、论证会等形式听取意见，并向制定机关说明设定该行政许可的必要性、对经济和社会可能产生的影响以及听取和采纳意见的情况。

第二十条 行政许可的设定机关应当定期对其设定的行政许可进行评价；对已设定的行政许可，认为通过本法第十三条所列方式能够解决的，应当对设定该行政许可的规定及时予以修改或者废止。

行政许可的实施机关可以对已设定的行政许可的实施情况及存在的必要性适时进行评价，并将意见报告该行政许可的设定机关。

公民、法人或者其他组织可以向行政许可的设定机关和实施机关就行政许可的设定和实施提出意见和建议。

第二十一条 省、自治区、直辖市人民政府对行政法规设定的有关经济事务的行政许可，根据本行政区域经济和社会发展情况，认为通过本法第十三条所列方式能够解决的，报国务院批准后，可以在本行政区域内停止实施该行政许可。

第三章 行政许可的实施机关

第二十二条 行政许可由具有行政许可权的行政机关在其法定职权范围内实施。

第二十三条 法律、法规授权的具有管理公共事务职能的组织，在法定授权范围内，以自己的名义实施行政许可。被授权的组织适用本法有关行政机关的规定。

第二十四条 行政机关在其法定职权范围内，依照法律、法规、规章的规定，可以委托其他行政机关实施行政许可。委托机关应当将受委托行政机关和受委托实施行政许可的内容予以公告。

委托行政机关对受委托行政机关实施行政许可的行为应当负责监督，并对该行为的后果承担法律责任。

受委托行政机关在委托范围内，以委托行政机关名义实施行政许可；不得再委托其他组织或者个人实施行政许可。

第二十五条 经国务院批准，省、自治区、直辖市人民政府根据精简、统一、效能的原则，可以决定一个行政机关行使有关行政机关的行政许可权。

第二十六条 行政许可需要行政机关内设的多个机构办理的，该行政机关应当确定一个机构统一受理行政许可申请，统一送达行政许可决定。

行政许可依法由地方人民政府两个以上部门分别实施的，本级人民政府可以确定一个部门受理行政许可申请并转告有关部门分别提出意见后统一办理，或者组织有关部门联合办理、集中办理。

第二十七条 行政机关实施行政许可，不得向申请人提出购买指定商品、接受有偿服务等不正当要求。

行政机关工作人员办理行政许可，不得索取或者收受申请人的财物，不得谋取其他利益。

第二十八条 对直接关系公共安全、人身健康、生命财产安全的设备、设施、产品、物品的检验、检测、检疫，除法律、行政法规规定由行政机关实施的外，应当逐步由符合法定条件的专业技术组织实施。专业技术组织及其有关人员对所实施的检验、检测、检疫结论承担法律责任。

第四章 行政许可的实施程序

第一节 申请与受理

第二十九条 公民、法人或者其他组织从事特定活动，依法需要取得行政许可的，应当向行政机关提出申请。申请书需要采用格式文本的，行政机关应当向申请人提供行政许可申请书格式文本。申请书格式文本中不得包含与申请行政许可事项没有直接关系的内容。

申请人可以委托代理人提出行政许可申请。但是，依法应当由申请人到行政机关办公场所提出行政许可申请的除外。

行政许可申请可以通过信函、电报、电传、传真、电子数据交换和电子邮件等方式提出。

第三十条 行政机关应当将法律、法规、规章规定的有关行政许可的事项、依据、条件、数量、程序、期限以及需要提交的全部材料的目录和申请书示范文本等在办公场所公示。

申请人要求行政机关对公示内容予以说明、解释的，行政机关应当说明、解释，提供准确、可靠的信息。

第三十一条 申请人申请行政许可，应当如实向行政机关提交有关材料和反映真实情况，并对其申请材料实质内容的真实性负责。行政机关不得要求申请人提交与其申请的行政许可事项无关的技术资料和其他材料。

行政机关及其工作人员不得以转让技术作为取得行政许可的条件；不得在实施行政许可的过程中，直接或者间接地要求转让技术。

第三十二条 行政机关对申请人提出的行政许可申请，应当根据下列情况分别作出处理：

（一）申请事项依法不需要取得行政许可的，应当即时告知申请人不受理；

（二）申请事项依法不属于本行政机关职权范围的，应当即时作出不予受理的决定，并告知申请人向有关行政机关申请；

（三）申请材料存在可以当场更正的错误的，应当允许申请人当场更正；

（四）申请材料不齐全或者不符合法定形式的，应当当场或者在五日内一次告知申请人需要补正的全部内容，逾期不告知的，自收到申请材料之日起即为受理；

（五）申请事项属于本行政机关职权范围，申请材料齐全、符合法定形式，或者申请人按照本行政机关的要求提交全部补正申请材料的，应当受理行政许可申请。

行政机关受理或者不予受理行政许可申请，应当出具加盖本行政机关专用印章和注明日期的书面凭证。

第三十三条 行政机关应当建立和完善有关制度，推行电子政务，在行政机关的网站上公布行政许可事项，方便申请人采取数据电文等方式提出行政许可申请；应当与其他行政机关共享有关行政许可信息，提高办事效率。

第二节 审查与决定

第三十四条 行政机关应当对申请人提交的申请材料进行审查。

申请人提交的申请材料齐全、符合法定形式，行政机关能够当场作出决定的，应当当场作出书面的行政许可决定。

根据法定条件和程序，需要对申请材料的实质内容进行核实的，行政机关应当指派两名以上工作人员进行核查。

第三十五条 依法应当先经下级行政机关审查后报上级行政机关决定的行政许可，下级行政机关应当在法定期限内将初步审查意见和全部申请材料直接报送上级行政机关。上级行政机关不得要求申请人重复提供申请材料。

第三十六条 行政机关对行政许可申请进行审查时，发现行政许可事项直接关系他人重大利益的，应当告知该利害关系人。申请人、利害关系人有权进行陈述和申辩。行政机关应当听取申请人、利害关系人的意见。

第三十七条 行政机关对行政许可申请进行审查后，除当场作出行政许可决定的外，应当在法定期限内按照规定程序作出行政许可决定。

第三十八条 申请人的申请符合法定条件、标准的，行政机关应当依法作出准予行政许可的书面决定。

行政机关依法作出不予行政许可的书面决定的，应当说明理由，并告知申请人享有依法申请行政复议或者提起行政诉讼的权利。

第三十九条 行政机关作出准予行政许可的决定，需要颁发行政许可证件的，应当向申请人颁发加盖本行政机关印章的下列行政许可证件：

（一）许可证、执照或者其他许可证书；

（二）资格证、资质证或者其他合格证书；

（三）行政机关的批准文件或者证明文件；

（四）法律、法规规定的其他行政许可证件。

行政机关实施检验、检测、检疫的，可以在检验、检测、检疫合格的设备、设施、产品、物品上加贴标签或者加盖检验、检测、检疫印章。

第四十条 行政机关作出的准予行政许可决定，应当予以公开，公众有权查阅。

第四十一条 法律、行政法规设定的行政许可，其适用范围没有地域限制的，申请人取得的行政许可在全国范围内有效。

第三节 期 限

第四十二条 除可以当场作出行政许可决定的外，行政机关应当自受理行政许可申请之日起二十日内作出行政许可决定。二十日内不能作出决定的，经本行政机关负责人批准，可以延长十日，并应当将延长期限的理由告知申请人。但是，法律、法规另有规定的，依照其规定。

依照本法第二十六条的规定，行政许可采取统一办理或者联合办理、集中办理的，办理的时间不得超过四十五日；四十五日内不能办结的，经本级人民政府负责人批准，可以延长十五日，并应当将延长期限的理由告知申请人。

第四十三条 依法应当先经下级行政机关审查后报上级行政机关决定的行政许可，下级行政机关应当自其受理行政许可申请之日起二十日内审查完毕。但是，法律、法规另有规定的，依照其规定。

第四十四条 行政机关作出准予行政许可的决定，应当自作出决定之日起十日内向申请人颁发、送达行政许可证件，或者加贴标签、加盖检验、检测、检疫印章。

第四十五条 行政机关作出行政许可决定，依法需要听证、招标、拍卖、检验、检测、检疫、鉴定和专家评审的，所需时间不计算在本节规定的期限内。行政机关应当将所需时间书面告知申请人。

第四节 听 证

第四十六条 法律、法规、规章规定实施行政许可应当听证的事项，或者行政机关认为需要听证的其他涉及公共利益的重大行政许可事项，行政机关应当向社会公告，并举行听证。

第四十七条 行政许可直接涉及申请人与他人之间重大利益关系的，行政机关在作出行政许可决定前，应当告知申请人、利害关系人享有要求听证的权利；申请人、利害关系人在被告知听证权利之日起五日内提出听证申请的，行政机关应当在二十日内组织听证。

申请人、利害关系人不承担行政机关组织听证的费用。

第四十八条 听证按照下列程序进行：

（一）行政机关应当于举行听证的七日前将举行听证的时间、地点通知申请人、利害关系人，必要时予以公告；

（二）听证应当公开举行；

（三）行政机关应当指定审查该行政许可申请的工作人员以外的人员为听证主持人，申请人、利害关系人认为主持人与该行政许可事项有直接利害关系的，有权申请回避；

（四）举行听证时，审查该行政许可申请的工作人员应当提供审查意见的证据、理由，申请人、利害关系人可以提出证据，并进行申辩和质证；

（五）听证应当制作笔录，听证笔录应当交听证参加人确认无误后签字或者盖章。

行政机关应当根据听证笔录，作出行政许可决定。

第五节 变更与延续

第四十九条 被许可人要求变更行政许可事项的，应当向作出行政许可决定的行政机关提出申请；符合法定条件、标准的，行政机关应当依法办理变更手续。

第五十条 被许可人需要延续依法取得的行政许可的有效期的，应当在该行政许可有效期届满三十日前向作出行政许可决定的行政机关提出申请。但是，法律、法规、规章另有规定的，依照其规定。

行政机关应当根据被许可人的申请，在该行政许可有效期届满前作出是否准予延续的决定；逾期未作决定的，视为准予延续。

第六节 特别规定

第五十一条 实施行政许可的程序，本节有规定的，适用本节规定；本节没有规定的，适用本章其他有关规定。

第五十二条 国务院实施行政许可的程序，适用有关法律、行政法规的规定。

第五十三条 实施本法第十二条第二项所列事项的行政许可的，行政机关应当通过招标、拍卖等公平竞争的方式作出决定。但是，法律、行政法规另有规定的，依照其规定。

行政机关通过招标、拍卖等方式作出行政许可决定的具体程序，依照有关法律、行政法规的规定。

行政机关按照招标、拍卖程序确定中标人、买受人后，应当作出准予行政许可的决定，并依法向中标人、买受人颁发行政许可证件。

行政机关违反本条规定，不采用招标、拍卖方式，或者违反招标、拍卖程序，损害申请人合法权益的，申请人可以依法申请行政复议或者提起行政诉讼。

第五十四条 实施本法第十二条第三项所列事项的行政许可，赋予公民特定资格，依法应当举行国家考试的，行政机关根据考试成绩和其他法定条件作出行政许可决定；赋予法人或者其他组织特定的资格、资质的，行政机关根据申请人的专业人员构成、技术条件、经营业绩和管理水平等的考核结果作出行政许可决定。但是，法律、行政法规另有规定的，依照其规定。

公民特定资格的考试依法由行政机关或者行业组织实施，公开举行。行政机关或者行业组织应当事先公布资格考试的报名条件、报考办法、考试科目以及考试大纲。但是，不得组织强制性的资格考试的考前培训，不得指定教材或者其他助考材料。

第五十五条 实施本法第十二条第四项所列事项的行政许可的，应当按照技术标准、技术规范依法进行检验、检测、检疫，行政机关根据检验、检测、检疫的结果作出行政许可决定。

行政机关实施检验、检测、检疫，应当自受理申请之日起五日内指派两名以上工作人员按照技术标准、技术规范进行检验、检测、检疫。不需要对检验、检测、检疫结果作进一步技术分析即可认定设备、设施、产品、物品是否符合技术标准、技术规范的，行政机关应当当场作出行政许可决定。

行政机关根据检验、检测、检疫结果，作出不予行政许可决定的，应当书面说明不予行政许可所依据的技术标准、技术规范。

第五十六条 实施本法第十二条第五项所列事项的行政许可，申请人提交的申请材料齐全、符合法定形式的，行政机关应当当场予以登记。需要对申请材料的实质内容进行核实的，行政机关依照本法第三十四条第三款的规定办理。

第五十七条 有数量限制的行政许可，两个或者两个以上申请人的申请均符合法定条件、标准的，行政机关应当根据受理行政许可申请的先后顺序作出准予行政许可的决定。但是，法律、行政法规另有规定的，依照其规定。

第五章 行政许可的费用

第五十八条 行政机关实施行政许可和对行政许可事项进行监督检查，不得收取任何费用。但是，法律、行政法规另有规定的，依照其规定。

行政机关提供行政许可申请书格式文本，不得收费。

行政机关实施行政许可所需经费应当列入本行政机关的预算，由本级财政予以保障，按照批准的预算予以核拨。

第五十九条 行政机关实施行政许可，依照法律、行政法规收取费用的，应当按照公布的法定项目和标准收费；所收取的费用必须全部上缴国库，任何机关或者个人不得以任何形式截留、挪用、私分或者变相私分。财政部门不得以任何形式向行政机关返还或者变相返还实施行政许可所收取的费用。

第六章　监督检查

第六十条　上级行政机关应当加强对下级行政机关实施行政许可的监督检查，及时纠正行政许可实施中的违法行为。

第六十一条　行政机关应当建立健全监督制度，通过核查反映被许可人从事行政许可事项活动情况的有关材料，履行监督责任。

行政机关依法对被许可人从事行政许可事项的活动进行监督检查时，应当将监督检查的情况和处理结果予以记录，由监督检查人员签字后归档。公众有权查阅行政机关监督检查记录。

行政机关应当创造条件，实现与被许可人、其他有关行政机关的计算机档案系统互联，核查被许可人从事行政许可事项活动情况。

第六十二条　行政机关可以对被许可人生产经营的产品依法进行抽样检查、检验、检测，对其生产经营场所依法进行实地检查。检查时，行政机关可以依法查阅或者要求被许可人报送有关材料；被许可人应当如实提供有关情况和材料。

行政机关根据法律、行政法规的规定，对直接关系公共安全、人身健康、生命财产安全的重要设备、设施进行定期检验。对检验合格的，行政机关应当发给相应的证明文件。

第六十三条　行政机关实施监督检查，不得妨碍被许可人正常的生产经营活动，不得索取或者收受被许可人的财物，不得谋取其他利益。

第六十四条　被许可人在作出行政许可决定的行政机关管辖区域外违法从事行政许可事项活动的，违法行为发生地的行政机关应当依法将被许可人的违法事实、处理结果抄告作出行政许可决定的行政机关。

第六十五条　个人和组织发现违法从事行政许可事项的活动，有权向行政机关举报，行政机关应当及时核实、处理。

第六十六条　被许可人未依法履行开发利用自然资源义务或者未依法履

行利用公共资源义务的，行政机关应当责令限期改正；被许可人在规定期限内不改正的，行政机关应当依照有关法律、行政法规的规定予以处理。

第六十七条 取得直接关系公共利益的特定行业的市场准入行政许可的被许可人，应当按照国家规定的服务标准、资费标准和行政机关依法规定的条件，向用户提供安全、方便、稳定和价格合理的服务，并履行普遍服务的义务；未经作出行政许可决定的行政机关批准，不得擅自停业、歇业。

被许可人不履行前款规定的义务的，行政机关应当责令限期改正，或者依法采取有效措施督促其履行义务。

第六十八条 对直接关系公共安全、人身健康、生命财产安全的重要设备、设施，行政机关应当督促设计、建造、安装和使用单位建立相应的自检制度。

行政机关在监督检查时，发现直接关系公共安全、人身健康、生命财产安全的重要设备、设施存在安全隐患的，应当责令停止建造、安装和使用，并责令设计、建造、安装和使用单位立即改正。

第六十九条 有下列情形之一的，作出行政许可决定的行政机关或者其上级行政机关，根据利害关系人的请求或者依据职权，可以撤销行政许可：

（一）行政机关工作人员滥用职权、玩忽职守作出准予行政许可决定的；

（二）超越法定职权作出准予行政许可决定的；

（三）违反法定程序作出准予行政许可决定的；

（四）对不具备申请资格或者不符合法定条件的申请人准予行政许可的；

（五）依法可以撤销行政许可的其他情形。

被许可人以欺骗、贿赂等不正当手段取得行政许可的，应当予以撤销。

依照前两款的规定撤销行政许可，可能对公共利益造成重大损害的，不予撤销。

依照本条第一款的规定撤销行政许可，被许可人的合法权益受到损害的，行政机关应当依法给予赔偿。依照本条第二款的规定撤销行政许可的，被许可人基于行政许可取得的利益不受保护。

第七十条 有下列情形之一的，行政机关应当依法办理有关行政许可的注销手续：

（一）行政许可有效期届满未延续的；

（二）赋予公民特定资格的行政许可，该公民死亡或者丧失行为能力的；

（三）法人或者其他组织依法终止的；

（四）行政许可依法被撤销、撤回，或者行政许可证件依法被吊销的；

（五）因不可抗力导致行政许可事项无法实施的；

（六）法律、法规规定的应当注销行政许可的其他情形。

第七章　法律责任

第七十一条　违反本法第十七条规定设定的行政许可，有关机关应当责令设定该行政许可的机关改正，或者依法予以撤销。

第七十二条　行政机关及其工作人员违反本法的规定，有下列情形之一的，由其上级行政机关或者监察机关责令改正；情节严重的，对直接负责的主管人员和其他直接责任人员依法给予行政处分：

（一）对符合法定条件的行政许可申请不予受理的；

（二）不在办公场所公示依法应当公示的材料的；

（三）在受理、审查、决定行政许可过程中，未向申请人、利害关系人履行法定告知义务的；

（四）申请人提交的申请材料不齐全、不符合法定形式，不一次告知申请人必须补正的全部内容的；

（五）违法披露申请人提交的商业秘密、未披露信息或者保密商务信息的；

（六）以转让技术作为取得行政许可的条件，或者在实施行政许可的过程中直接或者间接地要求转让技术的；

（七）未依法说明不受理行政许可申请或者不予行政许可的理由的；

（八）依法应当举行听证而不举行听证的。

第七十三条　行政机关工作人员办理行政许可、实施监督检查，索取或者收受他人财物或者谋取其他利益，构成犯罪的，依法追究刑事责任；尚不构成犯罪的，依法给予行政处分。

第七十四条 行政机关实施行政许可，有下列情形之一的，由其上级行政机关或者监察机关责令改正，对直接负责的主管人员和其他直接责任人员依法给予行政处分；构成犯罪的，依法追究刑事责任：

（一）对不符合法定条件的申请人准予行政许可或者超越法定职权作出准予行政许可决定的；

（二）对符合法定条件的申请人不予行政许可或者不在法定期限内作出准予行政许可决定的；

（三）依法应当根据招标、拍卖结果或者考试成绩择优作出准予行政许可决定，未经招标、拍卖或者考试，或者不根据招标、拍卖结果或者考试成绩择优作出准予行政许可决定的。

第七十五条 行政机关实施行政许可，擅自收费或者不按照法定项目和标准收费的，由其上级行政机关或者监察机关责令退还非法收取的费用；对直接负责的主管人员和其他直接责任人员依法给予行政处分。

截留、挪用、私分或者变相私分实施行政许可依法收取的费用的，予以追缴；对直接负责的主管人员和其他直接责任人员依法给予行政处分；构成犯罪的，依法追究刑事责任。

第七十六条 行政机关违法实施行政许可，给当事人的合法权益造成损害的，应当依照国家赔偿法的规定给予赔偿。

第七十七条 行政机关不依法履行监督职责或者监督不力，造成严重后果的，由其上级行政机关或者监察机关责令改正，对直接负责的主管人员和其他直接责任人员依法给予行政处分；构成犯罪的，依法追究刑事责任。

第七十八条 行政许可申请人隐瞒有关情况或者提供虚假材料申请行政许可的，行政机关不予受理或者不予行政许可，并给予警告；行政许可申请属于直接关系公共安全、人身健康、生命财产安全事项的，申请人在一年内不得再次申请该行政许可。

第七十九条 被许可人以欺骗、贿赂等不正当手段取得行政许可的，行政机关应当依法给予行政处罚；取得的行政许可属于直接关系公共安全、人身健康、生命财产安全事项的，申请人在三年内不得再次申请该行政许可；构成犯罪的，依法追究刑事责任。

第八十条 被许可人有下列行为之一的，行政机关应当依法给予行政处罚；构成犯罪的，依法追究刑事责任：

（一）涂改、倒卖、出租、出借行政许可证件，或者以其他形式非法转让行政许可的；

（二）超越行政许可范围进行活动的；

（三）向负责监督检查的行政机关隐瞒有关情况、提供虚假材料或者拒绝提供反映其活动情况的真实材料的；

（四）法律、法规、规章规定的其他违法行为。

第八十一条 公民、法人或者其他组织未经行政许可，擅自从事依法应当取得行政许可的活动的，行政机关应当依法采取措施予以制止，并依法给予行政处罚；构成犯罪的，依法追究刑事责任。

第八章 附 则

第八十二条 本法规定的行政机关实施行政许可的期限以工作日计算，不含法定节假日。

第八十三条 本法自2004年7月1日起施行。

本法施行前有关行政许可的规定，制定机关应当依照本法规定予以清理；不符合本法规定的，自本法施行之日起停止执行。

图书在版编目 (CIP) 数据

行政许可制度教程 / 全国行政执法人员培训示范教材编辑委员会编 .— 北京：中国法制出版社，2023.6

ISBN 978-7-5216-3244-6

Ⅰ.①行… Ⅱ.①全… Ⅲ.①行政许可法－中国－教材 Ⅳ.① D922.112

中国国家版本馆 CIP 数据核字（2023）第 016336 号

策划编辑：马　颖

责任编辑：王雯汀　　封面设计：李　宁

行政许可制度教程

XINGZHENG XUKE ZHIDU JIAOCHENG

编者 / 全国行政执法人员培训示范教材编辑委员会

经销 / 新华书店

印刷 / 三河市紫恒印装有限公司

开本 / 710 毫米 ×1000 毫米　16 开　　印张 / 17.75　字数 / 230 千

版次 / 2023 年 6 月第 1 版　　2023 年 6 月第 1 次印刷

中国法制出版社出版

书号 ISBN 978-7-5216-3244-6　　定价：65.00 元

北京市西城区西便门西里甲 16 号西便门办公区

邮政编码：100053　　传真：010-63141600

网址：http://www.zgfzs.com　　**编辑部电话：010-63141824**

市场营销部电话：010-63141612　　**印务部电话：010-63141606**

（如有印装质量问题，请与本社印务部联系。）